进阶式对外汉语系列教材
A SERIES OF PROGRESSIVE CHINESE TEXTBOOKS FOR FOREIGNERS

成功之路
ROAD TO SUCCESS

成功篇
ADVANCED

主　　编　　邱　军
副 主 编　　彭志平
执行主编　　赵冬梅
编　　著　　赵冬梅

北京语言大学出版社
BEIJING LANGUAGE AND CULTURE UNIVERSITY PRESS

图书在版编目（CIP）数据

成功之路.成功篇.第1册/邱军主编；赵冬梅编著.
—北京：北京语言大学出版社，2008.8（2023.3重印）
ISBN 978-7-5619-2177-7
Ⅰ.成… Ⅱ.①邱… ②赵… Ⅲ.汉语-对外汉语教学-教材
Ⅳ.H195.4
中国版本图书馆CIP数据核字（2008）第129587号

书　　名：	成功之路·成功篇（第一册）
	CHENGGONG ZHI LU·CHENGGONG PIAN (DI-YI CE)
责任编辑：	徐　雁　　唐琪佳
封面设计：	张　静　　版式设计：冯志才
责任印制：	周　燚

出版发行：**北京语言大学出版社**
社　　址：北京市海淀区学院路15号　邮政编码：100083
网　　址：www.blcup.com
电　　话：编辑部　86-10-82303647/3592/3395
　　　　　国内发行　86-10-82303650/3591/3648
　　　　　海外发行　86-10-82303365/3080/3668
　　　　　北语书店　86-10-82303653
　　　　　网购咨询　86-10-82303908
　　　　　客户服务信箱　service@blcup.com

印　　刷：北京市金木堂数码科技有限公司
经　　销：全国新华书店

版　　次：2008年8月第1版　2023年3月第8次印刷
开　　本：889毫米×1194毫米　1/16　印张：课本17/练习答案1
字　　数：304千字
书　　号：ISBN 978-7-5619-2177-7/H·08166
定　　价：75.00元

凡有印装质量问题，本社负责调换。电话：86-10-82303590

前　言

　　《成功之路》是一套为母语非汉语的学习者编写的对外汉语教材。这套教材既适用于正规汉语教学机构的课堂教学，也可以满足各类教学形式和自学者的需求。

　　《成功之路》为教学提供全面丰富的教学内容，搭建严谨规范的教学平台。学习者可获得系统的汉语言知识、技能、文化的学习和训练。同时，《成功之路》的组合式设计，也为各类教学机构和自学者提供充分的选择空间，最大程度地满足教学与学习的多样化需求。

◆ **架构**

　　《成功之路》全套22册。按进阶式水平序列分别设计为《入门篇》、《起步篇》、《顺利篇》、《进步篇》、《提高篇》、《跨越篇》、《冲刺篇》、《成功篇》。其中《入门篇》为1册；《进步篇》综合课本为3册，《进步篇·听和说》、《进步篇·读和写》各2册；《提高篇》、《跨越篇》综合课本各2册，《提高篇·听和说》、《跨越篇·听和说》各1册；其余各篇均为2册。篇名不但是教学层级的标志，而且蕴涵着目标与期望。各篇设计有对应层级和对应水平（已学习词汇量），方便学习者选择适合自己的台阶起步。

进阶式对外汉语系列教材《成功之路》阶式图

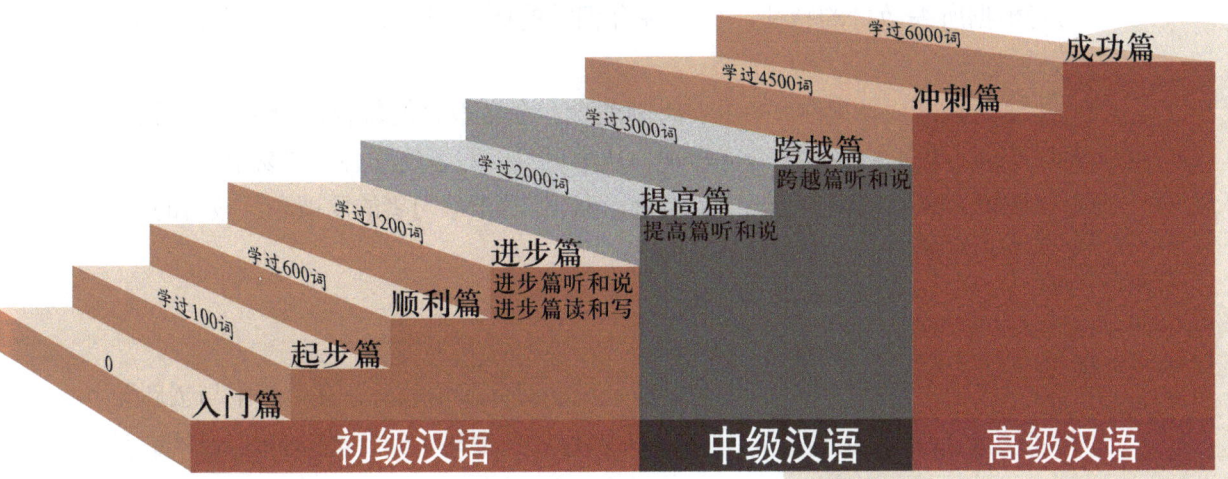

学习者选择教材参照表：

学习起点参照等级			适用教材
已学习词汇量	新汉语水平考试等级（新HSK）	新欧盟语言框架等级（CEF）	
0			《入门篇》
100 词	新 HSK 一级		《起步篇》
600 词	新 HSK 二级、三级		《顺利篇》
1200 词	新 HSK 四级	A1	《进步篇》
2000 词	新 HSK 四级、五级	A2	《提高篇》
3000 词	新 HSK 五级、六级	B1	《跨越篇》
4500 词	新 HSK 六级	B2	《冲刺篇》
6000 词		C1	《成功篇》

◆ 依据

《成功之路》以"国家汉办"的《高等学校外国留学生汉语教学大纲（长期进修）》（简称《大纲》）为基本研制依据，采用自行研制的编教软件，对《大纲》的语言点（项）、词汇、汉字等指标进行穷尽式覆盖，以保证教材的科学性、系统性、严谨性。编写者还根据各层级学习和教学的需求，对《大纲》的部分指标进行必要的调整，其中高级汉语部分增删幅度较大。另外，对各类汉语学习者随机调研的结果以及相关精品教材的研究成果也是《成功之路》的重要研制依据。

◆ 理念

《成功之路》以"融合、集成、创新"为基本研制理念。作为一套综合性教材，其内涵的多样性决定理念的集成性，不囿于某一种教学法。因此，编写者根据所编教材的特性，分析融合相关的研究成果，集多家之成，纳各"法"之长。

创新是《成功之路》的重要研制理念，全套教材的每篇每册都有创新之处。创新点根据需要或隐含或显现，从中可见编写者的匠心。"易学、好教"是《成功之路》的研制目标，为实现此目标，尊重学习者的反馈和从教者的经验自然也是编写者的重要研制理念。

◆ 特点

《成功之路》作为一套诞生于新世纪的对外汉语教材，在"传承与创新""关联与独立""知识与技能""语言与文化""二维与多维"诸方面融入了编写者更多的思考和实践。限于篇幅，略加说明。

1. 传承与创新

《成功之路》从对外汉语教学的沃土中汲取丰富的营养，植根于它的发展，受益于它的进步。编写者将成功的教学经验、教学模式和研究成果带入教材，使《成功之路》更符合学习者的语言认知规律，更有助于学习者掌握和应用。如：《入门篇》、《起步篇》、《顺利篇》都以"讲练"的形式呈现，便是采纳对外汉语教学早期的"讲练模式"。这种更适宜初学者的编写设计，已经为多年的教学成效所证明。

《成功之路》在传承的基础上力求创新，篇篇都有创新点。如：《起步篇》和《顺利篇》改变以往语言点的描述角度，变立足于教师的规则性语言为面向学习者的使用性语言，便于学习者理解和运用。《提高篇》和《跨越篇》设计了语素练习项目，强化语素的辐射生成作用，增强学习者的词汇联想能力，减少记忆负担，提高学习效率；还在多项练习中设置语境，为学习者提供丰富的语用场，提高其准确地遣词用句的能力，为日后学以致用增加助力。《冲刺篇》和《成功篇》针对高级阶段词语辨析的难点，设置"异同归纳"的板块，将规则说明和练习紧密结合，实现从理解到使用的有效过渡。

另外，《入门篇》的总分式语音训练，《进步篇·听和说》、《进步篇·读和写》的融合性技能训练，《提高篇》、《跨越篇》的听说式"课文导入"，《冲刺篇》、《成功篇》的分合式"背景阅读"等等，都彰显着编写者的创新性理念和实践性思维。

2. 关联与独立

《成功之路》进阶式系列教材，全套共分8篇，涵盖初级汉语、中级汉语和高级汉语。各篇之间的关系如同阶梯，具有依存性和关联性，便于配套使用。如：设计者将"语词→语句→语段→语篇"的教学任务，明确分布于不同层级，强调各自的练习方式，为学习者提供一个循序且完整的训练过程。

同时，《成功之路》各篇也相对独立，可以单独使用。如：《进步篇·听和说》、《进步篇·读和写》从内容到形式，都适合做专项技能训练的独立教材。这种关联与独立相结合的设计，使《成功之路》既能保持配套教材的系统性，又有独立教材的灵活性，免除捆绑式教材的羁绊，为学习者提供更多的选择。

3. 知识与技能

《成功之路》定位于综合性语言技能训练教材。全套教材以训练语言能力为显性设计，以传授语言知识为隐性设计。编写者将语言知识的学习隐含于语言技能训练的全过程。如：《起步篇》、《顺利篇》、《进步篇》尽量淡化语言点的知识性描述，代之以直观的插图、表格、练习等，以此引导教师最大限度地避免单纯的知识讲授。上述"三篇"在设计中兼顾话题单元和语言点顺序，巧妙地处理话题与语言点交集的难题，较好地解决了长期困扰初级教材编写的"带着镣铐跳舞"的问题。《提高篇》和《跨越篇》将语言知识蕴涵在课文和练习中，使学习者能通过有计划的练习和活动实现对知识的理解和运用。

《成功之路》遵循并实践第二语言教学的基本原理，精心设计并处理语言知识和语言技能的关系，帮助学习者在技能训练中学习知识，进而以知识学习提高技能水平，最终达到全面提高汉语交际能力的目的。

4. 语言与文化

《成功之路》既是语言资源，又是文化媒介。在选文和编写过程中，编写者追求文化含量的最大化。全套教材自始至终贯穿一条"文化现象→文化内涵→文化理解"的完整"文化链"。如：《入门篇》、《起步篇》、《顺利篇》、《进步篇》使用初级汉语有限的语言材料，尽可能多地展现文化点，使学习者在学习语言的同时，自然地感受和了解中国文化。《提高篇》和《跨越篇》在对课文材料选取和删改时，特别注意其中的文化含量，为学习者提供丰富多彩的文化内容。《冲刺篇》和《成功篇》选文讲究，力求文质兼美、具有典范性。其中文化理解的可挖掘性为高端学习者构建了探究中国文化深层内涵的平台。

与单纯讲授文化的教材不同，《成功之路》将文化内容寓于语言学习之中。语言提升与文化理解，二者相得益彰。

5. 二维与多维

《成功之路》利用现代科技手段，建造二维平面与多维立体相契合的"教学场"。多媒体课件的研制和使用，弥补了传统平面教材的局限。除了直观、形象、生动的特点外，还可以增强教师对教材的调整和控制能力。如：生词的闪现、语句的重构、背景的再现等，使讲授过程更加得心应手。《成功之路》的多媒体课件可以让教材内容延伸至课堂外，扩大教学空间，形成教师得以充分施展的广阔的"教学场"。

同时，《成功之路》多媒体课件中完整的教学设计和教学思路也是可资借鉴的教案。

◆ **结语**

语言教学，可以枯燥得令人生厌，也可以精彩得引人入胜。究其缘由，教师和教材是主因。

期望《成功之路》能为学习者带来一份精彩。

主编

2008 年 6 月

目 录

致学习者 I

1 可可西里 1

背景阅读与练习   1
课文：可可西里的生命守护人   9
词语讲解与练习   20
    词语例释：大肆、忙不迭、换取、硬是、十足
    词语辨析：钦佩、敬佩，和谐、协调，迷失、丢失，安宁、安定
语法讲解与练习：省略句、省略号的使用   33
修辞提示与练习：篇章衔接——省略   37
表达与写作   44
扩展空间   45

2 京剧人生 46

背景阅读与练习   46
课文：青衣   55
词语讲解与练习   66
    词语例释：固然、好在、倘若、权且、终究
    词语辨析：创建、创立，区分、划分，弘扬、发扬，衰退、衰落
语法讲解与练习：紧缩复句   80
修辞提示与练习：篇章修辞——替代   83
表达与写作   88
扩展空间   89

3 客家土楼 90

背景阅读与练习　　　　　　　　　　　　　　　　90
课文：活在山坳里的历史　　　　　　　　　　　　98
词语讲解与练习　　　　　　　　　　　　　　　110
　　词语例释：依次、见效、抗击、围攻、组合
　　词语辨析：奇特、独特，谦逊、谦虚，偏僻、偏远，结局、下场
语法讲解与练习：双重否定　　　　　　　　　　121
修辞提示与练习：篇章的主题推进——分总式　　123
表达与写作　　　　　　　　　　　　　　　　128
扩展空间　　　　　　　　　　　　　　　　　129

4 探索与发现 130

背景阅读与练习　　　　　　　　　　　　　　　130
课文：蓝眼睛的中国村民　　　　　　　　　　　138
词语讲解与练习　　　　　　　　　　　　　　　148
　　词语例释：除此之外、大多、一律、为何、足以
　　词语辨析：隐藏、隐蔽，崇拜、崇敬，安置、安放，健壮、健康
语法讲解与练习：多重复句　　　　　　　　　　160
修辞提示与练习：篇章的主题推进——总分式　　163
表达与写作　　　　　　　　　　　　　　　　167
扩展空间　　　　　　　　　　　　　　　　　168

5 深情父亲 169

- 背景阅读与练习   169
- 课文：迟到 / 背影 / 回家摁门铃   177
- 词语讲解与练习   186
  - 词语例释：日渐、幸好、甚、一股脑儿、唯
  - 词语辨析：伤痕、伤疤，忘却、忘掉，平日、平时，疲惫、疲倦
- 语法讲解与练习：文言词语在现代汉语书面语中的运用   199
- 修辞提示与练习：篇章修辞——摹声、白描   201
- 表达与写作   205
- 扩展空间   206

6 人口战略 207

- 背景阅读与练习   207
- 课文：21世纪中国人口战略   215
- 词语讲解与练习   224
  - 词语例释：极其、出入、基于、大体、稳步
  - 词语辨析：牵涉、牵扯，约束、束缚，替代、替换，预测、预计
- 修辞提示与练习：篇章主题与段落   236
- 表达与写作   241
- 扩展空间   242

词语索引 243

致教师 255

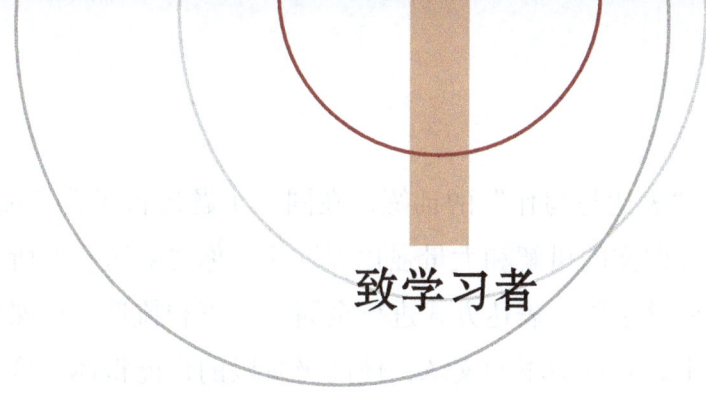

致学习者

亲爱的朋友,《成功之路·冲刺篇》和《成功之路·成功篇》为进阶式对外汉语系列教材中的高级汉语部分,是为有志于学习高级汉语的你编写的综合性教材。

其体裁包括小说、散文、游记、随笔、报告文学、通讯报道、政论文、演讲词、访谈、学术性文章等,话题涉及现当代中国文学、中国文化、人民生活的多个侧面。

作为高级阶段的综合课教材,每课都强调听、说、读、写四项技能的全面训练。本教材的与众不同之处在于:

每个主题我们都首先从背景阅读入手,在3~7段短文、语段中,除要求阅读速度外,还编写了相应的泛读和限时阅读练习题。这部分不仅可以帮助你了解课文的背景,同时也有助于你熟悉高等HSK阅读部分的试题形式及掌握答题技巧。

每个主题都配有一定数量的视听观摩素材,便于你利用课堂以外的时间,从视听的角度对该主题有一个全方位、深入的了解。视听观摩素材目录见每课最后的"媒体资源"。

每篇精读课文前我们设计了"课文导读",并在精读课文后紧跟有"思考与回答",这两部分前后呼应。如果你能按要求很好地完成这些练习,会让你在口头表达上有很大的提高和收获。

每篇精读课文中变色的词语为本课的生词,方便你随时对应查找;生词表中变色的词语为《高等学校外国留学生汉语教学大纲(长期进修)》中的高等级词,也是你必须掌握的生词。

每篇精读课文后设有重点词语4~5个,词语辨析4对、语法1~2项、修辞1~2项、篇章结构1项,并在每项的讲解之后紧跟有相关的练习题。这样设计和编排的好处是讲与练紧密结合,便于你更牢固地掌握本课的学习内容。这部分的内容不仅注重以往教材的词语、语法的讲解与练习,还从修辞的角度强化了语篇的讲解与练习。

每课都有"表达与写作"的训练,在同一主题进行了背景阅读、视听观摩、精读课文的讲解和大量强化训练后,你要对这一课所学的词汇、语法、修辞手段、表达方式进行全面地分析和梳理,在课堂口头报告的基础上,整理成书面文章,使高级阶段的你能得体、恰当地掌握口语语体和书面语体的表达。

　　《成功之路·冲刺篇》和《成功之路·成功篇》每课的最后都提供了"扩展空间",包括"名家典藏""媒体资源"和"词语追踪"三个小板块,我们希望这些内容能帮助你进一步拓展同一话题的视野。

　　我们相信,通过学习本套教材,不仅可以提高你对汉语词汇、语法、修辞的运用能力,提高你的汉语水平,还可以让你眼界大开,领略中国文化的博大精深。

执行主编
2008 年 6 月

1 可可西里

背景阅读与练习

一 阅读文章，按要求完成各项练习

（一）

枪声让他们走进无人区
——可可西里环保志愿者小记

① 新华网西宁6月6日电（记者侯德强 凌朔） 第一批可可西里环保志愿者一个月的任期已经接近尾声，当记者走近其中几位刚刚巡山归来的环保卫士时，完全被他们的乐观、坚毅与自信所打动。

② 在可可西里这片广袤而脆弱的土地上，缺少的是氧气，但志愿者们的勇气，使这里充满生机。他们给可可西里这位"美丽的少女"带来了活力和希望，也给高寒草甸和藏羚羊、藏野驴、野牦牛、棕熊带来了安宁。

"我愿意当可可西里的野人"

③ 记者在格尔木第一次看见杨震时，凝视了他好久：凌乱不羁（jī）的络腮胡子，类似高寒草甸的头发，黝黑健康的皮肤……如果不是因为他戴着一副极具个性的黑框眼镜，真的会把他当做一个"野人"。当我们开玩笑地问他是否因为巡山条件艰苦而变成这般模样时，他避而不答，只是说了一句："如果可以的话，我愿意当可可西里的野人，来保护藏羚羊。"

④ 今年38岁的杨震来自北京，作为志愿者中的老大

哥，他在巡山过程中表现出了超群的刚毅与坚强。据其他几位志愿者介绍，无论条件如何恶劣，杨震都能以苦为乐，吃得香，睡得着，仿佛那里是自己的家一样。由于杨震多年来四处独闯，积累了大量野外生存经验，因而也被其他几位志愿者誉为"一本鲜活的生存指南"。

⑤ 当记者与这几位志愿者同去沱沱河，途经气候条件极为恶劣的五道梁保护站停车休息时，杨震看见厨房里挂着的一只剥了皮的生牛腿，便像主人一样走上前去，用随身携带的刀拉下一大块分发给我们。在高原地区，生牛肉是许多藏族人日常饮食和招待客人的佳肴。当我们这些记者还正仔细观察，不知从何处入口时，杨震一手拿蒜一手拿肉，已经嚼得有滋有味了。

⑥ 更令人佩服的是，当我们身穿羽绒服还被冻得瑟（sè）瑟发抖时，他只穿了一件短袖T恤和薄薄的马甲，他这种超常的适应能力甚至超过了在高原上生活多年的藏族同胞。

⑦ 在此次志愿者活动中，杨震还承担了音像摄制任务，仅录音带、录像带就录了几十盘，数码照片也拍了几百张，为此次活动保存了珍贵的音像资料。

可可西里 "永不消失的电波"

⑧ 在可可西里无人区，任何手机、收音机都收不到信号，但在这些年轻的志愿者中，却有一个公认的"广播电台"，那就是安徽姑娘洪波。

⑨ 山东志愿者贺红军告诉我们，只要有洪波在，就没有寂寞。"虽然她是女性，但在艰苦的巡山过程中不但没有表现出畏难情绪，而且还用自己健谈、幽默、乐观的个性给大家以鼓舞。"

⑩ 虽然大家经常拿洪波开玩笑，说她是"30岁的人、80岁的唠叨嘴"，但她却总是大大咧（liē）咧地一笑了之。其实谁都知道，在寂寞荒芜的"无人区"宿营，需要性格健谈的人带来生气，特别是巡山过程中遇到险情时，只要有一个人保持乐观，就可以打消绝望的念头，带动所有人的信心。

可可西里

⑪ 上海姑娘戴文婧（jìng）告诉记者，就在前两天的巡山任务中，他们的吉普车在可可西里腹地——青海、新疆交界处迷失了方向，车走了一天后发现又回到了原地。由于汽油不够，大家多多少少都表现出一点儿绝望，杨震甚至还录制了类似遗言的录音。只有洪波，不但没有情绪变化，还滔滔不绝地给大家讲笑话，使得大家振奋起来，一下子找对了出路，顺利地走出了无人区。

⑫ 在记者与志愿者同去沱沱河保护站的两天时间里，几乎每时每刻不在收听这位安徽姑娘的"广播电台"，大家还逗趣地告诉我们，当洪波在夜里广播时，连可可西里深山里的棕熊、羚羊、雪豹都躲在帐篷外偷听呢。

"我们要继续留下来！"

⑬ 就在我们正准备离开沱沱河保护站返回格尔木时，一辆营救被困志愿者的吉普车也及时返回营地。志愿者福建姑娘江艳莲和广东姑娘黄展蓝下车后，看见了可可西里国家级自然保护区管理局局长才嘎（gǎ）情不自禁地奔向前去，抱住局长潸（shān）然落泪。50岁的才嘎本人也流下激动的泪水。

⑭ "我们不怕苦，但是雪暴让我们不能继续巡山，车也彻底坏了，我们因为没有完成这次巡山任务而感到遗憾。"江艳莲显出十分沮丧（jǔsàng）的神情，"我们要继续留下来，参加第二批志愿者，我们要圆满地完成一次巡山才不枉此行啊！"

⑮ 对于这些在大城市长大的年轻志愿者来说，也许他们从来没有遇到过这样的困难，也许他们从来没有过在生命边缘挣扎的经历，然而他们的泪水不是因畏惧这些艰辛与苦难而流，他们抱怨自己没有真正为可可西里尽到自己的责任。

⑯ 离开这几名志愿者的时候，记者向他们挥了挥手，也向这美丽的可可西里挥了挥手。感谢他们所表现的勇敢、坚强与智慧，也深信美丽的可可西里会永远美丽。

根据文章内容，选择正确答案

1. "当记者走近其中几位刚刚巡山归来的环保卫士时"，其中"卫士"的意思是：（　　）
   A. 守卫　　　B. 护士　　　C. 战士　　　D. 卫兵

2. "也给高寒草甸和藏羚羊……"，其中"草甸"的意思是：（　　）
   A. 野草丛生的农田　　　　B. 长满野草的低地
   C. 无人管理的高原　　　　D. 修剪整齐的草地

3. 文章认为是什么把杨震与"野人"区别开了？　　　　　　　　　　　（　　）
   A. 凌乱的胡子　　　　　　　　　　B. 黝黑的皮肤
   C. 黑框的眼镜　　　　　　　　　　D. 野草样的头发

4. 杨震被其他几位志愿者誉为"一本鲜活的生存指南"，原因是：　　（　　）
   A. 具有大量野外生存经验　　　　　B. 志愿者中年纪最大的人
   C. 具有刚毅与坚强的性格　　　　　D. 在青藏高原也不怕寒冷

5. 志愿者中谁被誉为"广播电台"？　　　　　　　　　　　　　　　（　　）
   A. 福建的江艳莲　　　　　　　　　B. 安徽的洪波
   C. 山东的贺红军　　　　　　　　　D. 上海的戴文婧

6. "需要性格健谈的人带来生气"，其中"生气"的意思是：　　　　　（　　）
   A. 无力气　　B. 不愉快　　C. 很气愤　　D. 生命力

7. "情不自禁地奔向前去"，其中"情不自禁"的意思是：　　　　　　（　　）
   A. 努力控制自己的感情　　　　　　B. 不想控制自己的感情
   C. 抑制不住自己的感情　　　　　　D. 抑制得住自己的感情

8. 以下哪个选项不是志愿者们落泪的原因？　　　　　　　　　　　（　　）
   A. 因不能继续巡山而遗憾　　　　　B. 回营地见到领导而高兴
   C. 畏惧艰辛与苦难而羞愧　　　　　D. 没完成巡山任务而难过

简要回答下列问题

1. 杨震为什么表示愿意当可可西里的"野人"？

2. 为什么大家把洪波称为可可西里"永不消失的电波"？

可可西里

3. 简要说明志愿者"我们要继续留下来"的原因。

二 快速阅读下列各段，按逻辑关系将各段重新排序

（二） 限时：2分钟

A. 他们行走在山区、村寨（cūnzhài 村庄、寨子），行医送药；他们用智慧播撒（bōsǎ 撒）下农民致富的点点星光，他们用青春书写着西部的希望与未来……

B. "到西部去，到基层去，到祖国最需要的地方去！"从2003年8月至今，两万多名大学毕业生，以志愿者的身份高唱着这首歌，高扬"奉献、友爱、互助、进步"的旗帜（qízhì 旗），投身到西部大开发的洪流（hóngliú 巨大的水流）中。

C. 今天第二次大学生志愿服务西部计划活动开始报名了，为了让更多的人知道这项活动，推动招募（zhāomù 招聘人员）阶段各项工作的开展，努力在全社会营造关注、支持大学生志愿服务西部计划的良好舆论（yúlùn 公众的言论）氛围（fēnwéi 周围的气氛和情调），中青网将联合百家网站共同发起"心动不如行动——全国百家爱心网站携手大学生志愿服务西部计划"大型公益活动。

D. 如今这些志愿者已经成为活跃在西部的一股（gǔ 量词）新生力量。他们在改变西部：他们用爱心为偏远地区的孩子开启智慧之门；

重新排序 _____

（三）　　限时：3 分钟

A. 藏羚羊，被誉为"可可西里的骄傲"，是中国特有群居物种，国家一级保护动物，也是列入《濒危（bīnwēi　接近危险的境地）野生动植物种国际贸易公约》中严禁贸易的濒危动物。一条藏羚羊绒织成的围巾国际售价在万元美金以上。丰厚的利润使国内外盗猎组织几近疯狂，过去每年被盗猎的藏羚羊数量平均在两万头左右。

B. 可可西里无人区是世界第三大、中国最大且是最后一块保留着原始状态的自然之地。它地势险峻（xiǎnjùn　高而危险），平均海拔高度在 5000 米以上，气候寒冷，常年大风，风速最快时可达 20～28 米/秒，年平均气温在零下 4 度以下，最低温度可达零下 40 多度。由于空气稀薄（xībó　稀少），气压偏低，氧气稀薄，烧开水的沸点只有 80 多度。常人很难进入，所以其自然景观保存完好，是野生动物的乐园。这里有多达 230 余种野生动物，其中属国家一、二类重点保护动物的就有 20 余种。

C. 为了保护这一珍稀物种，国家发起了保护藏羚羊的"可可西里 1 号行动"，由志愿者组织对抗猖獗（chāngjué　凶猛而无所顾忌）的盗猎者。在公路旁可看到在与盗猎分子斗争中壮烈牺牲的格桑·索南达杰的纪念碑，也可看到在草原上奔跑着的藏羚羊。

D. 可可西里距西宁 1500 多公里，是观赏野生动物的理想之所。可可西里，蒙古语义为"美丽的少女"，位于青藏高原西北部，夹在唐古拉山和昆仑山之间，是长江主要源区之一。其西部与西藏自治区毗邻（pílín　连接），西北角与新疆维吾尔自治区相连，面积达 8.3 万平方公里。

重新排序＿＿＿＿＿＿＿＿＿＿＿＿＿＿＿＿＿

可可西里

三　选择正确的句子填到各段中，并按逻辑关系将各段重新排序

（四）　限时：4分钟

语句
① 不仅停工为藏羚羊让道
② 已经有800多只迁徙藏羚羊安全、顺利地通过了青藏铁路
③ "前方进入野生动物通道区域"
④ 青藏铁路在这里设立了四处野生动物通道
⑤ 或埋头吃草，或抬头凝望
⑥ 不仅征求了牧民的意见

A. 可可西里自然保护区管理局局长才嘎说，建设单位为了不影响野生动物的生活和迁徙（qiānxǐ　搬家、迁移），在青藏铁路线上专门设置了野生动物通道。在确定野生动物通道的数量和位置时，＿＿＿＿＿＿，还请野生动物保护专家进行了论证。这些通道符合藏羚羊、野牦牛等珍稀野生动物饮水、迁徙的习惯，青藏铁路成为人与动物的"和谐之路"。

B. **新华网西宁6月10日电（记者王圣志　侯德强）**　夕阳映照可可西里草原，一列青藏铁路工程试验车缓缓爬上清水河特大桥，只见成群结队的藏羚羊在大桥两边＿＿＿＿＿＿，或悠闲地从桥孔中穿过……

C. 栖息（qīxī　停留、休息）于藏北高原的藏羚羊，每年春夏季节都会大规模由南向北长距离迁徙，五道梁至楚玛尔河一带是其必经之地。为了保证它们自由迁徙，＿＿＿＿＿＿，其中长11.7公里的清水河特大桥和长4公里的楚玛尔河特大桥，采取"以桥代路"形式设计动物通道，共有近3000个桥孔可供野生动物通过。

D. 这是记者日前在可可西里五道梁采访时见到的情景。穿越可可西里的列车并没有给栖息在这里的野生动物带来惊扰，从今年5月中旬开始，＿＿＿＿＿＿野生动物通道，野生动物已成为车窗外一道美丽的风景。

E. 在青藏铁路线上，几乎所有国际上的动物通道主流模式都可以看到。以后，旅客们还将经常看到"当心！这里有藏羚羊"、＿＿＿＿＿＿等在国内其他交通干线上从未出现过的交通标志。

F. "过去，藏羚羊只要一听到车辆和人的声音，立即就会逃之夭夭，一般在一公里内很难接近到藏羚羊。青藏铁路建设者对藏羚羊关怀备至，工程建设期间，_____，还救护失散的野生动物。现在，人们的关爱已经让藏羚羊渐渐淡忘血腥的过去，开始与人类亲密接触。"可可西里国家级自然保护区索南达杰保护站工作人员扎多说。

选择语句填充_ _ _ _ _ _ _ _ _ _

重新排序_ _ _ _ _ _ _ _ _ _

（五） 限时：3.5 分钟

语句
① 而前者仅存三百只左右
② 并且把臀部（túnbù 身体后部突起部分）洁白的尾毛竖起外翻
③ 于是成为猎手们轻而易举的射杀目标

A. 几十年前，普氏羚羊在内蒙古、新疆和青海省大片地区均有发现，而目前，却只有在中国青海湖周边地区，才偶尔出现它的倩影（qiànyǐng 美丽的身影）。和其他珍稀物种一样，普氏羚羊一胎只生一只羊羔。它的奔跑姿态，它的体形，它特有的内钩犄角（jījiǎo 动物头部的角），比藏羚羊更优美，个头也比藏羚羊大些。它的爱情观尤其特别。它们竟然为了爱情而不顾性命。雄羊在寻觅爱侣时，总是选择一个高出沙漠或草滩的土坡，在坡顶上，它昂首独立，毫无顾忌地向爱人显示其身姿，_____。多年来，子弹一次次穿透了雄羊们的胸膛，但它们并不改悔，又一次次昂然（ángrán 仰头挺胸的样子）伫立（zhùlì 长时间地站着）在高坡上，为爱情奋不顾身。

B. 以前，我对普氏羚羊所知甚少。倒是对藏羚羊钟爱有加，甚至误以为普氏羚羊和藏羚羊差不多是一回事，其实不然。普氏羚羊要比藏羚羊珍贵得多。后者目前有五万只存活，_____。它们同在高原居住，两者生存的海拔高度却相差 1000 米，不能交配（jiāopèi 雄雌动物发生性的行为）串种。

C. 雄性普氏羚羊往往选择糟糕的草地进食，而把优质草滩主动让位于母羊和小羊。雄羊们坚忍不拔（jiānrěn bù bá　坚持而不动摇），总是放弃与妻儿们的生存竞争。不仅如此，雄羊还常常在侧旁为母羊和后代们放哨（fàngshào　站岗）警戒（jǐngjiè　为防备敌人而采取的措施），一旦危险来临，雄羊们立即报警，＿＿＿＿＿＿＿＿＿，在绿色或黄色草地上格外醒目，从而警示同类。这醒目漂亮的白色体斑，便招来了更多枪弹，或者成为天敌们竞相追逐捕猎的目标。于是，荒漠中一次次出现了草原狼夺命普氏羚羊的集体狂奔：白色体斑在前头波浪式飞舞，血盆大口在后面无情扑咬……

选择语句填充＿＿＿＿＿＿＿＿＿＿＿＿＿＿

重新排序＿＿＿＿＿＿＿＿＿＿＿＿＿＿＿

课　文

课文导读

　　本文选自2002年6月新华网上的一篇新闻特写，讲述了在中国青藏高原的无人区——可可西里，活跃着一群年轻的身影，他们来自中国各地、各行各业，为了保护可可西里的生态环境及生活在那里的野生动物，他们放弃了自己的事业，奉献了自己的青春、甚至生命，他们就是可可西里的生命守护人——环保志愿者和常年在那里工作的人们。

思考题

1. 你是否听说过有关中国青藏高原可可西里的事情？
2. 你是否了解可可西里的自然生态状况？
3. 你是否做过志愿者？如何评价志愿者？
4. 你对中国的志愿者情况了解吗？
5. 如果让你选择，你会挑选在什么样的环境工作？为什么？

可可西里的生命守护人

新华网北京 6 月 21 日电（记者董峻） 　　青藏高原北部有一片被称做"美丽的少女"的土地——可可西里。千百年来藏羚羊①、藏野驴②、野牦牛③等青藏高原特有动物在这片无人区④里自由地繁衍生息。十多年前这里的宁静被打破，在金钱的指挥下，人们趋之若鹜，大肆采金、盗猎。成片土地被刨得千疮百孔，大批生灵丧生在枪口之下。所幸的是，这里有一支守护可可西里的队伍，他们使这里脆弱的生态环境得以保持。记者日前走进这群人中，感动和钦佩之余也希望了解为何他们如此热爱这片土地。

"为什么我的眼里常含泪水？ 因为我对这土地爱得深沉"

"我已经一个月没吃水果了，"黄展蓝一边忙不迭地和同伴抢桃子吃，一边和我闲聊。这个南国⑤广州的都市白领，本该每天都能享受各种各样的新鲜水果，现在正美滋滋地嘬着一个桃核，不肯扔掉。她是可可西里国家级自然保护区⑥首批志愿者之一，同其他志愿者一样，保护藏羚羊及青藏高原生态环境的想法，促使她来到这片平均海拔超过 4000 米的高原，和保护区管理人员一起并肩战斗了一个月。

和她一起的，还有来自全国各地的十多名志愿者，有教师、检察官、记者、职员、自由职业者等。在保护区管理局，一座简陋的二层小楼里，记者第一次见到这些志愿者时，即将结束这次志愿活动的他们正到处找人签名留念。他们见到的每一个人，都成了要求签名的对象。这或许是他们宣传环保的一种方式，或许是他们珍视生命和友谊的表现。

志愿者的口号是"奉献我们生命中的一个月，换取可可西里永远的宁静"。但志愿者到底能做些什么，一直有人有疑问。不久前一家电视台就制作播出了一期有关可可西里志愿者的节目，对组织志愿者活动的目的和实际作用提出了质疑，说志愿者不仅不能

---

① 藏羚羊：可可西里珍稀动物。
② 藏野驴：可可西里珍稀动物。
③ 野牦牛：西藏特有的牛种，主要分布在喜马拉雅山和青藏高原。
④ 无人区：没有人居住的地域。
⑤ 南国：泛指中国长江以南的地区。
⑥ 可可西里国家级自然保护区：青海省人民政府于 1995 年批准可可西里建立省级自然保护区，1997 年 12 月经中国国务院批准建立国家级自然保护区。

为野生动物保护工作带来真正的好处，还增加了管理人员的负担，甚至有经济利益方面的企图。节目播出后社会反响很大，志愿者洪波的父母在看到节目后给女儿打电话时说，过去他们一直很支持她搞环保，但现在却有些动摇了。这件事引起了志愿者们和管理局方面的强烈不满。

可可西里国家自然保护区管理局局长，一个叫才嘎的中年藏族汉子，解释了为什么保护区要开展志愿者活动：通过志愿者的亲身经历，可以让人们了解可可西里保护现状，提高人们保护自然生态、保护野生动物的意识和使命感、紧迫感，起到更为广泛深刻的宣传教育作用。志愿者的意见、建议为今后保护区可持续发展留下了宝贵的基础性资料。志愿者活动还使得保护区工作人员得以接触和接受新的思想、新的观念和新的知识。

才嘎举了两个小例子：过去管理局收到国外的英文来信，要到格尔木去找人翻译，来回要花几天时间，既耗时又费力，志愿者的到来使这个问题得到了解决；身为检察官的志愿者路峰，专门为森林公安干警们讲解办案程序、取证等方面的知识……这些例子不胜枚举。

"我们的主要任务是通过亲身经历去宣传可可西里，宣传保护藏羚羊，而且在力所能及的情况下尽量争取对可可西里保护事业的支持。"一名志愿者这样说。这一个月，他们在青藏铁路和公路工地开展了广泛的宣传活动，参加了保护区的值班和日常工作，以及巡山反盗猎行动。青藏铁路开工后，个别施工队伍在开采沙土石料上不太规范，志愿者及时制止和纠正了这种破坏环境的行为。

记者与他们接触的短短几天里深切感受到，这些人都是深爱自然、希望人类能与自然和谐相处的人们。第一批志愿者走了，第二批志愿者又来了。这些可爱可敬的人们正以行动证明：关爱我们这个共同的家园是每个人的责任。

"假如我是一只鸟，我也应该用嘶哑的喉咙歌唱"

如果说志愿者是可可西里这块铁打的营盘里流水的兵①的话，保护区管理局的工作人员和森林公安分局的干警们，可以说是这片高原净土真正的"生命守护人"。

穿过可可西里地区的青藏公路，沿线陆续分布着五个保护站：不冻泉保护站、楚玛尔河保护站、五道梁保护站、沱沱河保护站和卓乃湖保护站。所谓"保护站"，就是几

---

① 铁打的营盘流水的兵：俗语。意思是兵营如钢铁铸就的一样牢固，而士兵就像流水一样不停地更换。

间屋子甚至帐篷。在这些每天都要下几场雪、面条永远煮不熟、时常感到呼吸困难的高寒地区，能够生存下来就算胜利。保护区工作人员就在这种没有通信设备、没有充足的食品给养的条件下默默无闻地战斗着。

6月中旬的昆仑山脉，放眼望去仍遍布皑皑白雪。沿青藏公路往南过海拔4767米的昆仑山口后，就真正踏上了"世界屋脊"。除公路两旁偶尔出现的筑路大军和川菜馆之外，雪线①以下广袤的荒漠地带看上去死气沉沉。

其实不然。长期以来，由于这里受到人为影响非常小，保持着最完整的原始生态系统，有丰富的野生动植物资源，成为青藏高原野生动植物基因库。同行的专家介绍说，可可西里地区山峦绵延起伏，河流纵横交错，湖泊星罗棋布，有青海第一高峰布喀达板峰、长江北源楚玛尔河，以及多种类型的土壤和植被，异彩纷呈的高原植物和雪豹②、藏野驴、白唇鹿③、野牦牛等特有的珍稀动物。

藏羚羊更是"可可西里的骄傲"。这群生灵是生活在海拔最高地区的偶蹄④类动物。许多动物在海拔6000米的高度，连挪动一步也要喘息不已，而藏羚羊却可以以60公里的时速连续奔跑。藏羚羊还具有特别优良的器官功能，耐高寒、抗缺氧、食料要求简单，而且对细菌、病毒、寄生虫等疾病表现出高强抵抗能力。

守护这片土地的人，仿佛也掌握了拥有生机的"秘诀"。在海拔4800多米的楚玛尔河保护站那间危房里，22岁的保护区管理局临时工尕玛图旦正一边哼着歌一边做着饭。说是危房一点儿都不为过：房子是被当年的筑路工人遗弃后又被保护区重新利用的，去年这一地区一场8.1级地震又震裂开一条大缝子。屋子里不通电，收音机也收不到信号，这更让人容易感到寂寞。所谓做饭是这样的：用刀把一条从房梁上垂下来的、已经乌黑发亮的风干羊肉割下一小块来，然后放在水里煮一煮，就着干面饼吃。这样的伙食算是好的，因为还算有肉吃。尕玛图旦吃得很高兴。

但是捉襟见肘的经费还是让管理局的工作人员有些为难。比如五道梁保护站，管理

---

① 雪线：终年积雪区域的界线。
② 雪豹：可可西里珍稀动物。
③ 白唇鹿：可可西里珍稀动物。
④ 偶蹄：动物的蹄由两瓣组成，如羊、牛、猪等动物为偶蹄类动物。

可可西里

局每月拨给500元，包括五个工作人员的伙食费、汽油费和修车费用。保护站每月至少要巡一次山，每次得带两大桶汽油，单这油费就要1000多元。站长詹江龙说，山总是得巡的，钱就大家一起想办法，拉赞助、凑费用。不久前，中铁十四局①就答应提供他们巡山所需的汽油和食物。

保护区森林公安分局②副局长罗延海说，六七月间是高原氧分最充足的时候，也是藏羚羊产崽③后的大迁徙期，盗猎分子经常在此时猎杀藏羚羊，他们也是这时候最忙活。每次巡山要花十多天时间，期间没有通信联系。前不久，一组巡山队员因突如其来的暴风雪迷失了方向，吉普车又坏在路上，情况异常险恶，几名队员甚至写好了遗书。但硬是凭着天生的乐观精神，他们最终走出了困境。

曾有人预测，5年内藏羚羊将灭绝。管理局局长才嘎信心十足地说，5年后藏羚羊不仅不会灭绝，根据近年的保护情况估计，那时数量将会达10万只。这番话我相信，因为有那些土生土长的、热爱家乡的保护区管理人员长期不懈地努力，还因为有众多关心这片土地、热爱这片土地的志愿者在行动。他们的付出，相信会还青藏高原一片安宁。

（摘自新华网北京2002年6月21日电《可可西里：与天相接的生命守护人》，有删改）

思考与回答

1. 可可西里的自然生态环境是怎样的？人们是如何破坏可可西里的生态的？

    野生　繁衍生息　采金　盗猎　千疮百孔

2. 志愿者们的口号是什么？管理局局长、记者以及社会舆论各是怎样看待志愿者的作用的？

    奉献　换取　质疑　建议　得以　深爱　和谐

3. 请描述可可西里5个保护站的工作和生活条件。

    给养　默默无闻　秘诀　地震　风干

---

① 中铁十四局：中铁十四局集团有限公司是经中国国家建设部批准的具有综合施工能力的国家控股的铁路特级施工总承包企业。
② 保护区森林公安分局：指可可西里国家级自然保护区森林公安分局。
③ 产崽（zǎi）：产，生产。崽，幼小的动物。

4. 保护区管理局的经费状况如何？是怎样想办法解决的？

   捉襟见肘　拉　　凑　　提供

5. 你如何看待可可西里野生动物保护的前景？

背景链接

中国青年志愿者协会(简称CYVA)成立于1994年12月5日，是由志愿从事社会公益事业与社会保障事业的各界青年组成的全国性社会团体，是由依法成立的省、自治区、直辖市青年志愿者组织和全国性的专业、行业青年志愿者组织和个人自愿结成的全国性的非营利性社会组织，是联合国国际志愿服务协调委员会(CCIVS)联席会员组织。协会通过组织和指导全国青年志愿服务活动，为社会提供志愿服务。协会在宪法和法律的范围内开展工作，奉行"奉献、友爱、互助、进步"的准则。

词语

1.	生息	shēngxī	(动)	生活；生存。
2.	大肆	dàsì	(副)	毫无顾忌地。
3.	盗猎	dàoliè	(动)	非法捕猎。
4.	刨	páo	(动)	挖掘。
5.	丧生	sàngshēng	(动)	丧失生命。
6.	脆弱	cuìruò	(形)	不坚强；不稳固。
7.	日前	rìqián	(名)	几天前。
8.	钦佩	qīnpèi	(动)	高度敬重。
9.	忙不迭	mángbùdié	(副)	表示急忙、连忙的意思。

可可西里

10.	嘬	zuō	（动）	吮吸。
11.	促使	cùshǐ	（动）	推动某物或某事使达到一定目的。
12.	检察官	jiǎncháguān	（名）	负责刑事案件的法官。负责接受控告、讯问当事人及证人，进行调查并提起公诉。
13.	珍视	zhēnshì	（动）	珍爱重视。
14.	奉献	fèngxiàn	（动）	恭敬地交付；献出。
15.	换取	huànqǔ	（动）	用交换的方法取得。
16.	质疑	zhìyí	（动）	提出疑问，请人解答。
17.	反响	fǎnxiǎng	（名）	回响；反应。
18.	动摇	dòngyáo	（动）	在两种对立的意见之间或在两条对立的行动路线之间摇摆不定。
19.	现状	xiànzhuàng	（名）	当前的状况。
20.	程序	chéngxù	（名）	处理业务（如审议机构的业务）的既定方法。
21.	取证	qǔzhèng	（动）	寻取证据。
22.	巡	xún	（动）	到各处去，来回走动查看。
23.	规范	guīfàn	（形）	合乎规范。
24.	深切	shēnqiè	（形）	真挚恳切。
25.	和谐	héxié	（形）	和睦协调。
26.	营盘	yíngpán	（名）	军营的旧称。
27.	帐篷	zhàngpeng	（名）	用帆布或其他材料做的折叠式住处。
28.	给养	jǐyǎng	（名）	所需物质、食物、饲料、燃料等的储备。
29.	广袤	guǎngmào	（形）	土地的面积。东西的宽度为广，南北的长度为袤。
30.	基因	jīyīn	（名）	存在于细胞染色体上的生物体遗传的基本单位。
31.	山峦	shānluán	（名）	连绵不断的群山。

32.	土壤	tǔrǎng	（名）	地球表面的一层疏松的物质，有养分，能生长植物。
33.	植被	zhíbèi	（名）	一个地区、一片森林或草原等的整个覆盖层植物。
34.	异彩	yìcǎi	（名）	无比光辉灿烂，奇异的光彩或色彩。
35.	珍稀	zhēnxī	（形）	珍贵而稀有。
36.	挪	nuó	（动）	移动，从一处移到另一处。
37.	不已	bùyǐ	（动）	不停止：激动~｜愤怒~。
38.	秘诀	mìjué	（名）	不公开的能解决问题的窍门、办法。
39.	遗弃	yíqì	（动）	不顾情感、忠诚或义务的约束而抛弃。
40.	震	zhèn	（动）	迅速或剧烈地颤动。
41.	风干	fēnggān	（动）	放在阴凉的地方，让风吹干。
42.	迁徙	qiānxǐ	（动）	迁移；搬家。
43.	忙活	mánghuo	（动）	〈方〉赶着做活：白~｜瞎~｜穷~。
44.	迷失	míshī	（动）	迷惑弄错；分辨不清（方向、道路等）。
45.	吉普车	jípǔchē	（名）	轻型越野汽车。
46.	险恶	xiǎn'è	（形）	凶险可怕。
47.	遗书	yíshū	（名）	死者临死前留下的书信。
48.	硬是	yìngshì	（副）	就是，无论如何也是。
49.	灭绝	mièjué	（动）	毁灭；消灭。
50.	十足	shízú	（形）	达到充足的程度或完全的地步。
51.	番	fān	（量）	段，些。
52.	不懈	búxiè	（形）	不间断的。
53.	安宁	ānníng	（形）	秩序正常，没有骚扰。

四字词语

1.	趋之若鹜	qū zhī ruò wù	鹜，鸭子。像鸭子一样成群跑过去，比喻很多人争着赶去。
2.	千疮百孔	qiān chuāng bǎi kǒng	形容破坏的程度严重。
3.	各种各样	gè zhǒng gè yàng	具有多种多样的特征；具有各不相同的种类。
4.	不胜枚举	bú shèng méi jǔ	胜，尽。枚，个。不能一个个地列举出来，形容数量很多。
5.	力所能及	lì suǒ néng jí	力，体力，能力。及，达到。在自己力量的限度内所能做到的。
6.	默默无闻	mòmò wú wén	无声无息，没人知道。
7.	死气沉沉	sǐ qì chénchén	形容气氛不活泼。也形容人精神消沉，不振作。
8.	绵延起伏	miányán qǐfú	形容山峦高高低低一个接一个不间断地出现。
9.	纵横交错	zònghéng jiāocuò	横的竖的交叉在一起。也形容情况复杂。
10.	星罗棋布	xīng luó qí bù	罗，罗列。布，分布。像天空的星星和棋盘上的棋子那样分布着。形容数量很多，分布很广。
11.	突如其来	tū rú qí lái	突如，突然。出乎意料地突然发生。
12.	土生土长	tǔ shēng tǔ zhǎng	当地生长的。

专有名词

1. 可可西里 (Kěkěxīlǐ) 目前世界上原始生态环境保存最完整的地区之一，也是目前中国建成的面积最大、海拔最高、野生动物资源最为丰富的自然保护区之一。可可西里气候严酷，自然条件恶劣，人类无法长期居住，被誉为"世界第三极""生命的禁区"。然而正因为如此，给高原野生动物创造了得天独厚的生存条件，成为"野生动物的乐园"。

2. 青藏高原 (Qīngzàng Gāoyuán) 中国最大的高原。在中国西部和西南部，主要包括青、藏和四川西部。面积约 230 万平方公里，平均海拔 4000 米以上，是世界最高的大高原，有"世界屋脊"之称。山岭海拔多在 6000 米以上，峰顶终年积雪。藏北高原为青藏高原的核心部分，在西藏自治区北部，冈底斯山、昆仑山及唐古拉山之间。海拔 4500 米左右，地面起伏不大，湖泊众多，属高寒荒漠。青藏高原是亚洲许多大河的发源地。北部为黄河源地，南部为澜沧江、通天河、雅砻江等大河源地。藏南谷地在冈底斯山与喜马拉雅山之间，是雅鲁藏布江等河流上游的谷地，海拔大都在 4000 米以下。河谷沿岸多局部平原，是西藏主要农、牧业地区。

3. 格尔木 (Gé'ěrmù) 地名。蒙古语，意为河流密集的地方。地处青藏高原腹地，辖区由柴达木盆地中南部和唐古拉山地区两块互不相连的区域组成，总面积近 12 万平方公里。市区位于柴达木盆地中南部格尔木河冲积平原上，平均海拔 2780 米，属高原大陆性气候，夏无酷暑，冬无严寒。

4. 昆仑山 (Kūnlún Shān) 中国西部山系的主干，西起帕米尔高原，经新疆西藏之间，通过青海西南到四川西北部，长 2500 公里，7000 米以上高峰有多座。

5. 才嘎 (Cáigǎ) 藏族人名。

6.	Zàngzú 藏族	藏族是个古老的民族，主要分布在中国的西藏自治区和青海、甘肃、四川、云南等省份，大多居住在高原地带。
7.	Búdòngquán 不冻泉	地名，位于可可西里自然保护区内。
8.	Chǔmǎ'ěr Hé 楚玛尔河	河名，位于可可西里自然保护区内。
9.	Wǔdàoliáng 五道梁	地名，位于可可西里自然保护区内。
10.	Tuótuó Hé 沱沱河	河名，位于可可西里自然保护区内，发源于各拉丹冬雪山，是长江的正源。
11.	Zhuónǎi Hú 卓乃湖	湖名，位于可可西里自然保护区内，是藏羚羊的天然大产房。
12.	Shìjiè Wūjǐ 世界屋脊	青藏高原地域辽阔、地势高峻，有世界屋脊之称。
13.	Qīnghǎi 青海	指中国西北部的青海省。
14.	Bùkādábǎn Fēng 布喀达板峰	昆仑山脉的最高峰，高6860米。
15.	Cháng Jiāng 长江	发源于青藏高原唐古拉山脉主峰各拉丹冬雪山的西南侧，横贯中国东西部，是中国最长的河流，全长6403公里。
16.	Gǎmǎtúdàn 尕玛图旦	藏族人名。

词语讲解与练习

一 词语例释

1. 大肆

副词 毫无顾忌地。

◎ 十多年前这里的宁静被打破，在金钱的指挥下，人们趋之若鹜，大肆采金、盗猎。

① 犯罪嫌疑人均持假信用卡在商场、饭店等消费场所大肆消费。

② 一些奸商骗子乘机大肆"抛售"各种虚假致富信息。

③ 出了这件事以后，有关这个地区的负面消息被大肆渲染和报道。

④ 深夜，在井岗镇东岗林场经常有人大肆砍伐林木。

⑤ 在一些信息传播不发达地区，不法商人大肆生产与销售假冒伪劣商品。

📖 贬义，一般放在主语后面，修饰动词。

2. 忙不迭

副词 表示急忙、连忙的样子。

◎ 黄展蓝一边忙不迭地和同伴抢桃子吃，一边和我闲聊。

① 听说女儿病了，妈妈忙不迭地从千里之外赶过来照顾。

② 听到那家公司要倒闭的传闻，她忙不迭地把手中的股票都抛了出去。

📖 "忙不迭"在句中作状语。

"不迭"常用在动词后边，表示这个动作不停。

③ 听到那家公司要倒闭的传闻，她忙不迭地把手中的股票都抛了出去。谁知后来股市全线飘红，那只股票又涨了上来，令她后悔不迭。

④ 他一个人离家在外十几年，如今开着宝马、带着漂亮的太太衣锦还乡，令乡亲们称赞不迭。

⑤ 家里来了这么多客人，让她屋里屋外跑个不迭。

📖 "动词 + 不迭"在句子中处于句尾时表示动作不停，有时在动词和"不迭"之间可加上"个"字。

3. 换取

动词 用交换的方法取得，多用于书面或正式场合。

◎ 奉献我们生命中的一个月，换取可可西里永远的宁静。

① 这里绝大多数士兵都愿意用他们银行账户里的全部存款换取一张回程机票。

② 这里的人们常年以茶叶换取柴米油盐等日用品。

📖 后面一般不加动量词。

③ 我愿以自己的生命换取更多人的生命。

④ 待购房款交齐后再换取专用发票。

⑤ 毕竟充足的阳光是区区几千元所不能换取的。

⑥ 这意味着购买该公司债券的投资者可以换取股票。

📖 后面不能跟趋向词或介词短语；不能重叠。

4. 硬是

副词 表示"无论如何也要"，强调"就是"。

◎ 但硬是凭着天生的乐观精神，他们最终走出了困境。

① 他们咬紧牙关硬是把比分扳平了。

② 三个月的时间里，他硬是从92公斤减至63公斤。

📖 后面可以跟介词短语，有强调的作用。

③ 他发烧39度，可硬是不肯休息，一直坚持到工作结束。

④ 这位学生努力搜集证据，硬是赢得了一审胜诉。

⑤ 开始他们只是把绳子松松地套在小李的手臂上,后来却越缠越紧**硬是**取不下来了。

📖 可以直接修饰动词,有强调语气的作用。

5. 十足

形容词 达到充足的程度或完全的地步。

◎ 管理局局长才嘎信心**十足**地说,5 年后藏羚羊不仅不会灭绝……

① 安理会底气**十足**地让所有成员国把观点都亮出来。

② 要经过一周的休息和适应,熊猫才能精力**十足**地同游人亲近。

📖 与名词构成主谓短语作状语。

③ "华航"机组人员对于此次飞行任务表现出**十足**的信心。

④ 对于这件事他有**十足**的把握。

📖 作定语,修饰名词。

⑤ 今夏女式凉鞋的款式时尚漂亮,魅力**十足**。

⑥ 专家对火箭逃逸系统的可靠性把握**十足**。

📖 "抽象物+十足",前后都不能加连带成分。

⑦ 这可是**十足**的金条,市场价很高。

📖 专指成色纯。

二 词语辨析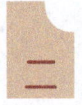

1. 钦佩　敬佩

钦佩

◎ 记者日前走进这群人中,感动和**钦佩**之余也希望了解为何他们如此热爱这片土地。

① 父亲对比他小 12 岁的周恩来先生非常钦佩。
② 大家喜爱他、钦佩他，都觉得能够听到他的歌声是一种享受，非喝彩、鼓掌不可。
③ 静和慧性格相反，然而慧的爽快、刚毅，却又常使静钦佩。
④ 这是多么令人钦佩的高尚品质啊！
⑤ 大舅最钦佩冯家的道德学问。

敬佩
① 得知你义务创办幼儿园的消息，我店职工十分敬佩。
② 张学良非常敬佩周副主席，表示坚决不再打内战了。
③ 我挤进了人丛，想在里面找到我所敬佩的徐志刚。
④ 你不能不对这位年轻女胶工充满敬佩之情。
⑤ 当小刘同伤员并肩躺下，用自己的血挽救了别人的生命时，小秦对小刘已经从震惊变成高度敬佩和爱慕了。

异同归纳		钦佩	敬佩
同	词性	动词	
	词义	表示尊敬、衷心信服	
	语法功能	可带宾语，也可不带宾语直接用在句尾	
	语义功能	用于对人和人的思想、品德、才华、学问等表示尊敬、衷心信服	
异	搭配对象	对象多是优秀的、杰出的人或人品、学识等	多用于有贡献的、有崇高精神的人
	词义侧重	着重于由衷地敬重、佩服	着重于衷心地尊敬、佩服
	语义轻重	重	较轻

2. 和谐　协调

和谐

◎ 这群人都是深爱自然、希望人类能与自然和谐相处的人们。

① 新启动的黑土区水土流失综合防治试点工程更重视人与自然的和谐相处。

② 我们的目标是：经济更加发展、民主更加健全、科教更加进步、文化更加繁荣、社会更加和谐、人民生活更加殷实。

③ 我们要为全省经济发展、社会进步，创造和谐稳定的社会环境。

④ 大学改革最终形成的校园氛围应该是一种民主和谐、相互激励与合作、鼓励改革创新、鼓励积极进取、重视对学生的责任心、对未来充满信心的氛围。

⑤ 这部电影虽然创下了高票房的业绩，但是一些负面的评论却多多少少奏起了不和谐的音调。

协调

① 这款服装样式和色彩与今天的气氛相配，非常协调。

② 这个花瓶放在这里给人的感觉似乎与周围的环境不那么协调。

③ 无伴奏合唱团美妙协调的声音飞出窗外传遍整个校园。

	异同归纳	和谐	协调
同	词性	形容词	
	词义	形容配合得适当	
	语体风格	口语、书面语兼用	
异	搭配对象	常形容旋律、声音、节奏、情调、色调、关系、气氛等	多用于形容颜色、情调、节奏等方面
	词义侧重	着重于不矛盾，彼此融合	着重于配合得恰到好处

3. 迷失　丢失

迷失

◎ 前不久一组巡山队员因突如其来的暴风雪迷失了方向,吉普车又坏在路上,情况异常险恶,几名队员甚至写好了遗书。

① 没有正确的理论基础和思想灵魂,我们的事业将迷失方向。

② 购车有可能迷失在价格、品牌和性能的丛林中。

③ 儿子就好似迷失在汪洋中的小舟看到了远方的灯塔。

④ 因此我们没有理由在一时的西方文化强势面前迷失自己。

⑤ 这部话剧揭示了当下社会生活中人们在情爱中的迷失、困惑与无奈等种种状态。

丢失

① 我的行李丢失了。

② 请把护照和机票放好,以免丢失。

③ 来自世界各国的专家们对战争中伊拉克文物损毁和丢失的情况作出评估。

④ 有人丢失价值百万元钻石的消息在省城传得沸沸扬扬。

异同归纳		迷失	丢失
同	词性	动词	
	词义	表示失去了原来知道或拥有的事物	
	语法功能	能带宾语	
异	搭配对象	方向、道路等	人、物品等
	词义侧重	着重于弄不清方向;走错道路	着重于被动的遗失
	语体风格	书面语	通用于口语和书面语

4. 安宁　安定

安宁

◎ 他们的付出，相信会还青藏高原一片安宁。

① 这时草原上一片安宁，只听见虫声唧唧。

② 就这么几口人，日子过得并不安宁。

③ 老赵尽力使车子跑得平稳，以便总指挥睡得安宁。

④ 该国采取的行动，维护了两国边境地区的安宁与稳定。

安定

① 老子认为，国家不安定是统治者造成的。

② 那时的生活不单困苦，而且也不安定。

③ 唐太宗时期，社会秩序比较安定，阶级矛盾相对缓和。

④ 想到这儿，他的烦躁情绪稍微安定了些。

⑤ 母亲的一番话使她的内心安定了下来。

异同归纳		安宁	安定
同	词性	形容词	
	词义	形容秩序、心情等正常、平静	
异	词性		兼有动词词性，可搭配成：~秩序　~人心　~局面
	语法功能	一般作宾语或补语，常处于句尾	可带数量补语、趋向补语或短语，也可用于句尾
	词语搭配	心情~　环境~	国家~　局势~　情绪~
	词义侧重	着重于安稳宁静，没有骚扰。多形容环境及人的心情、生活、睡眠等	着重于稳定，没有动乱。多形容政治形势、社会生活和秩序等

三 词语搭配

1. 促使

   ~其尽快完成　　在这件事的~下　　~发生变化
   ~人民的觉醒　　在雷锋精神~下　　~步伐加快
   ~领导下决心　　在大环境的~下　　~事业成功

2. 换取

   ~食物　　用真心~友情　　金钱~不了生命
   ~生命　　用汗水~收获　　金钱不能~一切
   ~积分　　用健康~事业的成功　　金钱~不了青春

3. 不已

   赞叹~　　喘息~　　气喘~
   鸡鸣~　　狗吠~　　狂叫~
   激动~　　兴奋~　　痛苦~

4. 遗弃

   ~罪　　把……~　　被~
   ~婴儿　　被……~　　被~的孤儿

5. 迷失

   ~道路　　~了目标　　~的孩子
   ~方向　　道德~　　法律~

四 练习

（一）模仿例子组成新词语

1. 忙不迭　　　____（个）不迭　　　____（个）不迭　　　____（个）不迭

2. 千疮百孔　　千____百____　　　千____百____　　　千____百____

3. 各种各样　　各____各____　　　各____各____　　　各____各____

4. 得以接触　　得以_____　　　得以_____　　　得以_____

5. 不胜枚举　　不胜_____　　　不胜_____　　　不胜_____

6. 默默无闻　　默默_____　　　默默_____　　　默默_____

7. 钦佩之余　　_____之余　　　_____之余　　　_____之余

8. 喘息不已　　_____不已　　　_____不已　　　_____不已

（二）选择恰当的词语填空

> 迷失　丢失　安宁　安定　钦佩　敬佩　和谐　协调

1. 市政府采取了一系列积极措施，希望与全体市民一道共建_____社会。

2. 如果不规范网吧行为，就有可能产生影响人民生活和社会_____的种种问题。

3. 大概是沙漠中的酷热让巨星们在球场上_____了方向。

4. 他对在处理劳资矛盾中表现出高超智慧的企业领导层深表_____。

5. 参观过程中，人们发现新工业园区的建筑物颜色与环境非常_____。

6. 这个地区自他出生的那年起就战争不断，没有一天能让人_____地过日子。

7. 不少参观者对这家企业的团队精神和认真负责的工作态度表示赞叹与_____。

8. 据说有不少记者在采访中_____了手机、手表等物品。

（三）用指定词语完成句子

1. _____，完成了这么多的工作。（硬是）

2. 他把那么好的工作岗位让给别人，真是_____。（十足）

3. 他这种"为人民服务"的精神，令大家_____。（钦佩）

4. _____，造成严重的水土流失。（大肆）

5. _____就是他理想的伴侣。（或许）

6. 他愿意用全部的金钱_____。（换取）

7. 世界各国人民都需要一个_____。（和谐）

8. 不要让战争打破_____。（安宁）

（四）用指定词语完成下列对话

1. A：20年前青藏高原有上百万只藏羚羊在那里生活，目前的情况怎么样？

   B：_____。（大肆）

2. A：丛飞把他的全部收入都用在资助贫困的失学儿童身上，死后还捐献了眼角膜。

   B：_____。（钦佩）

3. A：听说，王经理这次赚了不少钱呢！

   B：哪里，_____。（动词+不迭）

4. A：那里战乱不断，人民生活怎么样？

   B：_____。（安宁）

5. A：他已经多日没有好好儿休息了，长此下去身体会受不了的。

   B：_____。（十足）

6. A：_____。（迷失）

   B：只有北京、西安这样的老城市街道才是正南正北的。

7. A：_____。（硬是）

   B．这样有毅力的人我还是头一次见到。

8. A：_____。（和谐）

　　B：人们正在朝着这个方向努力。

9. A：_____。（换取）

　　B：这种方法是不可取的。

10. A：_____。（力所能及）

　　B：我们都会大力支持你的。

（五）选择适当的四字词语填空

趋之若鹜	千疮百孔	各种各样	不胜枚举
力所能及	默默无闻	死气沉沉	绵延起伏
纵横交错	星罗棋布	突如其来	土生土长

1. 进入内地人日常生活的香港品牌_____。

2. 虽然他生长在北京，可一穿上这套漂亮的蒙古服装，骑上高头大马，看上去就更像是_____的草原壮汉。

3. 上海新修建的高架桥、立交桥与原有的城市道路构筑了_____的立体交通网。

4. 极高的平均投资回报率使得到中国来的跨国公司_____。

5. 曾经_____的"70号中国商城"现已恢复生机。

6. 2003年_____的非典只不过是中国经济长足发展中的一个"小插曲"。

7. 这个城市就在一个_____的烂摊子上初步建立起独立完整的工业体系。

8. 从这家报纸刊登征婚广告的第一天起，它就由一份_____的小报变成了读者争购的热门报纸。

9. 半人多高的灌木丛林_____、一望无际。

10. 政府限定商店关门时间的法规中引起了_____的争议。

11. 只要经济条件许可，我们真的很愿意为社会做点儿_____的事情。

12. 在中国960万平方公里的土地上，有纵横交错的河流和_____的湖泊。

（六）判断下列句子的正误，对的画"√"，错的画"×"

1. 北京西北部绵延起伏的群山就像是一个天然屏障，挡住了冬季寒冷的西北风。（   ）

2. 突如其来的龙卷风，给人们造成了上亿元的财产损失。（   ）

3. 大大小小的蒙古包纵横交错地分布在辽阔的草原上，就像绿色的海洋中撒下的一颗颗银亮的珍珠。（   ）

4. 我一个人就可以力所能及，今晚干完这个工作没问题。（   ）

5. 这个故事千疮百孔，一看就是胡编乱造的，没有人会感兴趣。（   ）

6. 原本娱乐公司只想小小地炒作一下，不料众多传媒趋之若鹜，大量的报道反倒成就了这位歌手。（   ）

7. 东南沿海的人们富裕以后，投入了大量的资金修公路，如今道路星罗棋布。（   ）

8. 她家经济条件很好，可如今女孩子们都喜欢穿小一号的衣服，真是捉襟见肘。（   ）

9. 虽然他的书很有思想，但却一直被默默无闻地摆放在书店的架子上。（   ）

10. 众所周知，过量饮酒不仅酿成了不胜枚举的悲剧性事件，而且还严重影响到个人甚至国家的形象。（   ）

（七）选择恰当的一组词语

1. ① 这种保健品是否有效，连_____吹捧它们的经销商都心存疑虑。
   ② 这里就是古蜀先民生息_____之地——闻名中外的三星堆遗址。
   ③ 来自山东潍坊寿光县的李培中和来自浙江的张敏民在爆炸中_____。
   ④ 我们十分_____维护和发展中阿友好合作关系。

   A. ① 大肆　　② 养生　　③ 丧生　　④ 珍视
   B. ① 大量　　② 繁衍　　③ 丧生　　④ 珍视
   C. ① 大肆　　② 繁衍　　③ 丧生　　④ 珍视
   D. ① 大肆　　② 繁衍　　③ 丧生　　④ 珍稀

   正确选项_____

2. ① 中国非常重视澳大利亚这个国土_____、资源丰富、经济发达的国家。

   ② 14岁的马健丽从一出生便和母亲一起被父亲_____了。

   ③ 正是人类疯狂的捕杀让它们走到了_____的边缘。

   ④ 北京警方已将涉嫌非法盗卖_____濒危动物制品的嫌疑人方某移交给承德警方。

   A. ① 广袤　　② 放弃　　③ 灭绝　　④ 珍稀
   B. ① 广袤　　② 遗弃　　③ 灭亡　　④ 珍稀
   C. ① 广袤　　② 遗弃　　③ 灭绝　　④ 珍惜
   D. ① 广袤　　② 遗弃　　③ 灭绝　　④ 珍稀

   正确选项 _ _ _ _ _ _ _ _ _ _

(八) 下面每段话都画出了ABCD四个部分，请挑出有错误的部分

1. 2002年3月21日，可可西里管理局进京招募志愿者。因为每年都有大量的
   　　　　　　　　A
   藏羚羊倒在盗猎者的枪口下。为保护藏羚羊，盗猎打击,中国政府多次在西宁、
   　　B　　　　　　　　　　　　　　　　C　　　　　　　D
   格尔木公开销毁收缴的藏羚羊皮。
   　　　　　　　　　　　　　　　　　　　　　　　　　　　　（　　）

2. 青藏铁路与青藏公路走向基本平行。修建之初，就有专家忧虑，铁路会破坏
   　　A　　　　　　　　　　　　　　　　　　　　B
   完整的自然环境,不仅会丧生野生动物的繁衍迁徙,还会影响它们正常的觅食
   　　　　　　　　C　　　　　　　　　　　　　　　　D
   活动。
   　　　　　　　　　　　　　　　　　　　　　　　　　　　　（　　）

3. 位于楚马尔河铁路桥、五北铁路桥，五道梁和不冻泉，是33处野生动物通
   　　　　A
   道中最主要的两个。根据杨奇森多年的调查,铁路沿线90%以上的藏羚羊将
   　　B　　　　　　　　　C　　　　　　　　　　　　　D
   从这两处迁徙通过。
   　　　　　　　　　　　　　　　　　　　　　　　　　　　　（　　）

4. 或许陶瓷艺术家们可以从这种忙不迭的比较中，获得对陶瓷艺术特征的更深
   　　　　　　　　　　　A　　　　　　　　　　　　B
   入、更完整的理解，以增强陶瓷作品的表现力和抒情性，创作出更加具有审美力
   　　　　　　　　　C　　　　　　　　　　　　　　D
   度和审美价值的作品。　　　　　　　　　　　　　　　　　　　　　（　　）

5. CITES 公约，也被称做《濒危野生动植物种国际贸易公约》，是一个由 100 多
   　　　　　　　　　A
   个国家参加的、国际性政府间保护野生动植物的协议，秘书处设在瑞士，各成
   　　　　　　　　　　B
   员国都设有 CITES 管理委员会，每个珍稀野生动植物都有责任遵守保护协议，
   　　　　　C　　　　　　　　　　　D
   违约将受到处罚。　　　　　　　　　　　　　　　　　　　　　　　（　　）

语法讲解与练习

一　省略句

省略句是在一定的语境下，省略某些句子成分的句子。

1. 省略句的类型

省略句包括对话省略和上下文省略两种情况。

（1）对话省略

①　A：（你）吃饭了吗？

　　B：（我）还没吃（饭）呢。

②　A：（你）告诉老师了吗？

　　B：（我）告诉（老师）了。

 会话双方当面谈话时，说话方和听话方的身份、关系是确定的，因此可以借助具体的语境，省略主语等句子成分。

(2) 上下文省略

书面语言中，上下文能够给句子提供必要的语境，因此可以借助于上下文省略某些句子成分。例如：

① 老渔民长得高大结实，（老渔民）留着花白胡子。

例句①中，后一个分句的主语"老渔民"和前一个分句的主语是一样的，但由于前面分句出现过，就省略了。

📖 这叫承前省略。

② （我们）展望新世纪，我们对未来充满了信心。

例句②中，前一个分句的主语"我们"和后一个分句的主语是一样的，但由于后面分句出现，前面就省略了。

📖 这叫蒙后省略。

2. 句子成分省略的条件

（老人）听到他这样讲，老人心里的石头总算是落了地。

📖 第一，只有在一定的语境中才能省略，离开了语境意思表达就不明确；第二，被省略的成分都可以补出来，而且补的方式只有一种。只有同时符合上面两个条件才能省略。

3. 省略的成分

(1) 省略主语

主语省略是汉语语法中最常见的省略。其中主语的承前省略更为常见。例如：

① 我理解你的心情，但（我）也知道她有为难之处。
② 姑娘们打扮得花枝招展的，（姑娘们）一起来到俱乐部，（姑娘们）登台表演了精彩的节目。

(2) 省略谓语或谓语动词

谓语或谓语动词的省略不如主语省略常见。

① A：你哪篇文章发表过？
　B：这篇（发表过）。

② A：明天谁值班？

　　B：王主任（值班）。

📖 这种省略主要出现在答句中。

③ 想说你就快点儿（说）！

④ 你要是还没有报名的话，快点儿（报名）吧！

📖 谓语省略也可以出现在祈使句中。

(3) 省略宾语

① 时间紧迫，你可得抓紧（时间）啊！

② 有意见，请向值班经理提（意见）。

📖 宾语在一定的语境中也可以省略。

二　省略号的使用

1. 引文的省略，用省略号标明。例如：

① 她轻轻地哼起了《摇篮曲》："月儿明，风儿静，树叶儿遮窗棂啊……"

2. 列举的省略，用省略号标明。例如：

② 在广州的花市上，牡丹、吊钟、水仙、梅花、菊花、山茶、墨兰……春秋冬三季的鲜花都挤在一起啦！

3. 说话断断续续，可以用省略号表示。例如：

③ "我……对不起……大家，我……没有……完成……任务。"

　　以上三点是原则性的提法，在实际的运用中可以灵活掌握。

📖 一般地说，遇到下列诸情况需要用省略号：（1）表示引文的省略；（2）表示列举的省略；（3）表示重复语句的省略；（4）表示说话断断续续的省略；（5）表示意在言外的省略；（6）表示语义难尽的省略；（7）表示语言中断的省略；（8）表示含糊其辞的省略；（9）表示沉默的省略；（10）表示数字延续的省略，等等。

成功篇・第一册

 练习

（一）找出下面句子中省略的部分并说明其在句中的成分

1. 快走！还有5分钟电影就开演了，我们赶不上了。

2. 谁有疑问，请现在提出来。

3. A：干什么去？
   B：上街。

4. A：这本书还有别的版本吗？
   B：没了。

5. 藏羚羊还具有特别优良的器官功能，耐高寒、抗缺氧、食料要求简单，而且对细菌、病毒、寄生虫等疾病表现出高强抵抗能力。

6. 所谓"保护站"，就是几间屋子甚至帐篷。在这些每天都要下几场雪、面条永远煮不熟、时常感到呼吸困难的高寒地区，能够生存下来就算胜利。

7. 从2003年8月至今，2万多名大学毕业生，以志愿者的身份高唱着这首歌，高扬"奉献、友爱、互助、进步"的旗帜，投身到西部大开发的洪流中。

8. 如今这些志愿者已经成为活跃在西部的一股新生力量。他们在改变西部：他们用爱心为偏远地区的孩子开启智慧之门；他们行走在山区、村寨，行医送药；他们用智慧播撒下农民致富的点点星光，他们用青春书写着西部的希望与未来……

（二）根据省略的条件，选择最佳的句子完成对话

1. A：今天的考试题太难了。　　　　　　　　　　　　　　（　　）
   B₁：我同意你说的，今天的考试题太难了而且题量很大。
   B₂：嗯，而且题量很大。

2. A：喂，您哪位？您找谁？　　　　　　　　　　　　　　（　　）
   B₁：我是小赵，找老王，他在不在？
   B₂：我是小赵，我找老王，他在不在这儿？

3. A：你不是老张吗？不认识我了？　　　　　　　　　　　（　　）
   B₁：对不起！我大概认错人了。
   B₂：对不起！你……大概认错人了。

4. A：今天我真的没带那么多钱，你看我是不是……　　　　（　　）
   B₁：那就等你带够钱再来报名吧。下一个！
   B₂：什么意思？请说完这个句子。

修辞提示与练习

 篇章衔接——省略

篇章也称语篇、语段、话语，即成篇的话语。

篇章是一次交际过程中使用的完整而连贯的语言单位，是能够表达一个相对完整的思想内容的语流。

它由一系列结构上衔接、语义上连贯的句子组成。例如：

◎ a 青藏高原北部有一片被称做"美丽的少女"的土地——可可西里。b 千百年来藏羚羊、藏野驴、野牦牛等青藏高原特有动物在这片无人区里自由地繁衍

生息。c 十多年前这里的宁静被打破，在金钱的指挥下，人们趋之若鹜，大肆采金、盗猎。d 成片土地被刨得千疮百孔，大批生灵丧生在枪口之下。

a、b 句主要介绍可可西里原有的优美环境，c、d 句中表现地点的词语——可可西里被省略掉了，但是人们读这段话时，并不会产生误解，仍然清楚地知道这两句是写遭到破坏的可可西里现状。

◎ a 藏羚羊还具有特别优良的器官功能，b 耐高寒、抗缺氧、食料要求简单，c 而且对细菌、病毒、寄生虫等疾病表现出高强抵抗能力。

语段中 a~b 两句是语义密切相关的话题链，介绍藏羚羊器官的优良功能，b 的主语承前省略；a~b 与 c 构成递进关系的话题链，关联词"而且"后的主语也省略了。

📖 话语链内部一般使用省略式连接，使语段读起来更顺畅、更连贯。

① 爸，咱家刚才来了一个客人，a 男的，b 戴一副金丝眼镜，c 说话有点儿东北口音，d 说是你大学的同学，e 来北京开会，f 顺便来看你的。g 他见你没在家待了一会儿就走了。我让他下午再来。

存现句"咱家刚才来了一个客人"中的名词"客人"，在后面的 a~f 几个句子中都省略了，句 g 开始了一个新意思，采用"他"重提一下客人。

📖 存现句的作用往往是引入一个新话题，后面的说明性小句与它属于同一个话题链，所以存现句后的小句常常使用省略方式与存现句连接。

② 他戴上（他的）帽子走了。

③ 幸好（我的）母亲发觉我不在岸上，又见水中直冒水泡，不会游泳的（我的）母亲费了许多力气将我从死神手中拉了回来。

📖 例句②③括号中的领属性代词在语句中常常省略。

④ 当时她19岁，还没嫁给我哥哥，是个惹人注目的人物，头上梳着两条辫子，举止不拘常规，喜欢逗趣，见了我父母怕得要命。

📖 例句④的叙述介绍中，虽然用了许多小句，但都是一个目的——介绍"她"各方面的事情，所以语义连接很紧密，都可以省略。可见介绍性的语段中也常常用省略连接。

 可可西里

二 练习

（一）阅读下面的句子或一段话，找出省略部分

1. 快点儿啊！还有10分钟火车就开了，我们赶不上了。

2. 谁有问题，下课以后留下来解决。

3. A：我的书呢？谁拿走了？
   B：老李。

4. A：还有别的样子的衣服吗？
   B：没了。

5. 2004年我毕业，毕业后义无反顾地决定支援西部，不顾家人的坚决反对，在甘肃省永昌县第四中学义务支教。

6. 我认为我做得不够好，现在每次想起在永昌的日子就抱怨自己当时为什么不多给学生讲些知识？为什么不给他们更多的帮助？现在我教的学生都参加考试了，高中的学生高考了，初中的学生中考了，只是由于我个人的一些原因，在他们考试之前我不得不提前离开，现在听说他们都考得很好，心里高兴得很。

（二）将下列各段话按逻辑关系重新排序，并尝试省略一些词句，而意思不变

1. A. 但我觉得值！因为两年我也收获了很多！第一就是这份珍贵的经历；第二是在永昌和那里的人结下的无价情谊！

   B. 在永昌的两年，由于那里的气候很差，我体验到了风沙的威力，两年前皮肤

还算白皙的我，回来后像个黑土豆似的。我不习惯那里的饮食，现在还经常胃疼。

C. 那里很闭塞，信息滞后，回来后跟人聊天儿，别人说的很多东西，我都不知道。

重新排序

2. A. 中国青年志愿者协会地方性团体会员33个，即各省、自治区、直辖市青年志愿者协会，中直机关青年志愿者协会、中央国家机关青年志愿者协会。

   B. 中国青年志愿者协会由团体会员和个人会员组成，现有团体会员36个，个人会员402个。团体会员中，全国性专业、行业团体会员3个，即全国铁道青年志愿者协会、全国民航青年志愿者协会、中国青年志愿者协会科技分会。

   C. 中国青年志愿者协会是由志愿从事社会公益事业与社会保障事业的各界青年组成的全国性社会团体，是全国青联团体会员，联合国国际志愿服务协调委员会（CCIVS）联席会员组织。

   D. 中国青年志愿者协会个人会员。凡承认本协会章程并提出入会申请的中国公民，经理事会审查通过，即可成为本协会的个人会员。

重新排序

3. A. 记者通过对新闻事实材料的分析、取舍和安排，通过事实本身的内在逻辑来表达观点、立场和主张。新闻特写寓理于事，把观点隐蔽在对事实的报道中，使人们在接受事实的同时接受记者的意见和观点。

   B. 新闻特写是以描写为主要表现手段，截取新闻事实中某个最能反映其特点或本质的片段、剖面或细节，作形象化的再现与放大的一种新闻体裁。

   C. 新闻特写符合人们从新闻中了解事实和新闻文体的基本特征，因而最能潜移默化地影响受众，也更具说服力。

重新排序

(三) 判断 A 句后面的语句如何展开

1. A．中国从本土向太平洋海域发射的运载火箭，　　　　　　　　　　（　　）

   B_1．火箭飞跃万里长空，火箭准确落在预定海域，发射的运载火箭获得了圆满成功。

   B_2．飞跃万里长空，准确落在预定海域，获得了圆满成功。

2. A．10月4日，抱着向航空英雄学习的想法，　　　　　　　　　　　（　　）

   B_1．我们的黑板报也创刊了。

   B_2．黑板报也创刊了。

3. A．由于前后分句的主语常常不一致，主语又因省略而经常不出现，所以古代汉语中常有暗换主语的现象。　　　　　　　　　　　　　　　　　　　（　　）

   B_1．这种现象在现代汉语中往往是主语缺失，是病句，是不允许的，但在古代汉语中却是省略主语的正常表达。

   B_2．在现代汉语中往往是主语缺失，是病句，是不允许的，但在古代汉语中却是省略主语的正常表达。

4. A．在语文教学中，教师常常发现许多学生分不清主语省略和主语缺失，（　　）

   B_1．学生极易把二者混为一谈，而且很有必要对它们作详细分析，以利辨析。

   B_2．学生极易把二者混为一谈，教师很有必要对它们作详细分析，以利辨析。

(四) 下面是一篇约1100字的介绍性文章，请你根据篇章修辞——省略的手法将其缩写为500字左右的文章，结构、内容基本不变

可可西里自然保护区自然环境概况

① 可可西里自然保护区位于青海西南部的玉树藏族自治州境内，东经89.25度~94.05度，北纬34.19度~36.16度。其范围为昆仑山脉以南，乌兰乌拉山以北，东起青藏公路，西迄省界。保护区西与西藏相接，南同格尔木唐古拉乡毗邻，北和新疆维吾尔族自治区相连，东至青藏公路，总面积4.5万平方公里。

② 可可西里地处青藏高原腹地，平均海拔在4600米以上，最高峰为北缘昆仑山布喀达板峰（亦称新青峰或莫诺马哈峰），海拔6860米；最低点在豹子峡（昆仑山南麓红水河横穿博卡雷克拐弯处），海拔4200米。区内地势南北高，中部低，西部高而东部

低。可可西里山和冬布勒山横贯本区中部，山地间有两个宽谷湖盆带，地势较平坦。海拔5500米~6000米以上的山地，有现代冰川发育。如布喀达坂峰（6860米），马兰山（6813米），少数超过5600米的山峰也有小规模冰川分布，如东岗扎日（5882米），冰川总面积达1700多平方公里。

③ 本区是羌塘高原内流湖区和长江北源水系交汇地区。东部为楚玛河为主的长江北源水系，主要为雨水、地下水补给，水量较小，河流往往是季节性河流。西部和北部是以湖泊为中心的内流水系，位于羌塘高原内流湖区的东北部，湖泊众多。据统计，面积大于1平方公里的湖泊有107个，总面积3825平方公里，其中面积200平方公里以上的湖泊有7个。最大的为乌兰乌拉湖，湖水面积为544.5平方公里。

④ 本区气候特点是温度低、降水少、大风多、区域差异较大。境内年平均气温由东南向西北逐渐降低，在西金乌兰湖地区有一明显暖区，最暖区年均温为－4.10℃，最冷区为最西边的勒斜武担措，年均温为－10.00℃（推算值），最低气温－46.40℃，其他地区均在两者之间。

⑤ 可可西里地区年平均降水量分布趋势是由东南向西北逐渐减少。在173~495毫米之间。本区风大，是全国风速高值区之一。在风力较弱的季节，西金乌兰湖附近仍出现瞬时风速为24.0米/秒的大风（1990年7月9日16时47分），年平均风速分布由东向西增大。区内的土壤类型简单，多为高山草甸土、高山草原土和高山寒漠土壤，其次为沼泽土，零星分布的有沼泽土、龟裂土、盐土、碱土和风沙土。土壤发育年轻。受冻融作用影响深刻。

⑥ 区域内由于受到地理位置、地势高低、地形坡向及地表组成物质等各种水热条件分异因素的影响，自然景观自东南向西北呈现高寒草甸—高寒草原—高寒荒漠更替。其中高寒草原是主要类型。高寒冰缘植被也有较大面积的分布，高寒荒漠草原、高寒垫状植被和高寒荒漠有少量分布。高寒草甸、高寒沼泽仅分布在极个别的地区。

⑦ 本区生物区系种类少，但青藏高原特有种比例大，且种群数量大。据多年观察，哺乳动物有29种，其中11种为青藏高原特有，鸟类53种，爬行类1种，鱼类6种。区内高等植物有102属，202种，其中青藏高原特有种84种，占全区种类的41.56%。本区的特有生物种类不但是中国的珍稀动植物，而且为世界上所瞩目，在学术上和自然保护上均十分重要。

可可西里

三 文体与篇章修辞

（一）新闻报道

新闻体裁分为消息、通讯、特写、边缘体裁四类。《可可西里的生命守护人》属新闻报道通讯类。通讯是一种常用的新闻体裁，它的特点是对新闻事件、人物和各种见闻作比较详尽而生动的报道。文字风格属书面语体，用词相对正式、严谨、客观。段落衔接一般以话题为主线，每段中有明显的词语或句子体现段与段的内在联系。当段落靠着内在的联系被连接成一篇新闻报导时，有些重复的部分，或不言而喻的词语就被省略掉了。

（二）将以下各段重新排序，并指出省略掉的部分

A. 参与研究的美国佐治亚大学生态学研究院主任 John Gittleman 表示，之前有证据表明，大约 6500 万年前恐龙灭绝，随后哺乳动物出现加快，但是，这与化石记录并不一致。他们的研究发现，哺乳动物是在恐龙灭绝之后 1000 万至 1500 万年才真正开始占据地球主导地位的。由于遗传变化的速度相对稳定，科学家能够通过计算基因变异数量，估测出哺乳动物从共同祖先开始分化的时间。此外，利用碳同位素断代，研究人员得到了化石所记录的分化年代。Gittleman 和同事通过对比这两项研究结果，构建出了 2500 多个分子进化"枝干"，从而最终创造出了第一棵完整的哺乳动物进化树。

B. 研究人员表示，他们进行此项研究的目的并非推翻所有关于恐龙的假设，而是为了防止未来可能发生的物种灭绝。这可能令人惊讶，但人们对于地球上 4500 多种哺乳动物的进化关系确实知之甚少，科学家对全世界的生物多样性研究还不充分，还未能创建出系统的目录。

C. 自然史中有这样一段：恐龙主宰地球长达数亿年之久，而在数千万年前的某一天，突如其来的宇宙小行星撞击到中美洲尤卡坦半岛，遮天蔽日的沙尘削弱植物的光合作用，从而导致恐龙大量灭绝，今天哺乳动物的祖先才得到繁衍昌盛

的机会。这个故事的前半部分没错,但是发表在3月29日《自然》杂志上的一项最新研究对最后一句话提出了质疑。

D. 研究人员发现,在恐龙灭绝后的很短时间内,历史上曾经出现了哺乳动物快速分化的一个小高峰,但其中的大多数物种还未充分进化就已灭绝。而哺乳动物真正的分化开始于大约5600万至3400万年前的第三纪始新世,但原因目前还不清楚。Gittleman表示,开花植物在始新世的出现可能为哺乳动物提供了新的食物来源,从而促进了它们的分化。但这一问题的最终确定无疑还需要更多的研究。

重新排序_ _ _ _ _ _ _ _ _ _ _ _ _ _ _

表达与写作

● 表达训练

1. A. 请介绍有关中国青藏高原的情况。
   B. 请介绍可可西里的自然生态状况。
2. A. 你认为可可西里自然保护区的前景如何?
   B. 为保护野生动物你认为应该做些什么?
3. A. 你是否做过志愿者?如何评价志愿者的行为?
   B. 你对自己国家的志愿者活动情况了解吗?能否介绍一二?
4. A. 请介绍电影《可可西里》的内容。
   B. 谈谈电影《可可西里》观后感。

● 写作训练

试从以下话题中任选其一，文体为新闻通讯特写，题目自拟，写一篇400~500字的短文。

要求：尽量参考并尝试使用本课所学重点词语及新闻通讯特写的写作格式。

话题一

2008年的北京奥运会吉祥物福娃中有一个是以藏羚羊为原型的，中国人为什么会选择藏羚羊为吉祥物呢？请你就此写一篇新闻报道。

话题二

在你结识的朋友中是否有做志愿者或义工的，请你采访他们，并写一篇新闻报道。

扩展空间

名家典藏

马丽华长篇纪实散文《藏北游历》《西行阿里》《灵魂像风》
　　　　选自《走进西藏》　中国藏学出版社

媒体资源

电影《可可西里》　　　　　　　飞仕影音公司出品
《再话长江》第三集《生命的高原》　中央电视台33集大型电视纪录片

词语追踪

可可西里　　藏羚羊　　普氏羚羊　　软黄金　　福娃

2 京剧人生

背景阅读与练习

一 阅读文章，按要求完成各项练习

（一）

① 梅兰芳，男，生于1894年10月22日，著名京剧旦角。祖籍江苏泰州市东薛家庄，生于北京李铁拐斜街45号（今铁树斜街101号）。父，明瑞，字竹芬，小生改花旦，母为杨隆寿之长女长玉。

② 梅兰芳童年时并未表现出过人的艺术天分，相貌也很平常，两只眼睛有些近视，眼皮总下垂。眼睛既不能外露，又不能正视，显着无神的样子，见了生人还不会说话。因此他姑母用八个字形容他："言不出众，貌不惊人。"七岁的梅兰芳在住家附近一个私塾就读，初时因为读书不太用心，成绩自然不好。

青年梅兰芳

③ 开始学戏是他八岁时，请来教戏的是名小生朱素云的哥哥朱小霞，朱先生按照教青衣的传统方法，先教他唱《二进宫》。谁想四句极普通的老腔，教了很长时间，他总是不能上口。先生见他进步太慢，认为这孩子没有希望，就对他说："祖师爷没给你这碗饭吃。"说罢竟拂袖而去，再也不来教他了。梅兰芳成名后，有一次爷俩又见面了。朱先生很不好意思地对他说："我那时真是有眼不识泰山。"梅兰芳笑着说："您快别说了，我受您的益处太大了，要不挨您这一顿骂，我还不懂得发愤苦学呢！"

④ 梅兰芳幼从吴菱仙习青衣，10岁登台在北京广和楼演出《天仙配》，工花旦，1908年搭喜连成班。当年秋，喜连成班主叶春善带领他的科班在吉林演出。一天早晨，叶春善偕筹资组建喜连成的开明绅士牛子厚到吉林北山散步。忽然发现时用艺名"喜群"的梅兰芳在小树林里练剑。牛子厚见他仪表堂堂，气度潇洒，举止端庄，便询问

其艺名。得知为"喜群"后，沉吟良久说："这孩子相貌举止不俗，久后必成大器，给他更名'梅兰芳'如何？"叶春善师徒二人欣然同意。从此，就用了"梅兰芳"这一享誉国内外的艺名。

⑤ 1911年北京各界举行京剧演员评选活动，张贴菊榜，梅兰芳名列第三名探花。1913年他首次到上海演出，在四马路大新路口丹桂第一台演出了《彩楼配》《玉堂春》《穆柯寨》等戏，初来上海就风靡了整个江南，当时里巷间有句俗话："讨老婆要像梅兰芳，生儿子要像周信芳。"他吸收了上海文明戏、新式舞台、灯光、化妆、服装设计等改良成分，返京后创演时装新戏《孽（niè）海波澜（lán）》，第二年再次来沪，演了《五花洞》《真假潘金莲》《贵妃醉酒》等拿手好戏，一连唱了34天。回京后，梅兰芳继续排演新戏《嫦娥奔月》《春香闹学》《黛（dài）玉葬花》等。1916年第三次来沪，连唱45天。1918年后，移居上海，这是他戏剧艺术炉火纯青的顶峰时代，多次在天蟾（chán）舞台演出。梅兰芳综合了青衣、花旦、刀马旦的表演方式，创造了醇（chún）厚流丽的唱腔，形成独具一格的梅派。1915年，梅兰芳大量排演新剧目，在京剧唱腔、念白、舞蹈、音乐、服装上均进行了独树一帜的艺术创新，被称为梅派大师。

⑥ 1914年，梅兰芳20岁时与王蕙芳师从陈德霖（lín），是"老夫子"最喜欢的一个徒弟，因此学得最多，如《昭君出塞》《金山寺》《战蒲关》《宝莲灯》《回龙阁》《打花鼓》《风筝误》《游园惊梦》《刺虎》《奇双会》等戏，陈德霖还曾陪梅兰芳演出过《金山寺》《风筝误》等戏。

⑦ 1919年4月，梅兰芳应日本东京帝国剧场之邀赴日本演出，演出了《天女散花》《玉簪记》等戏，一个月后回国。1921年编演新戏《霸王别姬》。1922年主持承华社。1927年北京《顺天时报》举办中国首届旦角名伶评选，梅兰芳因功底深厚、嗓音圆润、扮相秀美，与程砚秋、尚小云、荀慧生被举为京剧四大名旦。

霸王别姬

⑧ 1930年春，梅兰芳率团赴美，在纽约、芝加哥、旧金山、洛杉矶等市献演京剧，获得巨大的成功，报纸评论称，中国戏不是写实的真，而是艺术的真，是一种有规矩的表演法，比生活的真更深切。在此期间，他被美国波莫纳大学和南加利福尼亚大学授予文学博士学位。

⑨ 1931年"九·一八"事变后，梅兰芳迁居上海，先暂住沧州（Cāngzhōu）饭店，后迁马斯南路121号。他排演《抗金兵》《生死恨》等剧，宣扬爱国主义。1935年他曾率

中年梅兰芳

团赴苏联及欧洲演出并考察国外戏剧。在京剧艺术家中，出访最多和在国内接待外国艺术家最多的当属梅兰芳，他把中国京剧表演艺术和艺术家谦逊、朴实的优良品质介绍给了各国人民，因此人们称他为20世纪20年代至50年代中国京剧艺术的文化使节。

⑩ 抗战爆发后，日伪想借梅兰芳收买人心、点缀（zhuì）太平，几次要他出场均遭拒绝。梅兰芳考虑到在上海不能久留，遂于1938年赴香港。

⑪ 他在香港演出《梁红玉》等剧，激励人们的抗战斗志。1941年香港沦陷（lúnxiàn）后，他安排两个孩子到大后方读书，自己于1942年返沪。为了拒绝为日伪演剧，他蓄须明志，深居简出，表现了崇高的民族气节。

⑫ 抗战胜利后，梅兰芳在上海复出，常演昆曲，1948年拍摄了彩色片《生死恨》，是中国拍摄成的第一部彩色戏曲片。上海解放后，于1949年6月应邀至北平参加第一次全国文学艺术工作者代表大会，当选为政协全国委员会常委。1950年回北京定居，任文化部京剧研究院院长，1951年任中国戏曲研究院院长，1952年任中国京剧院院长，并先后当选为全国人大代表。1955年，他拍摄了《梅兰芳的舞台艺术》，收入他各个时期的代表作《宇宙锋》《断桥》等、他的生活片断，以及在工厂、舞台演出的《春香闹学》等戏的片断。

⑬ 1956年他率中国京剧代表团到日本演出。1959年5月他在北京演出《穆桂英挂帅》，作为国庆十周年献礼节目。著有《梅兰芳文集》《梅兰芳演出剧本选》《舞台生活四十年》等。代表剧目有《贵妃醉酒》《天女散花》《宇宙锋》《打渔杀家》等，先后培养、教授学生100多人。

⑭ 梅兰芳1961年8月8日在北京逝世，享年67岁。

梅兰芳故居（北京）

根据文章内容，选择正确答案

1. 梅兰芳与长玉是什么关系？   （   ）
   A. 姐弟   B. 兄妹   C. 父女   D. 母子

2. "梅兰芳童年时并未表现出过人的艺术天分"，其中"过人"的意思是：（   ）
   A. 不普通的人   B. 极普通的人   C. 超过一般人   D. 很一般的人

3. "祖师爷没给你这碗饭吃。"这句话的含义是： （   ）
   A. 师傅说没有你的饭　　　　　B. 你有没有吃饭的碗
   C. 你没有表演的天分　　　　　D. 你不能吃这碗饭

4. 俗话"有眼不识泰山"的意思是： （   ）
   A. 比喻不了解中国泰山的详细情况
   B. 比喻认不出水平高或本领大的人
   C. 比喻虽然有眼睛但是看不见泰山
   D. 比喻虽然有眼睛但是不了解泰山

5. "当时里巷间有句俗话"，其中"里巷间"的意思是： （   ）
   A. 在民间　　　B. 胡同里　　　C. 街道上　　　D. 小巷里

6. "是'老夫子'最喜欢的一个徒弟"，其中"老夫子"的意思是： （   ）
   A. 梅兰芳　　　B. 王蕙芳　　　C. 陈德霖　　　D. 朱小霞

7. "出访最多和在国内接待外国艺术家最多的当属梅兰芳"，其中"当属"的同义词是： （   ）
   A. 怎么说　　　B. 算得上　　　C. 说起来　　　D. 就叫做

8. "日伪想借梅兰芳收买人心、点缀（zhuì）太平"，其中"点缀"的意思是： （   ）
   A. 用来装扮　　B. 加以利用　　C. 用以促进　　D. 用来摆放

9. "蓄须明志"的意思是： （   ）
   A. 不留胡须以表明自己的志向或态度
   B. 把胡须积蓄起来以表明自己的态度
   C. 储存很多钱以实现自己的志向
   D. 不剪胡须以表明自己的态度

简要回答下列问题

1. "梅兰芳"是他的本名吗？这个名字有什么由来？

2. 为什么称梅兰芳为"梅派大师"?

3. 什么原因使梅兰芳成为"四大名旦"之一?其他的三位是谁?

二 快速阅读下列各段，按逻辑关系将各段重新排序

(二)   限时：2分钟

A. 19世纪末20世纪初，经过数十年的融汇，京剧才算形成，并成为中国最大戏曲剧种。

B. 京剧已有200多年的历史。它的源头要追溯（zhuīsù 探索事物的由来）到几种古老的地方戏剧，特别是18世纪流行于中国南方的地方戏"徽（Huī 指徽州，旧府名，府治在今安徽歙（Shè）县）班"。1790年，第一个徽班进入北京，参加皇帝的生日演出。随后又有不少徽班陆续到北京演出。徽班本来流动性强，善于吸收其他剧种的剧目和表演方法，北京聚集了众多地方剧种，这使得徽班在艺术上得到迅速提高。

C. 京剧剧目之丰富、表演艺术家之多、剧团之多、观众之多、影响之广泛，都居中国之首。

D. 京剧被称为"东方歌剧"，它是地地道道的中国国粹，因形成于北京而得名。

E. 京剧的角色主要分为：生（男性）、旦（女性）、净（男性）、丑（男性、女性皆有）四大行当，此外还有一些配角行当。

F. 京剧是综合性表演艺术，它集"唱（歌唱）、念（念白）、做（表演）、打（武打）、舞（舞蹈）"为一体，通过程式的表演手段，叙述故事，刻画人物。

重新排序

（三）  限时：3.5分钟

A. 京剧流派的形成不外有三：一是集百家之大成，取长补短，兼容并蓄，融合于一身，而不是简单地继承某一流派创始人或传人的艺术衣钵（yībō 传授下来的思想、学术、技能等）。二是在表演上具有自己独特的，系统的，符合观众欣赏要求的理论根据和艺术创造，并在频繁的实践中为观众所理解和熟悉，而不是通过评选、大赛和某位专家的批准。三是必须建立以主演为中心的创作和表演团体，从编剧、演员、作曲、乐队、服装上形成统一的艺术风格。

B. 例如，四大须生的余、言、高、马，都是在继承谭（Tán 姓）、孙、汪等前辈的基础上发挥自己的特长，在长期的演出中逐渐形成了简约明快的余派，委婉俏丽（qiàolì 俊俏美丽）的言派，高亢（gāokàng 声音高而洪亮）挺拔（tǐngbá 坚强有力，强劲）的高派，潇洒（xiāosǎ 自然大方，有韵致）飘逸的马派。

C. 在各种艺术中形成不同的学派是很自然的。诸如表现派、体验派、抽象派、印象派、意识流等。

D. 四大名旦的梅、尚、程、荀则是在继承陈德霖、孙怡（yí）云、王瑶卿（Yáoqīng）等前辈艺术的同时结合自己的自身条件发展成庄重深邃（shēnsuì 深，深奥）的梅派，矫健流畅的尚派，深沉含蓄的程派，自然质朴的荀（Xún 姓）派。

E. 三大名净的金、郝（Hǎo 姓）、侯则是在学习何桂山、黄润甫、金秀山等前辈的基础上根据自己的实际情况发展成以重唱功为特点的金派铜锤（chuí 古代兵器）、以"架子花脸铜锤唱"为特点的郝派架子花脸和以表现人物精气神为特征的侯派架子花脸。

F. 而京剧中的学派都是以演员的名字命名的，所谓"梅派""程派"等。这是因为京剧是以主演为中心的演员艺术，是通过演员本人广泛学习与继承前辈的表演技艺，结合自身的性格爱好、生理特点和艺术修养，在艺术上形成不同的艺术见解，并据此创造独具特色的表演剧目、方式和手段，经过频繁的演出实践，得到观众的承认和欢迎，最终形成以主要演员的艺术个性和独特创造为核心的艺术潮流和学派。

重新排序_____

三 选择正确的句子填到各段中，并按逻辑关系将各段重新排序

（四）　　限时：3.5 分钟

语句
① 其中一招就是恢复传统口味
② 其产品还是属于"汽水饮料之类"
③ 似乎改革和保守是势不两立
④ 也有了许多特定的观众

A. 这和我们的京剧改革十分类似。我们的错误在于，认为"改革"就是要把传统戏"改掉"和"革掉"，使其失去原先面目，_____，有你没我。为什么改革者和传统两者不能联合起来去创造更多的市场呢？我觉得可口可乐公司的改革过程可以给我们一些借鉴。

B. 他们的远见就在这里。这次公司非但没有分裂，而且还有本事将坏事转化为好事。他们成立了"派生产品"部门，既保持了传统产品，又极力开发"可乐"派生产品。诸如"减肥可乐""果汁可乐"等。但是万变不离其宗，_____，只是口味有些不同。当然，主要是吸引了有不同口味需求的消费者，产品稳坐市场的占有率第一。

C. 改革应该在派生产品上下工夫。在"万变不离其宗"的原则下，只要还是京剧，只要能吸引新的观众群，能开拓市场，就可以去尝试。其实我们已经有了很好的"派生产品"的基础。比如样板戏，已经存在三十多年了，_____，在这基础上，开拓"新编现代戏""新编传统戏"，加上实景、科技灯光、西洋乐，我想并没有什么不可。即使创作过程中出现违反传统唱念做打程式，就像可乐公司派生产品加果汁违反其配方"程式"一样，也没什么大逆不道，因为它本身就是派生产品，和原"正宗产品"无关。

D. 京剧是中国的国粹。

E. 而在美国，可口可乐算得上是国粹了。有段时间，可口可乐公司内部产生了保守和改革的斗争。改革派想开拓更大的市场，对传统的秘而不宣的可口可乐配方进行了改革。有改革自然有反改革，这次改革者的确惨遭滑铁卢（Waterloo），因为传统口味的改变，其销量大减，有些零售商还拒绝进货。公司的保守者忙着为改革者收拾残局，_____，并在包装上注明"传统口味"，用此来重新赢得原先的顾客群。但是改革者也看到了契机——既然有传统口味，那么必然有非传统口味。

选择语句填充_____

重新排序_____

（五）  限时：3分钟

语句
① 除了上海、北京等大都市留下改良戏曲的痕迹以外
② 虽然有苏州的大章、大雅等戏班于上海张氏味莼园另辟蹊（xī 小路）径
③ 尤其是后三杰中的谭鑫培
④ 尽管其中含有许多封建禁忌

A. 清末就已衰颓（shuāituí 意志、精神消沉）的昆曲和弋阳腔（Yìyángqiāng 戏曲

名腔之一，起源于江西弋阳）在这个时期开始步入挣扎阶段，截至 1890 年，苏州的昆班基本退出了上海，而以京、昆合班的形式活动。后来，＿＿＿＿＿＿＿＿，但也只是苟延残喘（gǒu yán cán chuǎn　勉强拖延一口没有断的气，比喻勉强维持生存），到 1904 年终于偃旗息鼓（yǎn qí xī gǔ　放倒军旗、停止击战鼓，指停止战斗）。直到 1917 年，河北高阳专演昆弋戏的荣庆社进京，才使昆曲得以复生。然而，昆曲的颓势已成定局，个别昆班的活动不可能使行将灭亡的剧种再掀波澜（bōlán　波涛，多用于比喻）。

B. 戏曲改良作为一种在政治运动洪流中的艺术运动，并未改变戏曲的整体面貌。在 19 世纪末 20 世纪初，＿＿＿＿＿＿＿＿，全国大多数地方的戏曲仍旧按照原来的节奏发展着。

C. 在这个时期，与后三杰相伴随的还有大量的杰出艺人。他们在京剧老生行、武生行、旦行辛勤耕耘（gēngyún　耕种）着，为京剧行当的完善起到了根本性的作用。另外，京剧班社的制度化、规范化管理成为京剧成熟的又一种表现。例如，成立于 1904 年的"喜连成"制定的《梨园规约》在演员道德规范以及前台、后台管理方面都为该班的发展提供了重要保证。＿＿＿＿＿＿＿＿，但在当时倘若没有《梨园规约》这个前提，戏班就会成为一盘散沙，何谈发展。

D. 在昆曲衰落之时，蓬勃而起的京剧艺术逐渐走向成熟。继京剧"老生前三杰"余三胜、程长庚、张二奎之后，这个时期代表京剧成熟的"老生后三杰"谭鑫培、孙菊仙、汪桂芬迅猛崛起。＿＿＿＿＿＿＿＿，在认真总结前辈表演艺术的基础上，渗入自己的创造，把京剧艺术推向成熟。

选择语句填充＿＿＿＿＿＿＿＿＿＿＿＿＿＿

重新排序＿＿＿＿＿＿＿＿＿＿＿＿＿＿

2 京剧人生

课　文

课文导读

本文选自毕飞宇的小说《青衣》第四章。

这篇小说写的是具有表演天分的筱燕秋，在二十年前京剧《奔月》的演出中，成功塑造了嫦娥的舞台形象，但在此后的二十年中，她远离舞台，在戏校里教书。学生春来的出现让筱燕秋重新看到了当年的自己。二十年后，《奔月》复排，这对师生成了嫦娥的A角和B角。

思考题

1. 你是否看过中国的京剧？有何感受？
2. 你是否了解京剧中的各种行当？
3. 你知道传统京剧演员是如何培养起来的吗？
4. 一个人对自己从事的工作持执着的态度好不好？为什么？

青　衣

毕飞宇

老话①是对的，好运气想找你，就算你关上大门它也会侧着身子从门缝里钻进来。这年头好运气并不玄乎，说白了，就是钱。只有钱才能够侧着身子从门缝里钻来钻去的。烟厂的老板算什么？这年头大街上的老板比春天的燕子多，比秋天的蚂蚱多，比夏天的蚊子多，比冬天的雪花多。然而，烟厂的老板有钱，又不是他自己的，这就齐②了。可是，剧团和戏校里的人们真正羡慕的倒不是筱燕秋，而是春来。春来这个小丫头③这一回真的是撞上大运了。

春来十一岁走进戏校，从二年级到七年级一直跟在筱燕秋的身后，知道筱燕秋的人都知道，春来不仅仅只是筱燕秋的学生，简直就是筱燕秋的宝贝女儿。春来最初学的并

---

① 老话：俗话。
② 齐：齐全，这里有足够的意思。
③ 小丫头：对年龄小的女孩子的称呼。

不是青衣，而是花旦，是筱燕秋厚着脸皮硬把她拽到自己的身边的。

青衣与花旦其实是两个完全不同的行当，只不过现在喜欢看戏的人少了，许多人都习惯于把戏台上的年轻女性统统称之为"花旦"。这种混淆局面的形成固然是后来的戏迷们功夫不到，但是，要是真的细究起来，这笔账还要记到著名大师梅兰芳的头上。梅老板博大精深，他在长期的舞台实践中把青衣与花旦的唱腔与表演程式杂糅在了一起，创建了一种有别于青衣同时又有别于花旦的新行当，也就是"花衫"。"花衫"行当的出现体现了梅老板的求新与创造的精神，也给后来的人们带来了不必要的麻烦，人们对青衣与花旦的区分也就再也不那么认真，不那么严格了。比如说，当初所谓的"四大名旦"。这个统称其实就十分马虎，贴切的说法应当是"两大名旦，两大青衣"。好在所有的剧种都一起没落了，分不清青衣、花旦也不算什么大事。可是，话还得反过来说，对于学戏和演戏的人来说，这可是一点儿含混不得的，青衣就是青衣，花旦就是花旦。它们的唱腔、道白、行头、台步、表演程式隔着九九艳阳天①，真的是花开两朵，各表一枝②，永远弄不到一起去。

春来想学花旦有她的理由。就说道白，花旦的道白用的是脆亮的京腔，而青衣的韵白则拖声拖气的，在没有翻译、不打字幕的情况下，比看盗版碟片还要吃力，一句话，青衣的韵腔、道白说的整个就不是人话。唱腔就更不一样了，花旦唱起来利索、爽朗，接近于捏着嗓子的流行歌曲，还歪着脑袋一蹦三跳，又活泼，又可爱，像一只叽叽喳喳的小麻雀。青衣则不同，就那么一个字，她也要咿咿呀呀的，一步三晃的，一手捂着小肚子，一手比画着，在那儿晃悠着，跷着个小指头，慢慢地哼。倘若这时你要上厕所，你尽管去吧，因为等你上完了厕所，那个字还没唱完呢。戏剧如此不景气，喜欢青衣的也就剩下么几个离休老干部了。许多当红青衣都走下舞台了，不是穿上漆黑的皮夹克站在麦克风前面乱了头发狮吼，就是到电视连续剧里头演一回二奶，演一回小蜜。好歹也能到晚报的文化版上"文化"那么一下子。青衣说到底不能和花旦比，现在的晚会那么多，笑星歌星们再闹腾，民族文化总是要弘扬的，国粹总是要保留的，"爱江山更

---

① 九九艳阳天：农历九月初九艳阳高照，秋高气爽。
② 花开两朵，各表一枝：中国传统说书艺术的套话，表示两件事情分开说。

爱美人"之后，最次也得来个"打不尽豺狼决不下战场"。花旦的出路比青衣多少要好一些，要不然，人们也不会把剧团戏称为"蛋窝"①的。

春来是在三年级下学期改学的青衣。春来这孩子说话的嗓音和筱燕秋并不像。可是，一开腔，春来的唱腔简直就是另一个筱燕秋。戏校的老师们开玩笑说，春来的嗓子天生就是和筱燕秋唱对台戏的料。筱燕秋和春来商量，让她放弃花旦，改学青衣。春来不肯。商量来商量去，春来就是不肯。筱燕秋急了，筱燕秋的那句名言至今还是戏校里的一个笑话，一个笑柄。筱燕秋一急，拉下了脸来，对春来说："你要是不肯拜我为师，我就拜你，我拜你做我的学生，你答应不答应？"做老师的把话说到了这个份儿上，春来还敢说什么？

戏校的人们还记得春来刚到戏校时的模样：一口浓重的乡下口音，衣袖和裤腿都短得要命，袜子的上方还留了一截小腿肚。那时的春来一到冬天两只腮帮总是皲着的，裂了好几道红颜色的口子。没有人会相信春来能出落成今天的这副模样，什么叫女大十八变②？春来就是一个最生动的例子，一个最具感召力的例子。谁能想到筱燕秋能有今天？谁能想到春来能赶上这趟车？

筱燕秋在戏校待了二十年了，教了那么多学生，细细排下来，却没有一个能唱出来的。大红大紫就不说了，显一下山露一下水的都没有过。这样的局面给筱燕秋带来了十分强烈的失败感。筱燕秋对自己是彻底死了心了，然而，毕竟又没有死透。一个人可以有多种痛，最大的痛叫做不甘。筱燕秋不甘心。三十岁生日那一天筱燕秋就知道自己死了，十年里头筱燕秋每天都站在镜子面前，亲眼目睹着自己一天一天老下去，亲眼目睹着著名的"嫦娥"一天一天地死去。她无能为力。焦虑的过程加速了这种死亡。用手拽都拽不住，用指甲抠都抠不住。说到底时光对女人太残酷，对女人心太硬、手太狠。三十岁，我的亲爹，我的亲娘③。三十岁生日那一天筱燕秋头一回喝了酒，不到二两。筱燕秋醉得不成样子。酒后的筱燕秋握着剪刀把厨房里的围裙剪成了两块。她把两块白布捏在手上，权且当了水袖。筱燕秋挥舞着油迹斑斑的围裙，跌跌撞撞，油盐酱醋的罐子倒了一厨房，哐丁哐当的，碎了一厨房。她的手不

---

① 蛋窝：培养花旦的地方。"蛋"与"旦"谐音。
② 女大十八变：指女孩儿在成长的过程中相貌会有很大的改变。
③ 我的亲爹，我的亲娘：感叹句，相当于"我的妈呀""上帝啊"。

知道被什么碎片刮破了，鲜红的血液流淌在水袖上，红白相间的围裙在半空中抛上去，又落下来，再抛上去，再落下来。面瓜冲进了厨房，抱住了筱燕秋，筱燕秋愣愣地盯着面瓜，喊面瓜"亲娘"。筱燕秋用纯正的韵腔对着面瓜念起了道白："亲——娘——啊——啊！"面瓜知道筱燕秋醉了。面瓜担心妻子的叫喊传播出去，他把带血的围裙堵在了筱燕秋的嘴边。筱燕秋的嘴巴给堵紧了，腹部却激荡了起来，一挺一挺的，嗓子里发出母兽似的呼噜声。面瓜心疼万分，不住地喊燕秋的名字。筱燕秋侧过头，回望着面瓜，叫不出声。然而，她的腹部还在叫，面瓜看得见。她用她的腹部一遍又一遍地呼喊："亲、娘、啊、啊、啊、啊！"

"千生万旦，难求一净。"① 这是旧时的艺人留下来的古话了。其实这话不对。筱燕秋从一开始就不同意这句话。生、旦、净、末、丑，唱花脸的固然难求一个，然而，没有一个行当的演员可以成千上万地一把抓②。从古到今，唱青衣的成百上千，真正把青衣唱出意思来的，真正领悟了青衣的意蕴的，也就那么几个。唱青衣固然要有上好的嗓音，上好的身段，可是好嗓音算得了什么？好身段又算得了什么？出色的青衣最大的本钱是你是一个什么样的女人。哪怕你是一个七尺须眉，只要你投了青衣的胎，你的骨头就再也不能是泥捏的，只能是水做的，飘到任何一个码头你都是一朵雨做的云。戏台上的青衣不是一个又一个女性角色，甚至不是性别，而是一种抽象的意味，一种有意味的形式，一种立意，一种方法，一种生命里的上上根器③。女人说到底不是长成的，不是岁月的结果，不是婚姻、生育、哺乳的生理阶段。女人就是女人，她学不来也赶不走。青衣是接近于虚无的女人。或者说，青衣是女人中的女人，是女人的极致境界。青衣还是女人的试金石④，是女人，即使你站在戏台上，在唱，在运眼，在运手，所谓的"表演""做戏"也不过是日常生活里的基本动态，让你觉得生活就是如此这般的——话就是那样说的，路就是那样走的；不是女人，哪怕你坐在自家的沙发上，床头上，你

---

① 千生万旦，难求一净：形容很容易培养出生角、旦角，但是很难培养出一个好净角（花脸）。
② 一把抓：表示很容易拣到或得到。
③ 上上根器：最上等、最好的根苗。
④ 试金石：指黑色坚硬的致密的硅质岩石。用黄金在试金石上画一条纹就可以看出黄金的成色。这里比喻精确可靠的检验方法和依据。

都是一个拙巴的戏子①，你都在"演"，演也演不像，越演越不像人。与此相应的是，花脸则是一个绝对的男人，或者说，是绝对男人的绝对侧面。男人就应当是简单的，所有的身心只是一张脸谱，简单到夸张的程度，简单到恒久与一成不变的程度。所以，戏的衰退首先是男人与女人的携手衰退。是种性的一天不如一天。

老天爷创造出一个花脸不容易，老天爷创造出一个青衣同样不容易。筱燕秋是其中的一个，其中的另一个则是春来。

春来的出现让筱燕秋看到了希望。春来是"嫦娥"能够活在这个世上最充分的理由。筱燕秋宛如一个绝望的寡妇，拉扯着唯一的孩子。只要有春来，筱燕秋的香火终究可以续上了，这是老天爷对筱燕秋的最后一点儿补贴，最后一点儿安慰。春来刚过了十七岁，严格地说，还是一个女孩子。但是春来从来就不是女孩子，她天生就是一个女人，一个风姿绰约的女人，一个风情万种的女人，一个风月无边的女人，一个她看你一眼就让你愁肠百结的女人。这不是早熟，只能说，它与生俱来。春来在十七岁的这个夏天就此步入了青衣的黄金年段，身段该有的都有，该没的都没。腰肢里头流荡着一股天成的婀娜态，风流态。春来的一双眼睛里头有一种独

特而美妙的神采，她看所有的东西都不是看，而是盼顾，左盼盼，右顾顾，有股美目盼兮②的意思，有股依依不舍的意思，还有股此怨不知所从何来③的意思。春来运动的眼珠就像戏台上的运眼，她有一种将最戏剧化的程式还原到生活中来的禀赋，她同时还有一种将最日常化的动态提升到戏台上的异质。而春来的变声期也是格外地顺利，居然没怎么在意说过去就过去了，许多演员过不了变声期这么一个鬼门关④，昨晚上洗澡的时候还好好的，一觉睡来，好嗓子已经被鬼偷走了。

春来这孩子命好。所有的一切好像都是给预备好了的。虽说只是嫦娥的 B 档，但是谁也不能否认，二郎神的灵光已经照亮春来了。

（摘自《青衣》第四章，长江文艺出版社，2001 年 8 月，有删改）

---

① 拙巴的戏子：演技拙劣的演员。戏子，过去对演员轻蔑的称呼。
② 美目盼兮：美人的眼睛看过来啊。出自中国最早的诗歌集《诗经》。
③ 此怨不知所从何来：古文言体。意思是这种幽怨之情不知道由什么引起。
④ 鬼门关：迷信传说中称阴阳交界的关口，比喻凶险的地方。

思考与回答

1. 请说出筱燕秋是如何"收下"春来这个学生的?春来与筱燕秋的关系如何?

  唱对台戏 笑柄 拜 不仅仅 简直就是 硬拽

2. 普通人和专业人士如何看待"青衣"与"花旦"?

  区分 好在 没落 含混 就是……就是…… 真的是

3. 用对比的方法来说明春来想学花旦的理由。

  就说 道白 脆 韵白拖 唱腔 爽朗 一蹦三跳 捂 比划

4. 请说说春来刚到戏校时的样子。

  口音 衣袖 裤腿 袜子 截 腿 腮帮 皱

5. 请谈谈小说中春来对筱燕秋的重要性。

  终究 续 香火 安慰 希望

作者毕飞宇,男,1964年生于江苏兴化,1987年毕业于扬州师范学院中文系,从教五年。著有中短篇小说近百篇。主要著作有小说集《慌乱的指头》《祖宗》等。现供职于《雨花》杂志社。

背景链接

词语

1. 玄乎   xuánhu   (形)   〈口〉玄虚不可信。

2. 蚂蚱   màzha   (名)   蝗虫的俗称。

3.	拽	zhuài	(动)	用手拉：生拉硬~。
4.	混淆	hùnxiáo	(动)	混杂；界限模糊（多用于抽象事物）：真伪~。
5.	固然	gùrán	(连)	表示承认某个事实，引起下文转折。
6.	细究	xìjiū	(动)	仔细追究。
7.	杂糅	záróu	(动)	指不同的事物混杂在一起。
8.	创建	chuàngjiàn	(动)	创立。
9.	区分	qūfēn	(动)	区别。
10.	好在	hǎozài	(副)	表示具有某种有利的条件或情况。
11.	没落	mòluò	(动)	衰败；趋向灭亡。
12.	含混	hánhùn	(形)	模糊；不明确。
13.	脆	cuì	(形)	形容声音清脆。
14.	爽朗	shuǎnglǎng	(形)	开朗；直爽：~的笑声。
15.	捂	wǔ	(动)	用手遮盖。
16.	比画	bǐhua	(动)	用手或拿着东西做出姿势来帮助说话或代替说话。
17.	晃悠	huàngyou	(动)	晃荡；摇晃。
18.	跷	qiāo	(动)	抬起（腿）。
19.	倘若	tǎngruò	(连)	表示假设。
20.	景气	jǐngqì	(形)	繁荣；兴旺（多用于否定式）。
21.	离休	líxiū	(动)	具有一定资历、符合规定条件的老年干部离职休养。
22.	当红	dānghóng	(形)	（演员、文艺作品等）正走红：~影星｜~歌曲。
23.	漆黑	qīhēi	(形)	〈状态词〉非常黑。
24.	二奶	èrnǎi	(名)	〈方〉有配偶的男人暗地里非法包养的女人。
25.	小蜜	xiǎomì	(名)	专指有配偶的男人暗地里非法包养的女人。

26. 版	bǎn	(名)	书报杂志上每一页的整面。
27. 闹腾	nàoteng	(动)	说笑打闹。
28. 弘扬	hóngyáng	(动)	发扬光大。
29. 国粹	guócuì	(名)	指国家固有文化中的精华：国画、京剧堪称中国～。
30. 豺狼	cháiláng	(名)	豺和狼，比喻凶恶残忍的人。
31. 戏称	xìchēng	(动)	开玩笑地称呼。
32. 开腔	kāiqiāng	(动)	开口说；开口唱。
33. 唱对台戏	chàng duìtáixì		比喻采取与对方相反的行为，来与对方竞争或反对、搞垮对方。
34. 笑柄	xiàobǐng	(名)	可以拿来取笑的资料。
35. 腮帮	sāibāng	(名)	〈口〉脸的下半部，也称腮。
36. 皴	cūn	(动)	皮肤因受冻而裂开。
37. 出落	chūluo	(动)	多指年轻女性的体态、容貌向美好的方面变化。
38. 感召	gǎnzhào	(动)	感化和召唤。
39. 不甘	bùgān	(动)	不甘心；不情愿：～落后｜～示弱。
40. 抠	kōu	(动)	用手指或细小的东西从里向外挖。
41. 说到底	shuō dào dǐ		总而言之；总之。
42. 权且	quánqiě	(副)	暂且；姑且。
43. 鲜红	xiānhóng	(形)	〈状态词〉形容颜色红而鲜艳。
44. 不住	bú zhù		〈口〉不停地。
45. 领悟	lǐngwù	(动)	领会；理解。
46. 意蕴	yìyùn	(名)	含义；内在的意义。
47. 本钱	běnqián	(名)	比喻可以凭借的资历、能力、条件等。
48. 须眉	xūméi	(名)	指男子。
49. 意味	yìwèi	(名)	含蓄的意思。
50. 立意	lìyì	(动)	命题。

51.	虚无	xūwú	(形)	有像没有，没有又像有。道家用来指"道"的本体无所不在。
52.	极致	jízhì	(名)	最高境界；最大程度；极限。
53.	做戏	zuòxì	(动)	演戏，比喻故意做出虚假的姿态。
54.	动态	dòngtài	(名)	动作、姿态。
55.	侧面	cèmiàn	(名)	旁边的一面，区别于"正面"。
56.	身心	shēnxīn	(名)	身体和精神。
57.	脸谱	liǎnpǔ	(名)	戏曲中某些角色（多为净角）脸上画的各种图案，用来表现人物的性格和特征。
58.	恒久	héngjiǔ	(形)	永久；持久。
59.	衰退	shuāituì	(动)	（身体、精神、意志、能力等）趋向衰弱。
60.	携手	xiéshǒu	(动)	手拉着手。
61.	老天爷	lǎotiānyé	(名)	天上主宰一切的神。现在多用来表示惊叹。
62.	绝望	juéwàng	(动)	希望断绝；毫无希望。
63.	寡妇	guǎfu	(名)	死了丈夫的女人。
64.	拉扯	lāche	(动)	辛勤抚养。
65.	香火	xiānghuǒ	(名)	同香烟，指子孙后代，这里指继承人。
66.	终究	zhōngjiū	(副)	毕竟；终归。
67.	早熟	zǎoshú	(形)	指人生理生长快于正常的速度。
68.	婀娜	ēnuó	(形)	指人姿态柔软而美好。
69.	还原	huányuán	(动)	事物恢复原状。
70.	禀赋	bǐngfù	(名)	人的体魄、智力等方面的素质。
71.	档	dàng	(名)	等级；档次。
72.	灵光	língguāng	(名)	旧时指神异的光辉。

四字词语

1.	博大精深	bódà jīngshēn	博，广，多。形容思想和学识广博高深。
2.	大红大紫	dà hóng dà zǐ	形容显赫、得意。
3.	成千上万	chéng qiān shàng wàn	形容数量很多。
4.	风姿绰约	fēngzī chuòyuē	风，风度。绰约，女子姿态柔美。形容女子风韵姿态柔美动人。
5.	风月无边	fēngyuè wúbiān	风月，指男女恋爱的事情。
6.	愁肠百结	chóu cháng bǎi jié	愁肠，忧愁的心肠。百结，极多的结头。忧愁苦闷的心肠好像凝结成了许多的疙瘩。形容愁绪郁结，难于排遣。
7.	依依不舍	yī yī bù shě	依依，依恋的样子。舍，放弃。形容舍不得离开。

专有名词

1.	梅兰芳 Méi Lánfāng	中国京剧大师，四大名旦之一。
2.	嫦娥 Cháng'é	神话中由人间飞到月亮上去的仙女。
3.	面瓜 Miànguā	小说中的人物，筱燕秋的丈夫。
4.	二郎神 Èrlángshén	传说中的长有三只眼睛的神仙。

术语

1. 青衣 (qīngyī) — 戏曲中旦角的一种，扮演中年或青年妇女，因穿青衫而得名。

2. 四大名旦 (sì dà míngdàn) — 京剧界最有名的四位旦角，分别是梅兰芳、程砚秋、尚小云、荀慧生，他们的表演各有特色。

3. 生 (shēng) — 戏曲角色行当，扮演男子，有老生、小生、武生等区别。

4. 旦 (dàn) — 戏曲角色行当，扮演妇女，有青衣、花旦、老旦、武旦等区别。

5. 净 (jìng) — 戏曲角色行当，扮演性格刚烈或粗暴的男性人物，通称花脸。

6. 末 (mò) — 戏曲角色行当，扮演中年男子，京剧归入老生一类。

7. 丑 (chǒu) — 戏曲角色行当，扮演滑稽人物，鼻梁上抹白粉，有文丑、武丑之分。也叫小花脸或三花脸。

8. 花衫 (huāshān) — 20世纪20年代以后，综合青衣、花旦、刀马旦的艺术特点，发展而成的新的旦角类型。

9. 行当 (hángdang) — 戏曲演员专业分工的类别，主要根据角色类型来划分，如京剧的生、旦、净、丑。

10. 唱腔 (chàngqiāng) — 戏曲音乐中的声乐部分，即唱出来的曲调。

11. 道白 (dàobái) — 戏曲中的说白，也叫念白。

12. 行头 (xíngtou) — 戏曲演员演出时用的服装，包括盔头、靠把、衣服、靴子等。

成功篇·第一册

13. 台步(táibù)　　戏曲演员等在舞台上表演时行走的步法。

14. 京腔(jīngqiāng)　　指北京语音。

15. 韵白(yùnbái)　　京剧中指按照传统念法念出的道白，有的字音和北京音略有不同。

16. 水袖(shuǐxiù)　　表演古典戏曲、舞蹈的演员所穿服装的袖端拖下来的部分，用白色绸子或绢制成。

17. 身段(shēnduàn)　　戏曲演员在舞台上表演的各种舞蹈化的动作。

词语讲解与练习

一 词语例释

1. 固然

连词　表示承认某个事实，用在前一个分句。多用于书面。

◎ 这种混淆局面的形成**固然**是后来的戏迷们功夫不到，但是，要是真的细究起来，这笔账还要记到著名大师梅兰芳的头上。

◎ 生、旦、净、末、丑，唱花脸的**固然**难求一个，然而，没有一个行当的演员可以成千上万地一把抓。

◎ 唱青衣**固然**要有上好的嗓音，上好的身段，可是好嗓音算得了什么？

① 住郊区**固然**好，人少空气新鲜，但是上班费时也是事实。

② 儿子刚才说起的那个朋友，究竟是怎样的一位姑娘？会写写诗**固然**难得，然而这样的姑娘眼光必定也不低。

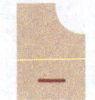 下文转折，提出相对立的另一个事实。后一分句中常有"但是、可是、然而、却"等与之相呼应。

③ 这种衣服，好**固然**好，就是价钱太贵了。

④ 邹七嫂在阿 Q 那里买了一条蓝绸裙，旧固然是旧的，但只花了九角钱。

📖 "固然"的前后有时可以是同一词语。

⑤ 铝合金的固然好，钢木结构的也不差嘛！

⑥ 改编《青春之歌》，固然是一次艺术的冒险，更是一次精神的冒险。

📖 下文顺接，提出并不对立的另一件事实。后一分句中有"也、还是、而且、又、更"等词语，表示意思的递进。

2. 好在

> 副词　指出已经存在的某种有利事实或可能性，足以抵消、弥补某种不足、困难、缺憾等不利因素。不利因素在上文多有交代。常用在句子的开头或后一分句。

◎ 好在所有的剧种都一起没落了，分不清青衣花旦也不算什么大事。

① 这样冷了，许多士兵还是穿两层单衣。好在苦惯了。

② 那本书可惜不在我手头儿，只记得一个大概，好在现在已经有了中文译本。

📖 指出有利的事实。

③ 父亲说："事已至此，不必难过，好在天无绝人之路！"

④ 你就去找一份来，修改修改就算交卷。好在人还能叫章程捆住吗？

📖 指出有利的可能性，多指意愿。句中多有能愿动词。

3. 倘若

> 连词　表示假设，引出结论。

◎ 倘若这时你要上厕所，你尽管去吧，因为等你上完了厕所，那个字还没唱完呢。

① 明天我想起得早些。倘若你醒得早，就叫醒我。

② 等太阳再偏西，倘若那真是一座山峰，必有影子投在地上，就能算得出去古城的路程远近。

③ 倘若中国人都像外国人那样消费汽油，后果可想而知。

④ 倘若就这么走了，别人会怎么想我们？还不把我们当成偷东西的贼？

📖 跟"如果、假如"用法相同，多用于书面，多用在第一个分句的开头。

4. 权且

   副词　暂且、姑且的意思。

◎ 她把两块白布捏在手上，权且当了水袖。

① 董事长不在，权且由我代表。

② 也好，你权且用着，等买着了再还给他。

③ 银行贷款只能权且作为启动资金，生产上的用度还需立即筹措。

④ 刚才有几位匆忙地赶来，也因不好拒绝，权且把一间做厨房用的厢房让他们安顿。

📖 多用于书面。后面常接动词短语。

5. 终究

   副词　毕竟、终归的意思。

◎ 只要有春来，筱燕秋的香火终究可以续上了，这是老天爷对筱燕秋的最后一点儿补贴，最后一点儿安慰。

① 人终究是要死的，无非是早走一步或是多活几年。

② 现在他还感觉不到，将来他终究是会认识到这一点的。

📖 用在助动词前面，表示某种情况或结果一定会出现。

③ 名医终究是名医，关老大夫的一席话使病人和家属不禁暗暗称奇。

④ 狗终究是狗，它再怎么聪明也聪明不过人吧。

📖 A 终究是 A，对某种原因加以强调，强调有某种原因才会有后面的结果。

⑤ 这个问题费了我们很多时间，但终究是弄明白了，所以还是值得的。

⑥ 十年过去了，他的坏习惯终究改掉了。

📖 用在一般动词前，表示某种情况终于出现。

二 词语辨析

1. 创建　创立

创建

◎ 梅老板博大精深，他在长期的舞台实践中把青衣与花旦的唱腔与表演程式杂糅在了一起，创建了一种有别于青衣同时又有别于花旦的新行当，也就是"花衫"。

① 各大商场有针对性地开展了形式多样的创建文明行业的活动。
② 国家旅游局将正式启动"最佳旅游城市"的创建工作。
③ 半岛电视台最初的创建者们是从BBC过去的一批记者。
④ 表明了全市人民对改善生活环境、创建美好未来的共同愿望。
⑤ 北京拔萃双语学校由中国红十字基金会与朝阳区教委合作创建。

创立

① 孔子创立了儒家学派。
② 这个民间团体到今年已经创立整整20年了。
③ 由王祥林一手创立的喷施宝叶面肥公司也属于家族管理模式的企业。
④ 马尔克姆还率先创立了富豪排行榜。
⑤ "世界知识产权日"的创立源于2000年10月的世界知识产权组织成员国大会第35届系列会议。

异同归纳		创建	创立
同	词性	动词	
	词义	表示开创某项事业	
异	语义功能	创建的对象具有很强的"设施性"特点	强调初次建立或开始形成一些前所未有的、意义重大的事物
	词语搭配	~厂矿　~园区　~园林　~医院　~旅游点	~政党　~国家　~政权　~组织　~事业　~理论　~学说　~体系
	词义侧重	着重于新建具体的事物	可以是建立具体或抽象的事物

2 区分　划分

区分

◎ "花衫"行当的出现体现了梅老板的求新与创造的精神，也给后来的人们带来了不必要的麻烦，人们对青衣与花旦的区分也就再也不那么认真，不那么严格了。

① 要区分不同情况，千万不能一概而论。
② 我们今天一定要好好儿比试比试，区分出个优劣高下来。
③ 这些资料区分一下，再分发给各个学校使用。
④ 把两者区分开来，分别处理，这样才算公正。
⑤ 在北京已经出现了大量的建筑物区分所有权的客观现象。

划分

① 超级大国已经坐在谈判桌前，开始重新划分各国的势力范围。
② 这片土地的界限已经重新划分过三次了。
③ 今年国家扶贫的财政拨款已经划分下去了。
④ 夫妻间的这些财产划分起来比较麻烦。
⑤ 听说他们划分到现在还没划分清楚呢。
⑥ 这个地方要划分行政区域，不能按民族自然划分。

异同归纳		区分	划分
同	词性	动词	
	词义	表示通过比较把事物分开或区别出来	
	语法功能	都可带动量词"次、回"；后面可加趋向补语"出来"	

续表

异同归纳		区分	划分
异	语法功能	作谓语,常带结果补语"开、开来"等;也可带动量词"一下";后面不能加介词短语	作谓语时,宾语为"界限、地界、阶级、矛盾"等;可加趋向补语"起、起来、下去",如例③④;后面可以加介词短语,如例⑤
	词语搭配	~开　~开来　~出来	~界限　~财产　~阶级
	词义侧重	着重于把易混淆的事物分别开来	着重于根据事物的区别性特征,将它们之间的界限规定出来;也可以表示把整体分成几部分,如例⑥

3. 弘扬　发扬

弘扬

◎ 青衣说到底不能和花旦比,现在的晚会那么多,笑星歌星们再闹腾,民族文化总是要弘扬的,国粹总是要保留的,"爱江山更爱美人"之后,最次也得来个"打不尽豺狼决不下战场"。

① 中国共产党认为坚持以马克思主义为指导是弘扬先进文化的核心和灵魂。

② 雷锋精神弘扬的是一种朴实、向上、为人民服务的精神。

③ 正是他们无私无畏的行为谱写了一首首弘扬社会正气的壮丽诗篇。

④ 徐悲鸿纪念馆的建立对于弘扬民族优秀文化、繁荣国画艺术具有重大意义和深远影响。

⑤ 玉米文化在墨西哥得到有识之士的呵护和弘扬。

发扬

① 只有他这样的人物才能够激励当今少年儿童,在发扬民族精神和爱国热情方面起到重要作用。

② 我们要把防治非典工作中形成的讲大局、讲责任、讲配合、讲效率的风气保持和发扬下去。

③ 究竟是谁把得莫利炖鱼<u>发扬</u>光大的，至今也没有人能够说清楚。

④ 只有充分<u>发扬</u>团队精神，企业才能更快发展。

⑤ 你们要记住：<u>发扬</u>我们的火力优势，把敌人全部消灭掉。

异同归纳		弘扬	发扬
同	词性	动词	
	词义	都有发扬光大的意思	
	语法功能	都能带表示抽象事物的名词作宾语；前面不能用"不"否定	
异	语法功能	不能带趋向补语	可带趋向补语"下去"，如例②
	词语搭配	～正气　～中国文化	～光大　～爱国主义精神　～下去 ～民主　～优势
	词义侧重	着重于大力宣传；扩大影响	着重于发展、提倡；还有把性能发挥出来的意思，如例⑤
	语体风格	书面语	通用于口语和书面语

4. 衰退　衰落

衰退

◎ 戏的<u>衰退</u>首先是男人与女人的携手衰退。是种性的一天不如一天。

① 当务之急是要防止农用地的污染、破坏和地力<u>衰退</u>。

② 现任政府一直强调目前的经济<u>衰退</u>是前任政府遗留下来的问题。

③ 如何重振濒临<u>衰退</u>的世界经济是此次峰会面临的最为严峻和紧迫的问题。

④ 那些把意大利纺织业<u>衰退</u>的原因完全归罪于中国产品的论点是没有依据的。

⑤ 研究表明文化程度对智力<u>衰退</u>有一定影响。

衰落

① 人才的缺乏是冰球项目由短暂的辉煌走向<u>衰落</u>的真正原因。

② 新人的出现给日益衰落的相声业带来了新的希望。

③ 我们看不到陪审团制度在香港会有任何衰落的迹象。

④ 至此，明清两代都城水系的漕运功能就衰落了。

⑤ 丝绸之路的衰落大约是在唐朝后期。

异同归纳		衰退	衰落
同	词性	动词	
	词义	都指事物由盛到衰趋于灭亡	
异	语法功能	和其他动词构成谓语时，后面不带宾语，也不能加时态助词"了"，如例①	可单独作谓语，后边可加时态助词"了"，如例④
	词语搭配	机能~ 精神~ 意志~ 能力~	家道~ 国家~ 阶级~ 事业~
	词义侧重	强调具体或抽象的事物趋向衰弱	只强调抽象事物由兴盛转向没落

三 词语搭配

1. 拽

   生拉硬~　　　　别~着我手　　　　~东西

   ~人犯规　　　　~着一只狗　　　　~人

   ~住不放　　　　使劲向后~　　　　~坏了

2. 混淆

   ~视听　　　　观点~　　　　　　把A跟B~了

   ~是非　　　　概念~　　　　　　造成~的结果

   ~真伪　　　　界限~　　　　　　这种~局面的形成

3. 捂

   ~盖子　　　　~~盖盖　　　　　~起来

~着嘴　　　　别~着盖着的　　　~坏了
~口袋　　　　~着一只眼　　　~住了

4. 绝望

十分~　　　　~的呼喊　　　　~极了
彻底~　　　　~的眼神　　　　~透顶
充满~　　　　~的表情　　　　~下去

四 练习

（一）模仿例子组成新词语

1. 名言　　名____　　名____　　名____　　名____
2. 做戏　　做____　　做____　　做____　　做____
3. 衰退　　衰____　　衰____　　衰____　　衰____
4. 身段　　____段　　____段　　____段　　____段
5. 失败感　____感　　____感　　____感　　____感
6. 婀娜态　____态　　____态　　____态　　____态
7. 钻来钻去　____来____去　　____来____去　　____来____去
8. 一蹦三跳　一____三____　　一____三____　　一____三____

（二）选择恰当的词语填空

| 意味 | 衰退 | 划分 | 没落 | 弘扬 |
| 衰落 | 创建 | 发扬 | 区分 | 创立 |

1. 这矛盾发展到了极端，终于使大爬虫的种族_____，让新的动物开始活跃起来。

京剧人生 2

2. 从十年前我们就开始了推动_____全国无障碍示范城市的活动。

3. 这几个紧密相连的概念形成了顾拜旦所_____的奥林匹克主义的基础。

4. 法治理念的前提是把社会事务_____为公共领域和私人领域两大范畴。

5. 讲解员形象地讲述了井冈山精神的形成过程和在新的历史时期_____井冈山精神的现实意义。

6. 这_____着这家美国最大的传媒娱乐公司试图将新媒体和传统媒体两部分业务合并在一起的努力以失败告终。

7. 有多少一度走在前列的国家和民族因为丧失机遇而_____乃至败亡。

8. 必须正确处理充分_____民主与在民主的基础上实行集中的关系。

9. 中央和地方之间、地方和地方之间的国有资产权限要有一个清晰的_____。

10. 他在会上陈述了中国三类纺织品对欧盟出口没有造成"市场扰乱"以及中国出口增长与欧盟地区产业_____没有直接因果关系的事实。

(三) 用指定词语完成句子

1. 她丈夫死了，孩子被狼吃了，房子也被大伯收走了，_____。（绝望）

2. 前一天想好的方案，今天被主任全部推翻了，在我看来，_____。（唱对台戏）

3. 我不想干这份工作，但我需要钱，_____。（说到底）

4. 我的家门钥匙被我弄丢好几回了，_____。（好在）

5. 她像疯了一样往外跑，我们_____。（拽）

6. 那么多工厂倒闭说明_____。（衰退）

7. 他对家人隐瞒了20年的秘密_____。（终究）

8. 她的手被玻璃划破了，鲜红的血_____。（不住地）

(四) 用指定词语完成下列对话

1. A：昆曲和京剧完全一样吧？

    B：_____。（有别于）

2. A：没有伴奏怎么能唱好京剧呢？

   B：_____。（权且）

3. A：最近学校里许多学生在学习之余尽量帮助别人，为什么啊？

   B：_____。（创建）

4. A：一般肚子不舒服的时候，人会做怎样的动作？

   B：_____。（捂）

5. A：_____。（固然）

   B：我倒是觉得人应该更看重精神方面的东西。

6. A：_____。（区分）

   B：混在一起也没有太大关系的。

7. A：_____。（弘扬）

   B：只有这样企业的精神才能代代相传。

8. A：_____。（含混）

   B：他说话总是如此。

9. A：_____。（习惯于）

   B：这就叫习惯成自然啊！

10. A：关于这件事，我觉得应该先拟定计划，再按计划去实施，这样一定会有好结果。

    B：_____。（如此这般）

（五）选择适当的四字词语填空

> 愁肠百结　　大红大紫　　风月无边　　博大精深
> 依依不舍　　风姿绰约　　一成不变　　成千上万

1. 对于这件事并没有客观的_____的评判标准。

2. 她那_____的气度让我着迷。

3. 作假骗得了几个人，却骗不了_____的人。

4. 我看出来，除了做官和当演员，现在干什么也不容易做到_____的地步！

5. 《四库全书》是一部_____的历史文化宝典。

6. 西湖的美景堪称_____，令人流连忘返。

7. 顽皮可爱的小白虎们_____地依偎在虎妈妈身边不愿分离。

8. 俗话说：贫贱夫妻百事哀。谁碰到这么大的事还不都是一副_____的样子。

（六）判断下列句子的正误，对的画"√"，错的画"×"

1. 儿子考上了北京大学，但母亲愁肠百结，因为丈夫久病在家，看病就借了不少钱，现在到哪里去找钱供儿子读大学呀！　　　　　　　　　　（　　）

2. 张家界的景色优美得风月无边一般。　　　　　　　　　　　　　　（　　）

3. 毛泽东的军事理论博大精深，需要好好儿钻研才能明白其中的奥妙。（　　）

4. 这件衣服大红大紫，全国都闻名。　　　　　　　　　　　　　　　（　　）

5. 学校食堂的饭菜多年来一成不变，我们早吃腻了。　　　　　　　　（　　）

6. 春节期间，成千上万的探亲者涌向火车站、机场、码头和长途汽车站，踏上归乡之路。　　　　　　　　　　　　　　　　　　　　　　　（　　）

7. 幼儿园孩子们表演的节目风姿绰约，引人入胜。　　　　　　　　　（　　）

8. 大学毕业的那天，同学们高高兴兴、依依不舍地告别了老师，告别了母校。
　　　　　　　　　　　　　　　　　　　　　　　　　　　　　　（　　）

（七）选择恰当的一组词语

1. ① 苍白的感情基础造就的盲目婚姻_____难以天长地久。

   ② 对现实和未来感到_____的人们最终选择了武装抵抗这条路。

   ③ 人类长寿生物链没有出现_____的巴马才是中国当之无愧的长寿之乡。

   ④ 大会针对儿童文化艺术、素质教育、_____健康、教育消费等内容开设了素质教育、益智教育和综合咨询三大展区。

   A. ① 终究　　② 绝望　　③ 衰落　　④ 身心

   B. ① 终究　　② 绝望　　③ 衰退　　④ 身心

C. ① 终于　　② 绝望　　③ 衰退　　④ 身心

D. ① 终于　　② 失望　　③ 衰退　　④ 身心

正确选项 _____

2. ① 读者可以从几个_____了解他们的工作情况和精神风貌。

   ② 在十分钟时间里孩子们可以了解到国际大事、校园_____、奇闻趣事等许多信息。

   ③ 母亲将陪嫁的玉镯变卖成十两银子给王炽做_____经商。

   ④ 群众用_____的中国结表达要为创建文明、卫生、健康的生活环境和高水平的文明城市而努力。

   A. ① 侧面　　② 动态　　③ 本钱　　④ 火红

   B. ① 侧面　　② 动静　　③ 本钱　　④ 火红

   C. ① 侧脸　　② 动静　　③ 本钱　　④ 鲜红

   D. ① 侧脸　　② 动态　　③ 资本　　④ 鲜红

正确选项 _____

3. ① 老王忙了一天的工作，晚上回到家只吃了几块饼干_____充饥。

   ② 菩提达摩来到洛阳_____禅法。

   ③ 他的两个女儿也因企业不_____下岗在家。

   ④ 上海队的这场比赛只能赢不能输，_____打平就必须看山东队和北京队脸色决定自己的保组命运了。

   A. ① 权且　　② 发扬　　③ 景色　　④ 所以

   B. ① 权且　　② 发扬　　③ 景色　　④ 因为

   C. ① 权且　　② 发扬　　③ 景气　　④ 假如

   D. ① 权且　　② 弘扬　　③ 景气　　④ 倘若

正确选项 _____

4. ① 这场比赛打得很艰苦，但_____队员们没有放弃，坚持到最后，并且扳平了比分。

   ② 人们应该把"反对政府"同"叛国"_____开来。

   ③ 北京拔萃双语学校由中国红十字基金会与朝阳区教委合作_____。

   ④ 兄嫂待她_____没有什么不好，但她知道应该处处留心。

A. ① 好在　　②分别　　③创造　　④当然
B. ① 好在　　②分别　　③创造　　④当然
C. ① 好在　　②区分　　③创建　　④固然
D. ① 恰好　　②区分　　③创建　　④固然

正确选项_ _ _ _ _ _ _ _ _ _ _ _ _ _ _

（八）下面每段话都画出了ABCD四个部分，请挑出有错误的部分

1. 他坐立不安地想要活动，却发现双腿根本使不上劲，如同杨花在春天里飘荡，
   　　A　　　　　　　　　　　B　　　　　　　　　　C
   而身轻无力，飞不远终究。　　　　　　　　　　　　　　　　　　　（　　）
   　　D

2. 我刚进北大时，能用的只有一把小号、一把按键长号和一把简易圆号。凭着这
   　A　　　　　　B
   几件乐器权且创立不了单独的管乐队，所以只做了小型管弦乐队的组成部分。
   　　　C　　　　　　　　　　　　　　　　D
   　　　　　　　　　　　　　　　　　　　　　　　　　　　　　　　（　　）

3. 经她仔细观察，逐步摸索出何炳昆犯病的规律：倘若没人招他，没人也惹他，
   　　　A　　　　　　　　　　　　　　　　　　　B
   一般来说他自己好端端的，不会犯病；倘若有人招他，有人惹他，哪怕芝麻大
   　　　C　　　　　　　　　　　　　　　　　D
   的事情，也会导致病情发作。　　　　　　　　　　　　　　　　　（　　）

4. 他的家几乎完全掌握在大奶奶手里，装穷可以固然骗过大女婿，但真的要是
   　　　A　　　　　　　　　　　　B　　　　　　　　　　　C
   装得露了底，他想象得出大奶奶的脸色一定是很难看的。　　　　　　（　　）
   　　　　　　　　D

5. 好在我爸爸死得早，我不干不行啊！顾客都是我爸爸的老朋友，我有不周到
   　　　A　　　　　　　　　　　　B
   的地方都肯包涵，闭闭眼就过去了。　　　　　　　　　　　　　　（　　）
   　　C　　　　D

79

语法讲解与练习

 紧缩复句

紧缩复句是由两个或三个分句紧缩在一起形成的特殊复句,中间没有语音停顿,表达复句的意思而采用单句的形式。

◎ 大红大紫就不说了,显一下山露一下水的都没有过。

大红大紫就不说了,(连)显一下山(或者)露一下水的都没有过。

1. 结构关系

① 没有调查就没有发言权。(假设关系)

② 天塌下来也顶得住。(假设关系)

③ 想说又不敢说。(转折关系)

④ 想想也有几分高兴。(承接关系)

📖 紧缩复句的各分句间存在着条件、转折、因果、承接、选择等结构关系。

2. 表达格式

① 他非讲几句不可。

② 这种输入法一学就会。

③ 再大的困难我也要坚持。

📖 紧缩复句一般采用固定的表达格式,如"……也……""……就……""……又……""不……不……""越……越……""再……也……""一……就……"等。

① 雨过天晴。(承接关系)

② 眼高手低。(转折关系)

③ 人勤地不懒。(假设关系)

④ 争气不争财。(选择关系)

📖 有些紧缩复句则不使用关联词语,而依靠语义上的关系和语序表示其内部的结构关系。

3. 与一般复句的转换

① 天塌下来也顶得住。→ 即使天塌下来，也顶得住。

② 条件再好也不行。→ 即使条件再好，也不行。

③ 天一亮就出去锻炼。→ 只要天一亮，就出去锻炼。

④ 他走我就走。→ 只要他走，我就走。

紧缩复句如果加上相应的关联词语或停顿，就可以转换为一般的复句。

4. 表达特点

① 干什么都不能光图钱。

② 我越想越觉得窝囊。

③ 无风不起浪。

④ 一想就明白。

紧缩复句具有凝练紧凑、明快简洁的表达特点，常用于口语或熟语中。

5. 关联词语

紧缩复句经常使用关联词语表示内部的结构关系。

紧缩复句的关联词语分单用和成对使用两种情况：

单用的关联词语	合用的关联词语
"……再……"表示承接关系	"不……不……"表示假设关系，相当于"如果……就……"
"……也……"表示承接、假设或转折等关系	"非……不……"表示条件关系，相当于"除非……否则……"
"……就……"表示条件、因果、假设等关系	"不……也……"表示假设关系，相当于"即使……也……"
"……又……"表示并列、转折、假设等关系	"再……也……"表示假设关系，相当于"即使……也……"

续表

单用的关联词语	合用的关联词语
"……才……"表示条件或因果关系	"一……就……"表示承接或条件关系,相当于"……接着……"或"只要……就……"
"……都……"表示条件关系	"越……越……"表示条件关系,大致相当于"只要……就……"

二 练习

（一）根据关联词语，指出下列紧缩复句属于哪种复句关系

① 吃完饭再说。

② 想想也有几分高兴。

③ 你有什么想法就快说。

④ 考不上大学我也有出路。

⑤ 条件好也没干出什么名堂来。

⑥ 文章不改不精练。

⑦ 我越想越觉得奇怪。

⑧ 这种输入法一学就会。

⑨ 再大的困难我也要坚持。

⑩ 她不把这个问题解决了不肯罢休。

（二）对下列紧缩复句的结构关系分析正确的一组是　　　　　　　　　（　　）

① 敢说不敢做。

② 她来了我才能走。

③ 电脑上网一学就会。

④ 你替他也行。

A. ①转折关系　②条件关系　③承接关系　④假设关系

B. ①转折关系　②承接关系　③假设关系　④条件关系

C. ①并列关系　②假设关系　③条件关系　④转折关系

D. ①并列关系　②条件关系　③转折关系　④转折关系

（三）模仿例句，完成紧缩句

① 一想就明白。　_____

② 无风不起浪。　_____

③ 条件再好也不行。　_____

④ 雨过天晴。　_____

⑤ 他非讲几句不可。　_____

⑥ 没有调查就没有发言权。　_____

⑦ 他看都不看就把信撕了。[V+都没（不）+V]

_____

修辞提示与练习

一 篇章修辞——替代

一个完整的意思常常要由有共同话题的几个小句一起完成，我们把几个语义密切相关的小句称做话题链。例如：

◎（1）a 老话是对的，b 好运气想找你，c 就算你关上大门它也会侧着身子从门缝里钻进来。

◎（2）a 青衣与花旦其实是两个完全不同的行当，b 只不过现在喜欢看戏的人少了，c 许多人都习惯于把戏台上的年轻女性统统称之为"花旦"。d 这种混淆局面的形成固然是后来的戏迷们功夫不到，e 但是，要是真的细究起来，f 这笔账还要记到著名大师梅兰芳的头上。

（1）中的 a~c，（2）中的 a~c、d~f 等就分别是几个语义密切相关的话题链。通过对话题链（1）、（2）的分析，我们可以发现前句中的名词性成分在后续的小句中是以被替代的形式出现的，这样做的结果是语段在表达上更顺畅、更连贯。

是不是语义有密切联系的话语链中前后的小句都有可以替代的部分呢？什么情况下可以替代呢？我们再看下面的几段例子：

① 罗斯福夫人和我的谈话是在学生活动中心一间布置格外典雅的房间里进行的。这位75岁的老太太目光敏锐，她一看见我走进去，便马上起身和我握手。

② 人民大会堂面积达17万平方米，这座比整个故宫房屋面积还大的宏伟的人民"殿堂"，用了不到一年的时间就建成了。

③ 下面就从这几方面谈谈自己的所见所闻。

　　××投资的有利方面：

　　在地理位置方面……

　　在运输货源方面……

　　在航线方面……

　　在航运信息方面……

📖 同义替代。①中"她"替代了"罗斯福夫人"和"这位75岁的老太太"，②中用"这座……殿堂"替代了"人民大会堂"，起到了连接的作用。而③文章的若干段都由"在……方面"这一相同的结构开始，这种结构起到了连接作用。相似结构的连接方式常常用在段落之间的连接上。

同义词替代的作用在于避免单调，增强表现力，加大话语的信息量。

④ 上小学的时候，钢琴课每周只有两节，我特别喜欢上这门功课。

⑤ 汉语的听说读写课是四门基础技能课，这几门课学不好，要想学好文化课几乎是不可能的。

📖 上位词替代。用上位词语替代下位词语一方面不重复，另一方面语言的信息量增大，所以也是一种常用的连接方式。上位词语之所以能替代下位词语，是因为它都包含下位词语的内容；反过来说，下位词语不能包含上位词语，所以很少用下位词语替代上位词语来连接句子。

二 练习

（一）判断 A 句后面的语句如何展开

1. A．宋代有一位妇女很有才气。一年的中秋之夜，她与丈夫在楼上赏月。这时候，碧空如洗，皓月当空，银光泻地，使人心旷神怡， （   ）

   B₁．女诗人欣然作诗。

   B₂．宋代这一位妇女欣然作诗。

2. A．好多农村人家的院子里养着鸡、鸭、狗、猫， （   ）

   B₁．动物家禽的粪便弄得到处都是。

   B₂．鸡粪、鸭粪、狗屎、猫尿弄得到处都是。

3. A．中国自古就有"炼字"的说法。据说战国末期吕不韦在当秦国宰相时，曾经组织全国文人学士编写了一部《吕氏春秋》。 （   ）

   B₁．《吕氏春秋》写成后，令人雕刻在咸阳城门楼上……

   B₂．书成后，令人雕刻在咸阳城门楼上……

4. A．冰心，是一颗巨星，在中国文坛和读者心头，已经亮了七十多年。……她不羡慕荣华，安于平易……生活上，她心里没有"舒服"的位置，时时追求的是耕耘，是收获。 （   ）

   B₁．她的一生，没有什么波涛，只是风平浪静。

   B₂．我们的诗人，在她的一生中，虽没有如山的波涛，但也不是风平浪静。

（二）判断 A、B 两段话的中心话题，并以此判断哪种表达更好

1. A．水袖的名字来自水衣。水衣就是一种衬衣，演员穿戏衣时，里边要衬一件水衣，水衣的袖子长一点儿，露在戏衣的外边。后来，演员发现这种衬衣的袖子，不但可以保护戏衣，而且还可以用于歌舞表演，就逐渐把它放长，并脱离水衣，直接缝在宽袖的戏衣上，就成了水袖。

   B．水袖的名字来自水衣。演员表演时发现这种长长的衬衣的袖子，不但可以保护戏衣，而且还可以用于歌舞表演，就逐渐把它放得更长，并脱离水衣，直接缝在宽袖的

戏衣上,就成了水袖。而水衣就是一种衬衣,演员穿戏衣时,里边要衬一件水衣,水衣的袖子长一点儿,露在戏衣的外边。

选择_____

2. A. 中国戏曲是世界上三种古老的戏曲之一(另外两种分别是古希腊的悲剧和喜剧,印度的梵剧)。中国戏曲有很多的剧种,京剧是其中最大的剧种。京剧的历史虽然并不长,但她被称为中国古典戏曲艺术的代表。

B. 中国戏曲是世界上三种古老的戏曲之一。另一个是古希腊的悲剧和喜剧;还有一个是印度的梵剧。中国戏曲有很多的剧种,京剧是其中最大的剧种。京剧的历史虽然并不长,但她被称为中国古典戏曲艺术的代表。

选择_____

(三)找出 D 段中可以替代的部分,并按照逻辑关系将短文重新排序

A. 而在戏曲艺术里,演唱的声乐体系是完全不同的另一套。演员的演唱区分不是根据演员音域的高低,而是根据角色"行当"的特点。每一个特定的"行当",都有着自己的发声方法和演唱方法。

B. 西方的声乐体系是按照演唱者的音域和演唱方法来划分成"男高音""男中音""男低音""女高音"(包括"戏剧女高音"和"花腔女高音")"女中音""女低音"的。这个区分是由歌剧的作曲家来给予区别的,一个小伙子可能是由一位男低音演员来主唱的,也可能是由一位男高音或男中音演员来主唱的;而一位老人也同样可能是由男低音来唱、男中音来唱或者是男高音来唱……也就是说,一个剧中人的歌唱艺术风格,是由作曲家和演唱者来决定的。演员的演唱风格不是根据角色,而是根据曲子和自己演唱的"声部"来决定的。我们可以设想一下:在歌剧里,一个女演员绝对不可能去饰演一个应该唱男低音的角色吧?

C. 由此可见,西方的歌剧与中国的戏曲是不同体系的戏剧,不能进行简单的类比。西方的古典大歌剧已经成为那里的"高雅艺术",在当代与那些流行音乐相比,确实是一种"阳春白雪"的艺术形式,因而观众(听众)不能与流行歌曲的受众群相提并论。说它有点儿"不景气"也不能算错。

D. 我们拿京剧来做例子:京剧中的小生绝不是"男高音";京剧中的花脸也绝不是"男低音"。京剧中的青衣不能作为"女高音",京剧中的老旦也不能作为"女低

音"。任何一位演员，如果他掌握了这个"行当"的演唱风格与发声要领，那么他就可以演唱这个行当的角色：一个女演员可以按照花脸的演唱要领来唱好张飞，一个男演员也可以按照花旦的演唱要领来表演尤三姐。女演员演唱的男角色，给我们看到的是一个男性的人物，而不是"女声"表演；男演员演唱的女角色，给我们看到的也同样是真真正正的女人，而不会是"男人装女人"——除非他是在表演"女扮男装"或"男扮女装"的人物。

D段中可以替代的部分_ _ _ _ _ _ _ _ _ _ _ _ _

重新排序_ _ _ _ _ _ _ _ _ _ _ _

三 文体与篇章修辞

（一）小说体

谈到小说写作的基本原则和要求时，通常大家都会认为有三个最基本的要求，那就是真实性、典型性和形象性。而小说的真实性、典型性和形象性是通过语言来实现的。每个作家有自己的语言风格，或朴实、平和，或犀利、尖刻。为了表达上更顺畅、更连贯，小说中也常常会运用替代的手法。

（二）阅读鲁迅《祝福》节选，看看鲁迅在描写祥林嫂这个人物时，是否运用了替代的手法

她不是鲁镇人。有一年的冬初，四叔家里要换女工，做中人的卫老婆子带她进来了，头上扎着白头绳，乌裙，蓝夹袄，月白背心，年纪大约二十六七，脸色青黄，但两颊却还是红的。卫老婆子叫她祥林嫂，说是自己母家的邻舍，死了当家人，所以出来做工了。四叔皱了皱眉，四婶已经知道了他的意思，是在讨厌她是一个寡妇。但是她模样还周正，手脚都壮大，又只是顺着眼，不开一句口，很像一个安分耐劳的人，便不管四叔的皱眉，将她留下了。试工期内，她整天的做，似乎闲着就无聊，又有力，简直抵得过一个男子，所以第三天就定局，每月工钱五百文。

大家都叫她祥林嫂；没问她姓什么，但中人是卫家山人，既说是邻居，那大概也就姓卫了。她不很爱说话，别人问了才回答，答的也不多。直到十几天之后，这才陆续地知道她家里还有严厉的婆婆，一个小叔子，十多岁，能打柴了；她是春天没了丈夫的；他本来也打柴为生，比她小十岁：大家所知道的就只是这一点儿。

日子很快的过去了，她的做工却毫没有懈，食物不论，力气是不惜的。人们都说鲁四老爷家里雇着了女工，实在比勤快的男人还勤快。到年底，扫尘，洗地，杀鸡，宰鹅，彻夜的煮福礼，全是一人担当，竟没有添短工。然而她反满足，口角边渐渐的有了笑影，脸上也白胖了。

表达与写作

● 表达训练

1. A. 请介绍有关中国国粹——京剧的情况。
   B. 请介绍目前京剧所处的地位和状况。
2. A. 学过课文后，你如何评价筱燕秋这个人物？
   B. 学过课文后，你如何评价春来这个人物？
3. A. 从长相和对人对事的态度为大家描绘一个你熟悉的人。
   B. 从长相和动作为大家描绘一个你熟悉的人。

● 写作训练

试从以下话题中任选其一，题目自拟，写一篇字数在600字左右的短文。
要求：尽量参考并尝试使用本课所学的重点词语。

京剧人生

话题一
　　从长相和对人对事的态度的角度描绘一个人。

话题二
　　从长相和动作的角度描绘一个你熟悉的人。

扩展空间

名家典藏

毕飞宇	《青衣》	江苏文艺出版社
徐城北	《梅兰芳》	中国城市出版社

媒体资源

电影《霸王别姬》	中影音像出版社
电视连续剧《青衣》	广东中凯文化发展有限公司
京剧《红娘》	CCTV 11 空中剧院　www.cctv.com

词语追踪

梨园　　昆曲　　徽班　　现代京剧　　京剧清唱　　样板戏

3 客家土楼

背景阅读与练习

一 阅读文章，按要求完成各项练习

（一）
白族的民居建筑

① 白族民居，是白族建筑艺术的一大景观。与游牧民族不同，白族自古以来从事水稻为主的农业生产。定居是农耕民族最主要的特征，因此，注重居住条件就成了白族最传统的生活方式。在客籍和土著杂居的地方，过去曾有这样的俗语流行：白族人是"大瓦房，空腔腔"，客籍人则是"茅草房，油香香"，意思是白族人节衣缩食到了倾其所有也要建造起结实舒适的住宅，而客籍人即便是住在简陋的茅草房里，吃食却毫不马虎，茅草房里经常油味飘香。在过去，建盖一所像样一点儿的住房，往往成了白族人花毕生精力的大事。他们追求住宅宽敞舒适，以家庭为单位自成院落，在功能上要具有住宿、煮饭、祭祀祖先、接待客人、储备粮食、饲养牲畜等作用。

② 云南大理石头多，白族民居大都就地取材，广泛采用石头为主要建筑材料。大理民间有"大理有三宝，石头砌墙墙不倒"的俗语，指的就是建房取材的特点。石头不仅用在打基础、砌墙壁，也用于门窗的横梁。这种用材的特征沿袭的是南诏时的建筑方式。据记载，南诏的民居建筑就是"巷陌皆垒石为之，高丈余，连延数里不断"。

③ 就从院落布局、建筑结构和内外装修等基本风格来看，白族民居与中原民居建筑有着传统上的承袭。由于自然环境、审美情趣上的差异，白族民居又有自己明显的民族风格和地方特色。

现在以白族四合院与北京四合院为例作大致的比较，首先从主房的方位来看，北京四合院的主房以坐北朝南为贵；而白族民居的主房一般是坐西向东，这与大理地处由北向南的横断山脉帚形山系形成的山谷坝子的特点有关，依山傍水，必然坐西向东。其次，北京四合院的住房大多是一层的平房，而白族民居基本上都是两层。

④ 白族民居的平面布局和组合形式一般有"一正两耳""两房一耳""三坊一照壁""四合五天井""六合同春"和"走马转角楼"等。采用什么形式，由房主人的经济条件和家族大小、人口多寡所决定。白族民居的大门大都开在东北角上，门不能直通院子，必须用墙壁遮挡，遮挡墙上一般写上"福"字。

⑤ 白族一切建筑，包括普通民居，都离不开精美的雕刻、绘画装饰。木雕多用于建筑物的格子门、横披、板裾、耍头、吊柱等部分。卷草、飞龙、蝙蝠、玉兔，各种动植物图案造型千变万化，运用自如。更有不少带象征意义的，如"金狮吊绣球""麒麟望芭蕉""丹凤含珠""秋菊太平"等情趣盎然的图案作品。白族木雕巧匠们还特别擅长做玲珑别透的三至五层"透漏雕"，多层次的山水人物、花鸟虫鱼都表现得栩栩如生。

⑥ "粉墙画壁"也是白族建筑装饰的一大特色。墙体的砖柱和贴砖都刷灰勾缝，墙心粉白，檐口彩画宽窄不同，饰有色彩相间的装饰带。以各种几何图形布置"花空"，作花鸟、山水，书法等文人字画，表现出一种清新雅致的情趣。

⑦ 富于装饰的门楼可以说明白族建筑图案的一个综合表现。一般都采用殿阁造型，飞檐串角，再以泥塑、木雕、彩画、石刻、大理石屏、凸花青砖等组合成丰富多彩的立体图案，显得富丽堂皇，又不失古朴大方的整体风格。

⑧ 白族很讲求住宅环境的优雅和整洁。多数人家的天井里一般都砌有花坛，种上几株山茶、缅桂、丹桂、石榴、香橼等乔木花果树。花坛边沿或屋檐口放置兰花等盆花。种花爱花是白族的传统美德。

根据文章内容，选择正确答案

1. "白族人节衣缩食到了倾其所有也要建造起结实舒适的住宅"，其中"倾"的意思是： （　　）

   A. 用尽　　　　B. 倒出　　　　C. 歪斜　　　　D. 倾向

2. "白族民居大都就地取材",其中"就地取材"的意思是: （   ）
   A. 要到外地选取所需材料   B. 只在附近选取所需材料
   C. 就在本地选取所需材料   D. 不在本地选取所需材料

3. 为什么白族民居必然坐西向东? （   ）
   A. 以坐西向东为贵   B. 山势走向决定
   C. 喜欢有山有水   D. 仅仅只是习惯

4. 下列哪项不是白族决定民居建筑形式的因素? （   ）
   A. 经济条件   B. 家族大小
   C. 人口多寡   D. 有没有"福"

5. 白族木雕巧匠们特别擅长: （   ）
   A. 图案造型   B. 绘画装饰
   C. 雕刻门窗   D. "透漏雕"

6. 哪种工艺不是白族民居建筑装饰的特色? （   ）
   A. 砖柱刷灰勾缝   B. 贴砖刷灰勾缝
   C. 墙面刷上粉色   D. 檐口彩画不同

7. "显得富丽堂皇,又不失古朴大方",其中"不失"的意思是: （   ）
   A. 刚好丢失   B. 没有丢掉
   C. 仅仅保存   D. 全部保留

8. 下面哪种植物短文中没有提到? （   ）
   A. 茶树   B. 缅桂
   C. 丹桂   D. 石榴

简要回答下列问题

1. 通过①段来说明白族人民对民居建筑的态度。

2. 请评价一下白族民居雕刻绘画的风格和水平。

3. 请说明白族住宅环境的优雅和整洁是如何体现的。

二 快速阅读下列各段，按逻辑关系将各段重新排序

（二）

限时：2分钟

A. 客家文化根植于河洛（Héluò 以洛阳为中心的中原腹地，历史上是中国经济、政治、文化的中心）文化，肇因（zhàoyīn 起因）于移民生活，因而在语言、信仰、民俗、民居建筑等诸文化要素上，客家人既继承了中原古文化的精华，又在新的环境里丰富了它，从而使它嬗变（shànbiàn 演变）成了一种有自己特色的新文化——客家文化。

B. 广义的客家文化，是指客家人在征服自然的斗争中，在改造社会和改造客家人自身的进程中，在客家人求生存、争发展的奋斗过程中，长期创造所形成的相对稳定的、并被客家人认同和接受的精神成果的总和。

C. 客家文化是以汉民族传统文化为主体，融合了畲（Shē 畲族，中国少数民族之一）、瑶（Yáo 瑶族，中国少数民族之一）等土著民族文化而形成的一种多元文化。

D. 客家话、客家风俗、生活习惯、客家人的性格、气质、心态、思想、观念、意识都是客家文化的载体，而客家人物，特别是众多的客家精英、客家建筑、客家妇女的服饰、艺术品、各类客家文献资料等，都是客家文化的具体体现。

重新排序 _ _ _ _ _ _ _ _ _ _

（三）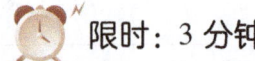

A. 庞大的围屋不但有很好的防御性，适应险恶的自然环境，更是防匪防盗的坚强堡垒（bǎolěi　军事上坚固的房屋），围屋建筑又讲究"以人为本"，具有通风、采光、排水、防潮、保湿、防风、防火、抗震等诸多功能，成为客家人居住的乐园。

B. 在赣（Gàn　江西的别称）南的许多地方，一座座神奇的土围（tǔwéi　用泥土筑成的房子）屋点缀（diǎnzhuì　装点、修饰）在青山绿水间。被誉为围屋之乡的龙南县境内保存完整的明、清客家围屋达370多座，这些客家围屋，气魄宏大，内部装修精美绝伦，雕梁画柱，令人叹绝。

C. 如何使围屋易守难攻，是造围者苦心孤诣（kǔ xīn gū yì　费尽心思钻研或经营。孤诣，别人所达不到的）之处，比如，桐油三合土夯筑的围屋墙体，掺杂（chānzá　掺和、混杂）了漏水糖、糯米汁，一方面增强了墙体的硬度，又是战时的战备粮食。又比如，高大、形制多样的炮楼，不仅建在四角，有的还建在段之中，如同城防之马面，还有的则在四角炮楼顶层，再抹角建一单体小碉堡，完全消灭了死角。从外观上，围屋除了给人以墙高壁厚、壁垒森严的印象外，又以其巨大的尺度、冷峻的外貌，使人感受到它的压迫感。

D. 历经磨难的客家先民，经过了历史上五次大的迁移，每新到一地只得"客而家焉"，为了生存竞争，抵御外侵，便营造了具有强烈防御功能兼以聚族而居的独立王国——土围子。

E. 然而，令人叹绝的还不仅是这些客家民居建筑本身的价值，因为这些山村民居，无论造型、用料、装饰，都远不能与历代古都中的帝王建筑相媲美。围屋的真正价值，还是在于它是"民"居。帝王建筑，集天下之人力、物力；民居建筑，是社会底层的一代人，甚至几代人奋斗的结晶，是生活之苦，环境所累，才去建筑现代人无法想象的堡垒。

重新排序＿＿＿＿＿＿＿＿＿＿＿＿

客家土楼

三　选择正确句子填到各段中，并按逻辑关系将各段重新排序

（四）　 限时：3.5分钟

语句

① 并在上述地区形成了客家人繁衍、发展、壮大的摇篮
② 他首先归属于一个特定家庭
③ 贵客坐席要三请四催，才可以在席间落座
④ 既保留了中原古风俗文化的特色

A. 客家人以自我祖源为本，在强烈的祖先崇拜意识作用下，在现实生活中，事事处处与祖宗有密切的联系，家族的堂号、祖宗、宗祠、族谱、族规、习俗，都在提醒现实中的客家人不忘先人、不忘传统，从衣食住行到岁时节庆，从婚嫁丧葬到人生礼仪，始终遵循祖宗留下来的习惯、传统和遗风。比如，春秋的家祭和进入腊月挂祖像，都是一个姓氏的活动或是一座围屋的人的集体活动。对一个客家人来讲，＿＿＿＿＿＿，这种返本追祖产生的各种文化现象是客家人民俗与民风的一大特色。

B. 婚丧喜庆以诚相帮，危难之时以义相助，体现了围屋人难能可贵的仁义精神。舞香火龙、闹黄龙、擂"大鼓"、摇"旱船"、演"吊拐"戏、吹唢呐，为围屋人盛行的四时八节增添了热烈的气氛。在田间劳作时或过山坳时相互对唱调侃（tiáokǎn　玩笑）的"过山溜"。抑扬顿挫，粗犷豪放，抒发着围屋人的情怀，这些风情民俗，＿＿＿＿＿＿，又凝聚了浓厚的围屋乡土气息，发自内心，淳朴真挚。

C. 客家人最早是中国山西、河南等中原各省的汉族人，在遭受历代的外患、兵灾、饥荒后，逐渐迁移，最后在赣南、闽西、粤北的山区安定下来，＿＿＿＿＿＿。由于客家人长期居住在条件恶劣、交通不便、信息闭塞的深山，为了满足对美好生活的向往，也为了求得安定的日子，客家人在长期的艰苦生活中与本地的土著融合，形成了特有的客家民俗民风。

D. 和大多聚族而居的客家人一样，赣南的围屋人家对待客人热情好客，尤其体现在婚、寿等喜宴中，_____，喝酒时猜拳行令，要把客人喝得酩酊（mǐngdǐng 形容大醉的样子）大醉方罢休。平日里一户来客，全围招待，不同的酒香，表达围屋人好客的情谊。

选择语句填充_____

重新排序_____

（五） 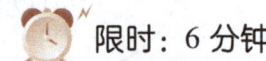 限时：6分钟

> **语句**
> ① 有的在三合土中掺加桐油、糯米饭
> ② 富于乡土性和地域性
> ③ 四周墙上有枪眼、瞭望孔
> ④ 外圆内方，体现了古代祖先的天地观
> ⑤ 客家人在粤东山区建造了数以百计的府第式的三堂屋

A. 客家民居建筑形式，主要有方楼、圆楼、府第式的三堂屋和五凤楼、围龙屋。特色是规模宏大、对称整齐、构造精巧、坚固经久、防御性强。方楼在闽南也叫土围子。四角有向外突出的炮楼，墙基厚1~3米，高10~15米。_____。围内四层房屋可住一大家人，也可聚居一宗一族，多至数千人。这是防御性能极强的堡垒建筑。据专家考证，这是三世纪东汉中后期中原地区大庄园主的典型住宅形式。中原世家南迁时，把这种建筑形式的技术传播到客家山区。福建永定县抚市乡的永隆昌方形土楼有626间房、114个楼梯、7口水井，规模非凡。

B. 府第式民居建筑艺术与中原地区的建筑一脉相承。三堂屋、五凤楼的建筑布局和造型，具有中原地区达官贵人的府第传统，充分体现了儒家思想。清末明初，_____。有的三堂屋背后，又加筑了半圈的围屋，称为围龙屋。屋前有半月形的池塘。这又构成了一个圆形。这也是客家人的聪明智慧在民居建筑中的突出表现。

客家土楼

C. 初到山区，他们先搭起茅屋、木屋栖身。然后改建成土屋。用北方原始时代遗传下来的方法，制造生土坯（pī 砖烧制前的形状）砖筑土墙，或者用夯土板筑的方法筑土墙。二者都是就地取生土筑墙。后者用生土加配料有两大类：一类是用一般黏土板筑，有的在用棒锤舂墙时加上长的竹枝、木条或碎瓦砾（wǎlì 破碎的砖头瓦片）、石块、火砖，以增强墙体的刚韧度。另一类是用三合土（黄泥、石灰、沙）板筑。筑土墙时，有的也添进碎石块、片石，_____、红糖、鸡蛋清等黏性物，使土墙更加坚固。这是客家人创造乡土建筑史上光辉的一页，是建筑科学上值得骄傲的技术革新。

D. 圆楼，主要分布在福建永定县。在中国远古时代，人们认为天圆地方。以"圆"和"方"代表天和地。古人敬天，也就崇拜"圆"。以为"圆"具有无穷的神力。在炎黄子孙的意识里，"圆"象征和合团圆。客家人在闽西山区就以圆形建造房屋，祈求万事和合，子孙团圆。承启楼是永定县最大的圆形土楼，俗称"圆寨"。建于清康熙年间（1662—1722）。全楼内外四间房屋，外高内低、外大内小、一圈比一圈小。外圈楼房周长229.34米，高12.4米，底层墙厚1.5米。有四层，每层有72间房。全楼总面积为5376.2平方米，共有400间房。楼中心为方形的祖宗祠堂。_____。洪坑乡振成楼圆寨，整体设计，按八卦图建造，卦与卦之间设有防火墙，楼内有花园、厅堂。油漆雕塑、装饰秀丽。青砖铺地，整齐干净。外圈楼高四层，底层为厨房、会客室，二层为谷仓、储藏室，三层四层为居室。土圆楼建筑艺术，是中华文明的宝贵遗产，物化的伟大诗篇！各国建筑专家、学者纷纷前来参观，惊叹世界上找不出第二种这样奇特的土楼民居。

E. 客家人继承了古代的建筑技术，创造了世界上无与伦比的物化诗篇。客家人的祖先来自中原地区。因此，客家民居建筑带有浓厚的儒家思想痕迹。例如，祖堂在上，上下厅堂、主次分明；中轴线贯穿整体、左右对称的布局都十分鲜明。但是，它又是在特定历史条件、地理环境下形成的特殊建筑工艺和建筑风格，_____。这些大型民居，都是客家人经商致富后，精心营造的。

选择语句填充_____

重新排序_____

课 文

课文导读

在中国参观各式建筑往往是旅游中的重点内容，从帝王宫殿到普通民居，从万里长城到亭台楼阁，每一处建筑都有它看不够、道不完的精致与美妙。然而在福建西部，人们见到了最令人震惊的民居建筑——客家土楼，其外观既可以与古罗马雄伟的竞技场相媲美（pì měi），又让人怀疑许多现代体育馆的设计是不是受了它的影响。由于土楼独特的造型，庞大的气势及防潮、抗震等优势被誉为世界上独一无二的神话般的民居建筑。

思考题

1. 你见到过的最具有独特风格的建筑物是什么？在哪里？
2. 你知道福建永定的客家土楼有什么奇特之处吗？
3. 你知道福建永定客家土楼的建筑材料和建筑方法吗？
4. 你知道当初客家人修建土楼的初衷吗？
5. 你怎么理解蕴涵在客家土楼这种居住形式背后的社会意义？

活在山坳里的历史

张 燕

2004年2月，联合国教科文组织正式受理了永定客家土楼加入世界文化遗产的申报①。被联合国教科文组织世办遗产专家誉为"世界上独一无二的、神话般的山区建筑模式""神秘的东方古城堡"的福建永定客家土楼，终于掀开了它神秘的面纱，走到世人的面前。人们在为它悠久的历史、恢弘的格局所深深折服之余，也更深入地了解了客家人世代相传、和睦同居的大家族独特的生活方式，以及淳朴敦厚、和善好客的民风。

---

① 2008年7月6日第32届世界遗产大会上，福建土楼被正式列入《世界遗产名录》。

土楼不土洋楼羞，古城真古今风流

无论是建筑学上的泰斗，还是专攻人文历史的学者，凡是研究过永定客家土楼的专家，都对永定有着高度的评价：在历史上空前绝后的，在世界上独一无二的，在功能上包罗万象的，在文化上博大精深的，在价值上无与伦比的。更有专家赋诗一首，"土楼不土洋楼羞，古城真古今风流，奇迹奇观奇天下，仙山仙水仙人楼"，称永定县是没有大门的中国客家土楼民居博物馆，足见永定客家土楼之魅力。

据谱牒等文献记载，永定土楼起源于唐末宋初，现存历史最悠久的土楼距今已有1200多年。永定全县现存有23000多座土楼，其中圆楼360多座，方形土楼4000余座。各式土楼遍布乡村，形成一个个依山傍水、错落有致、布局合理、与大自然和谐统一的土楼群。其中尤以奇特的圆形土楼最富于客家传统色彩，最为震撼人心。

圆形土楼是客家民居的典范，堪称天下第一楼。它像地下冒出来的"蘑菇"，又像从天而降的"飞碟"。这种圆楼都由二三圈组成，由内到外，环环相套，外圈高十余米，四层，有一二百个房间，一层是厨房和餐厅，二层是仓库，三、四层是卧室；二圈两层有三五十个房间，一般是客房，中一间是祖堂，是居住在楼内的几百人婚、丧、喜、庆的公共场所。楼内还有水井、浴室、磨坊等设施。土楼采用当地生土夯筑，不需钢筋水泥，墙的基础宽达3米，底层墙厚1.5米，向上依次缩小，顶层墙厚也不小于0.9米。然后沿圆形外墙用木板分隔成众多的房间，其内侧为走廊。

可别小瞧这复杂的构造，每一个细节无不凝聚着客家人的独具匠心。而土楼的诞生，更是能从永定县名的由来里找到最好的注解。

永定，位于闽西、粤东的交界处，是福建19个省际边界县之一。古时，这里长期处于动乱状态，朝廷曾屡派大军镇压甚至屠城，均不见效。明朝成化十四年从上杭县分出置县，名"永定"，寓意"永远安定"，沿袭至今。正是在那蛮荒、动乱的年代，客家先民历尽千辛万苦，南迁落脚永定境内。为了抵御匪盗的侵袭和野兽的威胁，用当地生土、砂石、竹木，将他们的房子夯筑成一个浑然一体、壁垒森严、精巧奇特的庞大建筑，兼具安全防卫、通风采光、抗震防火、防潮保温、隔音隔热、冬暖夏凉等种种功能，作为他们生存居住的理想"乐园"，这个"乐园"就是我们今天见到的土楼。

神奇土楼　屹立百年之谜

"美国卫星发现土楼"之说，一直为永定人所津津乐道：20 世纪 60 年代初，美国中央情报局在卫星照片中发现福建西部崇山峻岭间，有类似核反应堆的东西，引起白宫一阵恐慌。后来，美国情报人员亲赴土楼探访，发现所谓的核反应堆不过是几百人聚居的圆形土楼，谜团才由此解开。这些传说，更加重了土楼的神秘色彩，引得无数人前来探密，想探探这土楼究竟奇在哪儿。

一奇，安全防卫功能良好。封闭的土楼，除了大门，极少开设侧门。门顶设水槽，有竹筒与二楼的水箱相通，以防火攻。在大门顶层开窗并构成一个宽阔的封栏间，遇敌进犯想从正面大门强行突破时，便从封栏间向下投掷砖石、倾倒冲泡石灰的开水，拒敌靠近楼门。顶层屋角沿外墙筑砖木结构的"炮台"，平时可观赏楼外场景和田园风光，战时可做瞭望台抗击外犯。土楼之内，分割成一个个"居住单元"，每一单元就是一个独立的居住空间；单元之间，有的开边门相通，有的完全隔断，须经楼内庭院入口；各单元楼层间设梯方便上下。如此设计，是缘于大门万一失守，各单元便可立即转入各自为战，以待援兵。由此，即使匪盗大规模来袭，土楼也固若金汤。一座座普普通通的土楼，实际上又是一个个坚固森严的壁垒，平添了不少神秘的色彩和深邃的内涵。

二奇，枪炮轰不倒，地震震不倒，水浸浸不倒。客家土楼，大小石块累砌打牢地基；生土掺入红糖水、石灰夯筑厚土墙，增加土墙的坚硬程度；墙体从底层往上逐渐减薄，并在土墙内埋入竹木片，就像现代水泥墙里配置钢筋一样，增加墙身的整体性，形成整体弹性和向心力，比其他民居来得坚固牢靠。相传，1931 年，有国民党军队进攻苏区红色赤卫队驻地裕兴楼，围攻三日不下，炮弹射击土墙，爆炸处仅留一个脸盆大小的"疤"，裕兴楼岿然不动。永定历史上发生过七次强烈地震，却从未发生土楼坍塌事故；环极楼经历 1918 年大地震，外墙裂开尺许，震后自动复原，至今只留下一条丈余裂缝。任凭风雨侵袭，地下水浸，夯筑在生土台基或石脚上的土楼，日久年深，仍安然无恙。

三奇，楼中有楼，里低外高，与门窗、天井科学组合，通风采光好。土楼墙厚，酷暑可挡热浪进入，寒冬可御寒风袭击，使楼内形成隔热保温、冬暖夏凉的小气候。

四奇，以生土为原料，兴源于地，毁归于地，不污染环境，具有保护环境之效。土

墙的夯筑技术和木构架技术，能消除楼内噪音的聚焦效应①，产生奇妙的物理性能。土墙能发挥其含蓄作用，自动调节楼内的干湿度，适宜人的生活。

五奇，土楼多按八卦图②设计，而最为典型的代表当属振成楼。振成楼建于1912年，占地5000平方米，分内外两圈，形成楼中有楼，楼外有楼的格局。外楼圈4层，每层48间，按八卦图建造，每卦设一楼梯，为一单元；卦与卦之间是隔火墙，一卦失火，不会殃及全楼；卦与卦之间还设卦门，关闭起来，自成一方，开启起来，各方都可以相通。大厅及门楣上有永久性楹联及题词20余幅，充分展示了土楼内涵的文化。其中有两个谜："带经耕绿野，爱竹啸名园"一联，内含一个被称为"字王"的"带"字，据称字中有字，字能造句，可分解出百余个字来，奥妙无穷。楼内还有两口水井，间距不过30米，同处一个水平面，水温、水位和水的清澈度却各不相同，至今仍是个未解的谜。

六奇，文化内涵十分丰富。建筑工艺、风格源于古代中原民居建筑。聚族而居，典型地反映了客家人的传统观念。楼内外众多的楹联、题刻意味深长。岁时节庆、婚丧喜庆、民间艺术、伦理道德、宗法观念、宗教信仰、穿着饮食等，处处展示了客家的古朴民风和华夏文明的风采。土楼附设的学堂遍布每个乡村，是客家人崇文重教最有力的历史见证。

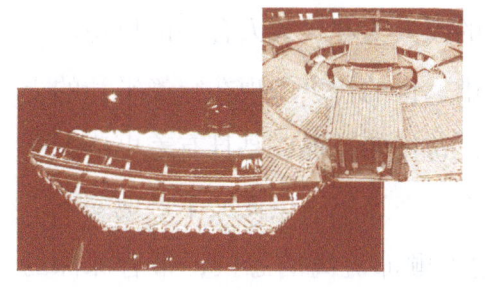

永定客家土楼不仅选址讲究，而且结构奇巧。它与建筑学、地质地理学、生态学、景观学、民俗学、伦理学、美术学等有着密切关系。每座土楼，中轴线分明，厅堂、大门、主楼都建在中轴线上，横屋、附属建筑对称分布左右两侧；楼楼有厅堂，以祖堂为核心组织院落，以院落为中心进行群体组合；内通廊式平面，四通八达，这些都体现了客家人敬祖睦宗、团结互助的传统美德，也体现了永定客家土楼建筑艺术的精致性和审美价值。土楼内外，楹联题刻，俯仰之间，处处可见。有永久固定的，也有岁岁更新的。门联、灶室联、客厅联、膳厅联、寝室联、书房联；竖柱上梁贴红联，新楼落成嵌楼名撰联，男女新婚贺喜联，寿星诞辰赠寿联，老人去世送挽联，各式各样，对仗工整，意味深长。据说，土楼中约计十万对楹联和壁画。客家人秉承的中原传统文

---

① 聚焦效应：光或电子束等聚焦于一点所产生的效果。
② 八卦图：中国古代的一套有象征意义的符号的图。用"—"代表阳，用"- -"代表阴，用三个这样的符号组成八种形式，叫做八卦。每一卦形式代表一定的事物。

化,以及他们的社会观、道德观、文化观、家族民系意识等客家精神,莫不在这些土楼楹联题刻中得到淋漓尽致的展现。这是土楼文化的一大宝库,是客家先民富有文化素养的遗风,是中华民族传统思想美德的继承和延伸。

活着的历史　让炊烟每天升起

土楼固然神奇得令人叹为观止,但更令人称奇的是这些历尽沧桑的土楼至今仍是当地客家人的主要生活居住地。不像大多数世界遗产已经是真正的遗址,只留着断壁残垣供人缅怀,而客家土楼则是"活着的历史"。

一座土楼就是一个艺术殿堂。每一座土楼,又如同一个"大家族,小社会"。土楼内,居住在同一屋顶下的几十户几百人同祖同宗同血缘同家族,过着共门户、共厅堂、共楼梯、共庭院、共水井的和睦生活。这种聚族同楼而居的生活模式,典型地反映了客家人的传统家族伦理和家族的亲和力。而且,楼内的客家人,住着层数相同、开间面积相等、无明显朝向差别、更无贵贱等级之分的均等居室。平等聚居,反映了客家人融洽和睦的家风和平等团结的传统。各种功能、生活设施一应俱全,楼内整体风格与楼外景观协调统一,充分说明了永定客家土楼所贯穿的以人为本、天人合一的思想。

土楼的建立与如今的备受追捧,都来自于当初避难逃世的初衷。现在寂静平和的土楼,早已见不到当时的动乱之景。但在人们的想象中,这样的迁徙,是具有着史诗般的悲壮和凝重的。经过千里艰难跋涉,他们以客人的身份,在这里谨慎而又谦逊地安下了新家,铭记着旧国家园战火纷飞的噩梦,残存着路途上颠沛流离的恐惧,带着深深的"客属"戒备心理,他们建造了一座座封闭式的、防御型的家——土楼。安居之后,客家人带来的中原先进生产技术和文化发挥了积极的作用,想必随着一次次、一批批南来避难的中原人的到来,这南方偏僻山区里也在潜移默化地发生着一次次进化,虽无声无息,却一样有着史诗般的热烈和激情。环境的恶劣和间或发生的土著的排斥,终究只是插曲,最后的结局是客家人坚韧牢固地在这里落下了脚根。客家人以这片新的土地为起点,开始了新的传奇生涯。

一部土楼的建筑史,就是一部客家人的传奇史,活着的历史里,每天依然有炊烟冉冉升起。

(摘自《行游数码》,2004年6月,有删改)

客家土楼 3

思考与回答

1. 人们为什么会对客家土楼产生折服心理？土楼反映了客家人怎样的生活方式和民风？

   恢弘　　世代相传　　和睦　　淳朴　　敦厚　　好客

2. 为什么说圆形土楼最富于客家传统色彩，最震撼人心？

   典范　　堪称　　场所　　依次

3. 如何看出土楼是客家人匠心独运的杰作？

   细节　　夯筑　　墙　　依次　　众多

4. 为什么说土楼是客家人生存居住的理想"乐园"？

   抵御　　壁垒森严　　防卫　　通风　　保温

5. 土楼能屹立几百年不倒塌的原因是什么？

   固若金汤　　安然无恙　　冬暖夏凉　　岿然不动

6. 为什么说土楼是客家活着的历史？

   叹为观止　　历尽沧桑　　缅怀　　融洽　　和睦　　贯穿

背景链接

客家，是一个具有显著特征的汉族民系，也是汉族在世界上分布范围最广阔、影响最深远的民系之一。聚居在广东梅县、兴宁、大埔、五华、惠阳等县以及江西、四川、广西、湖南、台湾、海南、福建部分地区，分布约120余县。先世居黄河流域，西晋末年（4世纪初）、唐代后期（9世纪末）因战乱大批南下。1270年，南宁灭亡后又迁至赣、闽、粤等地。自称"客家"或"来人"，以区别于本地人。客家话是汉语方言之一，保留较多古汉语音韵。山歌别具风格。客家人在聚居地区保持自己习俗传统，妇女均天足，参加劳动生产，不受封建陋习约束，勇于进取。近代，太平天国运动失败后，不少客家人被迫分散在更广阔的地区，有的转徙台湾、香港，或侨居南洋一带。

词语

1.	山坳	shān'ào	(名)	山间的平地。
2.	受理	shòulǐ	(动)	接受并办理。
3.	神话	shénhuà	(名)	关于神仙或神化的古代英雄的故事，是古代人民对自然现象和社会生活的一种天真的解释和美丽的向往。
4.	城堡	chéngbǎo	(名)	堡垒式的小城。
5.	恢弘	huīhóng	(形)	宽阔；广大。
6.	格局	géjú	(名)	结构和格式。
7.	折服	zhéfú	(动)	信服。
8.	和睦	hémù	(形)	相处融洽友爱。
9.	同居	tóngjū	(动)	同在一处居住。
10.	淳朴	chúnpǔ	(形)	诚实朴素。
11.	敦厚	dūnhòu	(形)	忠厚。
12.	好客	hàokè	(形)	指乐于接待客人，对客人热情。
13.	泰斗	tàidǒu	(名)	泰山北斗。比喻成就卓越受敬仰的杰出人物。
14.	文献	wénxiàn	(名)	有历史价值或参考价值的。
15.	遍布	biànbù	(动)	分布到所有的地方。
16.	奇特	qítè	(形)	跟寻常的不一样；奇怪而特别。
17.	富于	fù yú		丰富；多。
18.	典范	diǎnfàn	(名)	可以作为学习、仿效标准的人或事物。
19.	堪称	kānchēng	(动)	可以称做；称得上。
20.	场所	chǎngsuǒ	(名)	活动的处所。
21.	夯	hāng	(动)	用夯砸。夯，砸实地基用的工具或机械，有木夯、石夯、铁夯等。
22.	依次	yīcì	(副)	按照次序。

"十二五"普通高等教育本科国家级规划教材

北京语言大学对外汉语
教材研发中心规划项目

进阶式对外汉语系列教材
A SERIES OF PROGRESSIVE CHINESE TEXTBOOKS FOR FOREIGNERS

成功之路
ROAD TO SUCCESS

成功篇 ADVANCED

部分练习参考答案
KEY TO SOME EXERCISES

北京语言大学出版社
BEIJING LANGUAGE AND CULTURE UNIVERSITY PRESS

1 可可西里

背景阅读与练习

（一）1. D 2. B 3. C 4. A 5. B 6. D 7. C 8. C

（二）C B D A

（三）D B A C

（四）A-⑥ B-⑤ C-④ D-② E-③ F-① B D F A C E

（五）B-③ C-① D-② B A C

词语讲解与练习

（一）1. 慌不迭　　　后悔不迭　　　叫苦不迭

　　　2. 千姿百态　　千方百计　　千奇百怪

　　　3. 各行各业　　各就各位　　各式各样

　　　4. 得以解脱　　得以实施　　得以保存

　　　5. 不胜荣幸　　不胜感激　　不胜其烦

　　　6. 默默无声　　默默不语　　默默无言

　　　7. 感激之余　　感动之余　　敬佩之余

　　　8. 激动不已　　叹息不已　　愤怒不已

（二）1. 和谐　　2. 安定　　3. 迷失　　4. 敬佩

　　　5. 协调　　6. 安宁　　7. 钦佩　　8. 丢失

（三）略

（四）略

（五）1. 不胜枚举　　2. 土生土长　　3. 纵横交错　　4. 趋之若鹜

　　　5. 死气沉沉　　6. 突如其来　　7. 千疮百孔　　8. 默默无闻

　　　9. 绵延起伏　　10. 各种各样　　11. 力所能及　　12. 星罗棋布

（六）1. √　2. √　3. ×　4. ×　5. ×

　　　6. √　7. ×　8. ×　9. ×　10. √

（七）1. C   2. D

（八）1. C   2. C   3. A   4. A   5. D

语法讲解与练习

（一）1. 快走！还有5分钟电影就开演了，我们赶不上（看电影）了。

补语省略

2. 谁有疑问，请现在（把问题）提出来。

宾语省略

3. A：（你）干什么去？

   B：（我）上街。

主语省略

4. A：这本书还有别的版本吗？

   B：（这里）没了。

主语省略

5. 藏羚羊还具有特别优良的器官功能，（它）耐高寒、抗缺氧、食料要求简单，而且（它）对细菌、病毒、寄生虫等疾病所表现出高强抵抗能力。

主语省略

6. 所谓"保护站"，就是几间屋子甚至帐篷。在这些每天都要下几场雪、面条永远煮不熟、时常感到呼吸困难的高寒地区，（志愿者）能够生存下来就算胜利。

主语省略

7. 从2003年8月至今，2万多名大学毕业生，以志愿者的身份高唱着这首歌，（志愿者）高扬"奉献、友爱、互助、进步"的旗帜，（他们）投身到西部大开发的洪流中。

主语省略

8. 如今这些志愿者已经成为活跃在西部的一股新生力量。他们在改变西部，他们用爱心为偏远地区的孩子开启智慧之门；他们

行走在山区、村寨，（他们）行医送药；他们用智慧播撒下农民致富的点点星光，他们用青春书写着西部的希望与未来……主语省略

（二）1. B_2　　2. B_1　　3. B_2　　4. B_1

修辞提示与练习

（一）1. （你们）快点儿啊！还有10分钟火车就开了，我们赶不上了。

2. 谁有问题，下课以后留下来解决（问题）。

3. A：我的书呢？谁拿走了？

   B：老李（拿走了你的书）。

4. A：还有别的样子的衣服吗？

   B：没（有别的样子的衣服）了。

5. 2004年我毕业，毕业后义无反顾的决定支援西部，（我）不顾家人的坚决反对，在甘肃省永昌县第四中学义务支教。

6. 我认为我做的不够好，现在每次想起在永昌的日子就抱怨自己当时为什么不多给学生讲些知识？为什么不给他们更多的帮助？现在我教的学生都参加考试了，高中的学生（参加）高考了，初中的学生（参加）中考了，只是由于我个人的一些原因，在他们考试之前我不得不提前离开（他们），现在听说他们都考得很好，（我）心里高兴得很。

（二）1. B C A　　2. C B A D　　3. B A C

（三）1. B_2　　2. B_1　　3. B_1　　4. B_2

（四）　　　　《可可西里自然保护区自然环境概况》

① 可可西里自然保护区位于青海西南部的玉树藏族自治州境内。西与西藏相接，南同格尔木唐古拉乡毗邻，北和新疆维吾尔族自治区相连，东至青藏公路，总面积4.5万平方公里。

② 可可西里地处青藏高原腹地，平均海拔在4600米以上，最高峰为布喀达板峰，海拔6860米；最低点在豹子峡，海拔4200

米。区内地势南北高，中部低，西部高而东部低。

③ 本区是羌塘高原内流湖区和长江北源水系交汇地区。东部为楚玛河为主的长江北源水系，水量较小，河流往往是季节性河流。西部和北部是以湖泊为中心的内流水系，湖泊众多。

④ 本区气候特点是温度低、降水少、大风多、区域差异较大。

⑤ 区内的土壤类型简单，多为高山草甸土、高山草原土和高山寒漠土壤，其次为沼泽土，零星分布的有沼泽土、龟裂土、盐土、碱土和风沙土。土壤发育年轻。受冻融作用影响深刻。

⑥ 区域内由于受到地理位置、地势高低、地形坡向及地表组成物质等各种因素的影响，自然景观自东南向西北呈现高寒草甸－高寒草原－高寒荒漠更替。

⑦ 本区生物区系种类少，哺乳动物中 11 种为青藏高原特有，鸟类 53 种，爬行类 1 种，鱼类 6 种。区内高等植物中青藏高原特有种 84 种。本区的特有生物种类不但是中国的珍稀动植物，而且为世界上所瞩目，在学术上和自然保护上均十分重要。

文体与篇章修辞

（二）C B A D

2 京剧人生

背景阅读与练习

（一）1. D 2. C 3. C 4. B 5. A 6. C 7. D 8. A 9. D

（二）D B A F E C

（三）C F A B D E

（四）A-③ B-② C-④ D-①   D E B A C

（五）A-② B-① C-④ D-③   B A D C

词语讲解与练习

（一）1. 名人　　　名气　　　名茶　　　名牌儿

2. 做秀　　　做功　　　做派　　　做祟

3. 衰落　　　衰败　　　衰弱　　　衰减

4. 时段　　　工段　　　路段　　　身段

5. 成就感　　疲惫感　　荣誉感　　失败感

6. 风流态　　妩媚态　　年轻态　　疯狂态

7. 跑来跑去　飞来飞去　转来转去

8. 一步三晃　一波三折　一步三摇

（二）1. 没落　　2. 创建　　3. 创立　　4. 区分　　5. 弘扬

6. 意味　　7. 衰落　　8. 发扬　　9. 划分　　10. 衰退

（三）（略）

（四）（略）

（五）1. 一成不变　　2. 风姿绰约　　3. 成千上万　　4. 大红大紫

5. 博大精深　　6. 风月无边　　7. 依依不舍　　8. 愁肠百结

（六）1. √　　2. ×　　3. √　　4. ×

5. √　　6. √　　7. ×　　8. √

（七）1. B　　2. A　　3. D　　4. C

（八）1. D　　2. C　　3. B　　4. B　　5. A

语法讲解与练习

（一）① 吃完饭再说。　　　　　　　　　　　　　　　　承接

② 想想也有几分高兴。　　　　　　　　　　　　承接

③ 你有什么想法就快说。　　　　　　　　　　　假设

④ 考不上大学我也有出路。　　　　　　　　　　假设

⑤ 条件好也没干出什么名堂来。　　　　　　　　转折

⑥ 文章不改不成精练。　　　　　　　　　　　　条件

⑦ 我越想越觉得奇怪。　　　　　　　　　　　　条件

⑧ 这种输入法一学就会。　　　　　　　　　　条件

⑨ 再大的困难我也要坚持。　　　　　　　　　假设

⑩ 她不把这个问题解决了不肯罢休。　　　　　假设

（二）A

（三）（略）

修辞提示与练习

（一）1. B_1　　2. B_1　　3. B_2　　4. B_2

（二）1. A　　2. A

（三）D 段中可以替代的部分：女演员——女性；男演员——男性

重新排序：B A D C

3 客家土楼

背景阅读与练习

（一）1. A　2. C　3. B　4. D　5. D　6. C　7. B　8. A

（二）C A B D

（三）B D C A E

（四）A-②　B-④　C-①　D-③　　　　C A D B

（五）A-③　B-⑤　C-①　D-④　E-②　　E C A D B

词语讲解与练习

（一）1. 和谐　　　和蔼　　　和平

2. 好吃　　　好斗　　　好战

3. 文论　　　文稿　　　文书

4. 典籍　　　典型　　　典论

5. 场面　　　场合　　　场地

6. 细则　　　细账　　　细情

7. 风景　　　　风度　　　　风格

8. 关押　　　　关张　　　　关门

9. 信守　　　　信任　　　　信赖

10. 防备　　　准备　　　　预备

(二) 1. 谦逊　　2. 结局　　3. 偏僻　　4. 独特

　　 5. 下场　　6. 偏远　　7. 奇特　　8. 谦虚

(三) (略)

(四) (略)

(五) 1. 固若金汤　2. 错落有致　3. 空前绝后　4. 潜移默化

　　 5. 淋漓尽致　6. 四通八达　7. 独具匠心　8. 叹为观止

(六) 1. C　2. C　3. A　4. B　5. C

(七) ① – b　② – j　③ – e　④ – i　⑤ – h

　　 ⑥ – g　⑦ – f　⑧ – c　⑨ – a　⑩ – d

语法讲解与练习

(一) 1. 没有……不……　　　强调都佩服白求恩，都被白求恩感动。

　　 2. 不是没有……　　　　肯定有大旱。

　　 3. ……未……没有……　肯定有"以人血染红顶子"之意。

　　 4. ……不无……　　　　强调有益处。

修辞提示与练习

(一) 1. B_1　2. B_2　3. B_1　4. B_1

(二) 分述段落：①　②　③　④

　　 总括段落：⑤

(三) C A B D

文体与篇章修辞

　　 A C B D

4 探索与发现

背景阅读与练习

(一) 1. C 2. D 3. D 4. B 5. B 6. C 7. B 8. A

(二) C B D A

(三) E C B A D

(四) A-② B-③ C-① D-⑤ E-④   C B E A D

(五) A-③ B-④ C-② D-① E-⑤   D A B E C

词语讲解与练习

(一) 1. 崇敬　　2. 健壮　　3. 隐藏　　4. 安放
　　5. 健康　　6. 崇拜　　7. 隐蔽　　8. 安置

(二)（略）

(三)（略）

(四) 1. 绝无仅有　2. 合情合理　3. 众所周知　4. 风云变幻
　　5. 与众不同　6. 大惑不解　7. 扑朔迷离　8. 另辟蹊径

(五)（略）

(六) 1. C 2. D

(七) 1. C 2. B 3. C 4. A 5. D

语法讲解与练习

略

修辞提示与练习

(一) 1. B_1 2. B_1 3. B_2

(三) B E A D C F

文体与篇章修辞

(二) ③ ④ ① ②

5 深情父亲

背景阅读与练习

（一）1. D 2. C 3. B 4. A 5. B 6. C 7. D 8. C 9. B

（二）D A C B

（三）B D A C

（四）A-③ B-⑤ C-① D-② E-④ D A C E B

（五）A-④ B-③ C-① D-② C A B D

词语讲解与练习

（一）1. 伤疤   2. 平时   3. 忘记   4. 疲惫
　　　5. 忘却   6. 伤疤   7. 平日   8. 疲倦

（二）略

（三）略

（四）1. 守株待兔   2. 东奔西走   3. 物是人非
　　　4. 祸不单行   5. 触目伤怀

（五）略

（六）1. D   2. B

（七）1. D   2. B   3. C   4. C

语法讲解与练习

略

修辞提示与练习

略

文体与篇章修辞

略

6 人口战略

背景阅读与练习

（一）1. C 2. C 3. B 4. A

   5. B 6. D 7. B 8. C

（二）C D A B

（三）D A C B

（四）A-④ B-③ C-① D-⑤ E-② D B A E C

（五）A-③ B-④ C-① D-⑤ E-② C E B A D

词语讲解与练习

（一）1. 预测 2. 束缚 3. 牵涉 4. 替换

   5. 预计 6. 牵扯 7. 替代 8. 约束

（二）略

（三）略

（四）1. 既是   不仅

   2. 但是   极其

   3. 连……都…… 按照   所以

   4. 究竟   出入   大大

（五）略

（六）1. C 2. B

（七）1. A 2. C 3. B 4. D

修辞提示与练习

1. （1）B_2 （2）B_2 （3）B_2 （4）B_2 （5）B_1

2. （1）B A C

  （2）A C B

  （3）C B D A

  （4）D E B C A

责任编辑：徐雁 唐琪佳 ／ 封面设计：张静

ROAD TO SUCCESS
A SERIES OF PROGRESSIVE CHINESE
TEXTBOOKS FOR FOREIGNERS

欢迎登录北京语言大学出版社网站
www.blcup.com

23.	细节	xìjié	(名)	细小的环节或情节。
24.	凝聚	níngjù	(动)	聚集；积聚。
25.	动乱	dòngluàn	(动)	（社会）骚动变乱。
26.	见效	jiànxiào	(动)	发生效力。
27.	蛮荒	mánhuāng	(形)	野蛮荒凉。
28.	精巧	jīngqiǎo	(形)	（技术、器物构造等）精细巧妙。
29.	防卫	fángwèi	(动)	防御和保卫。
30.	通风	tōngfēng	(动)	空气流通。
31.	保温	bǎowēn	(动)	保持温度，通常指使热不散出去。
32.	加重	jiāzhòng	(动)	增加重量。
33.	封闭	fēngbì	(动)	严密盖住或关住使不能通行或随便打开。
34.	进犯	jìnfàn	(动)	（敌军向某处）侵犯。
35.	投掷	tóuzhì	(动)	扔；投。
36.	倾倒	qīngdào	(动)	倒转或倾斜容器使里面的东西全部出来。
37.	观赏	guānshǎng	(动)	观看欣赏。
38.	风光	fēngguāng	(名)	风景；景象。
39.	抗击	kàngjī	(动)	抵抗并且反击。
40.	入口	rùkǒu	(名)	进入建筑物或场地所经过的地方。
41.	掺	chān	(动)	把一种东西混合到另一种东西里去。
42.	配置	pèizhì	(动)	配备布置。
43.	围攻	wéigōng	(动)	包围起来加以攻击。
44.	组合	zǔhé	(动)	组织成为整体。
45.	含蓄	hánxù	(动)	物理学上某些物质有吸收和储存水分、温度的能力。
46.	适宜	shìyí	(形)	合适；相宜。
47.	殃及	yāngjí	(动)	使受牵连或祸害。

48.	关闭	guānbì	(动)	关。
49.	清澈	qīngchè	(形)	清而透明。
50.	信仰	xìnyǎng	(动)	对某人或某种主张、主义、宗教极度相信和尊敬，拿来作为自己行动的榜样或指南。
51.	穿着	chuānzhuó	(名)	衣着；装束。
52.	附属	fùshǔ	(形)	属性词。某一机构所附设或管辖的（学校、医院等）。
53.	美德	měidé	(名)	美好的品德。
54.	嵌	qiàn	(动)	把较小的东西卡进较大东西上面的凹处（多指美术品的装饰）。
55.	撰	zhuàn	(动)	〈书〉写作。
56.	诞辰	dànchén	(名)	生日（多用于所尊敬的人）。
57.	秉承	bǐngchéng	(动)	承受；接受。
58.	遗址	yízhǐ	(名)	毁坏的、年代较久的建筑物所在的地方。
59.	缅怀	miǎnhuái	(动)	深情地怀念；追想（已往的人或事）。
60.	居室	jūshì	(名)	居住的房间。
61.	融洽	róngqià	(形)	彼此感情好，没有抵触。
62.	贯穿	guànchuān	(动)	贯串，从头到尾穿过一个或一系列事物。
63.	寂静	jìjìng	(形)	没有声音。
64.	凝重	níngzhòng	(形)	浓重。
65.	跋涉	báshè	(动)	爬山蹚水，形容旅途艰苦。
66.	谦逊	qiānxùn	(形)	谦虚恭谨。
67.	铭记	míngjì	(动)	深深地记在心里。
68.	恐惧	kǒngjù	(形)	惊慌害怕。
69.	戒备	jièbèi	(动)	对人有戒心而加以防备。
70.	防御	fángyù	(动)	抗击敌人的进攻。
71.	偏僻	piānpì	(形)	离城市或中心区远，交通不便。

72.	间或	jiànhuò	(副)	偶然；有时候。
73.	排斥	páichì	(动)	使别人或事物离开自己这方面。
74.	结局	jiéjú	(名)	最后的结果；最终的局面。
75.	冉冉	rǎnrǎn	(副)	慢慢地。

四字词语

1.	独一无二	dú yī wú èr	没有相同的或没有可以相比的。
2.	空前绝后	kōng qián jué hòu	从前没有过，今后也不会再有。夸张性地形容独一无二。
3.	包罗万象	bāo luó wàn xiàng	包罗，包括。万象，宇宙间的一切景象，指各种事物。形容内容丰富，应有尽有。
4.	无与伦比	wú yǔ lún bǐ	伦比，类比，匹敌。指事物非常完美，没有能跟它相比的。
5.	依山傍水	yī shān bàng shuǐ	指地理位置靠近山岭和水流。
6.	错落有致	cuòluò yǒu zhì	错落，参差不齐。致，情趣。形容事物的布局虽然参差不齐，但却极有情趣，使人看了有好感。
7.	从天而降	cóng tiān ér jiàng	降，下落。比喻出于意外，突然出现。
8.	独具匠心	dú jù jiàngxīn	匠心，巧妙的心思。具有独到的灵巧的心思。指在技巧和艺术方面的创造性。
9.	千辛万苦	qiān xīn wàn kǔ	各种各样的艰难困苦。
10.	壁垒森严	bìlěi sēnyán	壁垒，古代军营四周的围墙。森严，整齐，严肃。原指军事戒备严密。现也用来比喻彼此界限划得很分明。
11.	崇山峻岭	chóng shān jùn lǐng	崇，高。峻，山高而陡。高大险峻的山岭。

12.	固若金汤	gù ruò jīn tāng	金属造的城，滚水形成的护城河。形容工事无比坚固。
13.	岿然不动	kuīrán bú dòng	岿然，高峻独立的样子。像高山一样挺立着一动不动。形容高大坚固，不能动摇。
14.	安然无恙	ānrán wú yàng	恙，病。原指人平安没有疾病。现泛指事物平安未遭损害。
15.	意味深长	yìwèi shēncháng	意味，情调，趣味。意思含蓄深远，耐人寻味。
16.	四通八达	sì tōng bā dá	四面八方都有路可通。形容交通极便利。也形容通向各方。
17.	淋漓尽致	línlí jìn zhì	淋漓，形容湿淋淋地往下滴，比喻尽情、酣畅。尽致，达到极点。形容文章或说话表达得非常充分、透彻，或非常痛快。
18.	叹为观止	tàn wéi guān zhǐ	叹，赞赏。观止，看到这里就够了。指赞美所见到的事物好到了极点。
19.	断壁残垣	duàn bì cán yuán	残缺不全的墙壁。
20.	一应俱全	yìyīng jùquán	一应，一切。俱，都。一切齐全，应有尽有。
21.	潜移默化	qián yí mò huà	潜，暗中，不见形迹。默，不说话，没有声音。指人的思想或性格不知不觉受到感染、影响而发生了变化。
22.	无声无息	wú shēng wú xī	没有声音，没有气息。比喻没有什么动静或作为，不被人知道。

专有名词

		Liánhéguó Jiàokēwén Zǔzhī	
1.	联合国	教科文 组织	联合国教科文组织（UNESCO）。
		Yǒngdìng	
2.	永定		地名。位于闽西、粤东的交界处。

客家土楼

3. 客家 (Kèjiā) 指在4世纪初（西晋末年）、9世纪末（唐朝末年）和13世纪初（南宋末年）从黄河流域逐渐迁徙到南方的汉人，现在分布在广东、福建、广西、江西、湖南、台湾等省区。

4. 福建 (Fújiàn) 省份名。

5. 成化 (Chénghuà) 明朝年号（公元1465—1488）。

6. 美国中央情报局 (Měiguó Zhōngyāng Qíngbào Jú) CIA（Central Intelligence Agency）

7. 白宫 (Báigōng) 美国总统的官邸（the White House）。常作为美国官方的代称。

8. 环极楼 (Huánjí Lóu) 一土楼名。

9. 振成楼 (Zhènchéng Lóu) 一土楼名。按八卦图设计的最为典型的代表，建于1912年。

10. 华夏 (Huáxià) 中国的古称，泛指中华民族。

术语

1. 谱牒 (pǔdié) 〈书〉家谱。

2. 核反应堆 (héfǎnyìngduī) 使铀、钚等的原子核裂变的链式反应能够有控制地持续进行，从而获得核能的装置。简称反应堆。

3. 瞭望台 (liàowàngtái) 供人从高处或远处监视敌情的平台。

词语讲解与练习

一 词语例释

1. 依次

> 副词　按照次序的意思。

◎ 墙的基础宽达 3 米,底层墙厚 1.5 米,向上依次缩小,顶层墙厚也不小于 0.9 米。

① 所有东西,不得乱放,要依次摆放整齐。

② 大家排好队,依次上车。

📖 "依次"后面跟动词,常见搭配有"～入座""～就诊"。

③ 所有事情都要依法办理,不能胡乱来。

④ 你要依实说,不许有任何隐瞒。

📖 依,介词。表示行为遵从某一根据、标准。

⑤ 这件事,这次可不能依了你。

⑥ 院子里依墙筑起了一床"花台"。

📖 依,动词。有按照、挨着的意思。

2. 见效

> 动词　发生效力的意思。

◎ 古时,这里长期处于动乱状态,朝廷曾屡派大军镇压甚至屠城,均不见效。

① 中草药也存在药效不够稳定、见效较慢、原料来源受局限等缺点。

② 两国间或地区间的自由贸易协定具有时间短、见效快的特点。

📖 后面可跟程度补语。

③ 商家开展的巧克力、鲜花、礼品和浪漫大餐攻势在时尚人群中也颇为见效。

④ 因为他试用过这方面的特效药而毫不见效，所以才改用进口药物。

📖 "见效"前面可加"很""颇""特别"等副词修饰。

3. 抗击

动词 抵抗并且反击的意思。常用于书面。

◎ 炮台平时可观赏楼外场景和田园风光，战时可做瞭望台抗击外犯。

① 自今年一月以来，全国上下紧急动员，全力抗击雨雪冰冻灾害。

② 政府和人民永远不会忘记广大医护工作者在抗击非典的过程中作出的巨大贡献。

③ 禽流感在全体工作人员的抗击下，终于被阻隔在国门之外。

📖 "抗击"前面可加介词"对、在"构成介词结构。

④ 只要我们团结一心，就一定能把困难抗击回去。

⑤ 你们要这样一直抗击下去。

📖 后面可加趋向词"下去、回去"。

⑥ 我们要坚持到底，抗击到胜利来临的那一天。

📖 后面可加介词"到"。

4. 围攻

动词 包围起来加以攻击的意思。

◎ 相传，1931年，有国民党军队进攻苏区红色赤卫队驻地裕兴楼，围攻三日不下，炮弹射击土墙，爆炸处仅留一个脸盆大小的"疤"。

① 这个美丽的地方也经常遭受一些异族动植物的围攻。

② 她们在20多只乌鸦的围攻下，不得不放弃了原来的打算。

📖 "围攻"前面可加介词"对、在"构成介词结构。

③ 村民受到别有用心的人挑拨，竟然围攻起我们来。

④ 司令员发现，敌人正从四面向我们围攻过来。

📖 后面可加趋向词"起来、过来"等。

⑤ 听说那头母狼为了找回狼崽，领着一群狼一直围攻到天亮。
📖 后面可加介词"到"。

5. 组合

 组织成为整体。

◎ 楼中有楼，里低外高，与门窗、天井科学组合，通风采光好。

① 天津队唯有打出多变的战术组合，才能战胜对手。

② 他的这本书是由家信和散文组合而成的。

📖 动词，因组织而成为整体。

③ 甲壳虫乐队（Beatles）是历史上最有名的四人组合。

④ 汉语中词组的定义是：词组是词的组合。

📖 名词，组织起来的整体。

二 词语辨析

1. 奇特　独特

奇特

◎ 你知道福建永定的客家土楼有什么奇特之处吗？

◎ 形成一个个依山傍水、错落有致、布局合理、与大自然和谐统一的土楼群。其中尤以奇特的圆形土楼最富于客家传统色彩，最为震撼人心。

① 另有两株连理枝树，根部结连，而两树相距四五尺之遥，非常奇特。

② 如果说这小镇的面貌有什么奇特之处，那就是——这里几乎没有一块砖瓦，有的只是石头。

③ 这仙人桥，乃是横空飞架的一条巨大的石头，下面镂得精空，一座孤零零的造型奇特的桥。

④ 斜塔耸立于绿草如茵的广场上，背衬着蓝天白云，在阳光照射下，显得既奇特又有气势。

⑤ 李贺想象力丰富奇特，遣词造句不落俗套。

独特

◎ 你见到过的最具有独特风格的建筑物是什么？

◎ （人们）更深入地了解了客家人世代相传、和睦同居的大家族独特的生活方式……

① 他能画一手惟妙惟肖的人像，且有自己独特的风格。

② 对于学术上的问题，他总是能提出独特的见解。

③ 除鲁迅、叶圣陶外，在早期小说家中，郁达夫也有独特成就。

④ 中国的语言优美而严谨，她有着与世界各国不同的独特的民族文字，这是五千年历史积累下来的十分宝贵的民族文化。

异同归纳		奇特	独特
同	词性	形容词	
	词义	形容事物特别、与众不同	
	语体风格	通用于口语、书面语	
异	搭配对象	~形状 ~颜色 ~的想象力 ~的经历	风格~ 认识~ 性格~
	词义侧重	着重于奇怪而特别。多形容具体事物的形状、式样等，有时也形容"想象、经历"等抽象事物，如例①⑤	着重于独有而特别，多形容"风格、风味、情调、性格、见解、看法、本领、认识、创造、发现、成就"等抽象事物，有时也形容具体事物
	感情色彩		含别具一格的赞扬色彩

2 谦逊 谦虚

谦逊

◎ 经过千里艰难跋涉，他们以客人的身份，在这里谨慎而又谦逊地安下了新家。

① 他的笑容既谦逊又高贵。

② 我以前果然有过一点儿点儿深沉、大度、谦逊的表现吗?

③ 她只听到厂长最后说要表扬她,照例低声而又谦逊地笑了。

④ 他说得很诚恳、很谦逊,他也确实是这样想的。

谦虚

① 一知半解的人,多不谦虚;见多识广有本领的人,一定谦虚。

② 孙中山是一个谦虚的人。

③ 他们谦虚地说,这只是一点儿小小的功劳。

④ 他的为人是淳朴、热情、严谨、谦虚。

⑤ 只要你谦虚谨慎,努力工作,我就认定你是好同志。

异同归纳		谦逊	谦虚
同	词性	形容词	
	词义	形容人不骄傲自大,不自以为是,肯求教于别人,态度谦和	
	搭配对象	相同	
	感情色彩	褒义	
异	词语搭配	~有礼 ~下士	~谨慎
	词义侧重	着重于虚心、不自满而且恭谨有礼貌,如课文例句	着重于虚心、不自满肯向别人求教,肯接受批评意见
	语义轻重	比"谦虚"重	
	语体风格	多用于书面语	通用于口语、书面语

3. 偏僻　偏远

偏僻

◎ 想必随着一次次、一批批南来避难的中原人的到来,这南方偏僻山区里也在潜移默化地发生着一次次进化……

① 他不喜欢这小岛,它太偏僻了。

② 过去偏僻贫穷的山城,如今成了烟囱林立的工业城。

③ 在这个遥远而偏僻的山谷里，住着老猎人的女儿。

④ 这种事情不太常见，偶尔在偏僻的胡同里或许还可找到。

⑤ 用字有个秘诀，就是选现成的、概念明确的字，不要去找太偏僻的字。

偏远

① 要不是偏远，有什么理由设这个哨所？

② 站在山顶上，不仅可以眺望四周的风景，而且可以清楚地看见山脚那些偏远的小山村。

③ 在偏远的北方边疆，驻守着一支科学考察队伍。

异同归纳		偏僻	偏远
同	词性	形容词	
	词义	形容远离城市或中心地区的地方	
	语体风格	通用于口语、书面语	
	感情色彩	都表示一些不满、不如意	
异	搭配对象	可用于岛屿、山城、村镇、山区等，也可用于街道、胡同等，如例④；还可形容不常见的、不通俗的、冷僻的文字，如例⑤	多用于地区、边疆、山区、山城、村落
	词义侧重	着重于离都市或闹市、市中心等居民密集的地方远，不繁华，不热闹，交通不便	着重于离都市、中心地区等居民密集的地方很远，经济、文化、交通等都不发达
	语义轻重		比"偏僻"重

4. 结局　下场　

结局

◎ 环境的恶劣和间或发生的土著的排斥，终究只是插曲，最后的结局是客家人坚韧牢固地在这里落下了脚根。

① 聪明如吕洞宾也看不透那发展和结局。

② 他们握紧手中的武器，等待事情的结局。

③ 这样的结局，有何不好？

④ 到后来，一个类似惜春那样的结局就像一个狭小的笼子似的把她永远关在里边了。

下场

① 他活着别人就不能活，他的下场可以看到……

② 一切害人的人都自以为得计，到头来必定落个可耻的下场。

③ 搬起石头砸自己的脚，他们的失败下场是注定了。

④ 他到处招摇撞骗，到头来只落得个锒铛入狱的下场。

异同归纳		结局	下场
同	词性	名词	
	词义	指最后的结果、最终的局面	
异	搭配对象	多用于事物，也用于人。还专指文学作品中事或人的最后阶段，如例④	只用于人，常受"可耻、失败、灭亡、覆灭、应得、必然"等词语修饰
	词义侧重	着重指最后的或结束时的情形	着重指最后不好的结果
	语体风格	多用于书面语	通用于口语和书面语
	感情色彩	中性	贬义

三　词语搭配

1. 受理

～案件　　　　　未经～　　　　　～完毕

～快件业务　　　业已～　　　　　不～此类问题

不予～　　　　　准备～　　　　　得到～

2. 加重

病情～　　　　　～负担　　　　　～到承受不住
灾情～　　　　　～压力　　　　　～了一倍
责任～　　　　　～学业　　　　　～至300斤

3. 封闭

道路～　　　　　～落后　　　　　把校园～起来
思想～　　　　　～赌场　　　　　使其成为～状态
头脑～　　　　　～医院　　　　　被～得水泄不通

4. 观赏

不利于～　　　　～名花异草　　　～鱼
便于～　　　　　～杂技表演　　　～植物
不允许～　　　　～动物表演　　　谢绝～

四 练习

（一）模仿例子组成新词语

1. 和睦　　和____　和____　和____　和____
2. 好客　　好____　好____　好____　好____
3. 文献　　文____　文____　文____　文____
4. 典范　　典____　典____　典____　典____
5. 场所　　场____　场____　场____　场____
6. 细节　　细____　细____　细____　细____
7. 风光　　风____　风____　风____　风____
8. 关闭　　关____　关____　关____　关____
9. 信仰　　信____　信____　信____　信____
10. 戒备　　____备　____备　____备　____备

（二）选择恰当的词语填空

> 偏僻　谦虚　奇特　偏远　下场　独特　谦逊　结局

1. "沉静型领导者"还需具备的两种性格特质是_____和执着。

2. 彼德在赛后为这样的_____感到遗憾。

3. 有人发现四名十一二岁的少年从一个_____角门内抬出几副旧床架、旧椅子。

4. 毛葳的艺术作品有她自己的非常_____的风格和气质。

5. 大多数市民认为，与入侵者为伍的人只能得到一个可耻的_____。

6. 影片反映的是20世纪80年代末一个_____小山村里发生的故事。

7. 医生发现部分患儿出现模仿动作、重复言语、强迫动作或其他_____的行为。

8. 我们要始终保持_____谨慎、戒骄戒躁的作风。

（三）用指定词语完成句子

1. _____，人们都说从来没有见过。（奇特）

2. 他身上有许多优秀的品质，_____。（谦逊）

3. 没有毕业生愿意去那里教书，原因是_____。（偏僻）

4. _____，造成一死两伤的严重后果。（围攻）

5. _____，每个人都找到了理想的工作伙伴。（组合）

6. 医院里等待看病的人很多，_____。（依次）

7. 世界各国人民都需要一个_____。（和谐）

8. 经过了种种磨难，他们还是结婚了，终于_____。（结局）

（四）用指定词语完成下列对话

1. A：到农民家里做客有什么感受？
   B：_____。（好客）

2. A：吃了儿子从美国带回的药，你觉得怎么样？

B：_____。（见效）

3. A：你们不是已经向法院提起诉讼了吗？

　　　B：_____。（受理）

4. A：汽车票由原来的两元涨到四元，怎么样？

　　　B：_____。（加重）

5. A：你的电脑运算速度比我的快多了！

　　　B：_____。（配置）

6. A：_____。（观赏）

　　　B：有了这个平台，相信这里以后定会吸引大批游客的。

7. A：_____。（穿着）

　　　B：这是白族的民族服装，当然与众不同。

8. A：_____。（附属）

　　　B：所以孩子才不能一切都听父母的。

9. A：_____。（寂静）

　　　B：是啊，这里真是休养度假的好地方！

10. A：_____。（戒备）

　　　B：俗话说：害人之心不可有，防人之心不可无啊！

（五）选择适当的四字词语填空

| 空前绝后 | 错落有致 | 独具匠心 | 四通八达 |
| 固若金汤 | 淋漓尽致 | 叹为观止 | 潜移默化 |

1. 在离婚盛行的时代，似乎唯有我们的婚姻_____。

2. 沿途_____的白色大理石建筑让我为之心动。

3. 秦王朝的成功可以说是_____的。

4. 人们的精神也在这_____的审美中得到升华。

5. 李修文的叙事才能又一次得到了_____的表现。

6. 北京的开放还表现在_____的路网把国内主要城市都连接起来了。

7. 此次共展出了两百多个造型奇特、色彩鲜艳、_____的插花作品。

8. 表演者的勇气和惊险动作令观众_____。

(六) 下面每段话都画出了 ABCD 四个部分，请挑出有错误的部分

1. 我们不应把城市型的住宅搬到农村去，更要避免重犯城市住宅建设中的某些
      A   B

   弊病，创造出具有我国传统风格的居民新格局建设，来代替那些单调呆板的
       C   D

   城市住宅。　　　　　　　　　　　　　　　　　　　　　　　　　　（　　）

2. 陕北人建窑洞可就地取材，施工简便，造价低廉，容易保养，不易毁坏；并且
     A   B

   隔热保温好，冬暖夏凉，的确是高寒的黄土高原上最理想的民居。　　（　　）
    C   D

3. 标准的四合院，坐在北向南，坐在南向北，大门多偏离中轴线 。门内有照壁、
         A

   小院、院后是主房及东西厢房，大门两边建有围墙，平面呈长方形或正方形。
     B   C

   大门一关，自成一家。　　　　　　　　　　　　　　　　　　　　　（　　）
     D

4. 原来空旷寂静的草原，站起立起连绵密集的蒙古包，一座座临时市集，摆开了
    A   B   C

   琳琅满目的商品。　　　　　　　　　　　　　　　　　　　　　　　（　　）
    D

5. 傣族人民文明有礼，爱好清洁，热情好客。到傣族做客，是一种很好的生活
    A   B   C   D

   感受。　　　　　　　　　　　　　　　　　　　　　　　　　　　　（　　）

（七）选择最恰当的句子与四字词语连线

① 张家界优美的风景　　　　　　　独一无二 a.
② 当地人对这个故事　　　　　　　无与伦比 b.
③ 他设计的服装总体风格　　　　　依山傍水 c.
④ 这只猫走起路来　　　　　　　　从天而降 d.
⑤ 房间里的设备　　　　　　　　　浑然一体 e.
⑥ 孩子们都　　　　　　　　　　　岿然不动 f.
⑦ 大楼在风雨中　　　　　　　　　安然无恙 g.
⑧ 他家乡的位置　　　　　　　　　一应俱全 h.
⑨ 长城在世界上　　　　　　　　　无声无息 i.
⑩ 她的突然出现仿佛　　　　　　　津津乐道 j.

语法讲解与练习

一　双重否定

双重否定句是相对于单纯否定句而言的，它用否定加否定的形式，表达肯定的语义。双重否定句的作用是加强语气。

双重否定句主要有三种形式：

1. 两个否定副词连用

◎ 他们的社会观、道德观、文化观、家族民系意识等客家精神，莫不在这些土楼楹联题刻中得到淋漓尽致的展现。

 强调：客家精神得到充分展现。

① 这件事我不去不行。

 强调：一定得我去。

② 没有共产党就没有新中国。

📖 强调：只有中国共产党能够救中国。

2. 一个否定副词加上一个否定意义的动词

◎ 可别小瞧这复杂的构造，每一个细节无不凝聚着客家人的独具匠心。

📖 强调：全部凝聚客家人的心思。

③ 没有过不去的火焰山。

📖 强调：一定能战胜困难。

3. 否定副词（或否定意义的动词）加上反问语气

④ 敢于这样做的人，难道不是一个英雄吗？

📖 强调：是英雄。

⑤ 这个时代，还有不看重金钱的人吗？

📖 强调：全都看重金钱。

二 练习

（一）找出下列句子中的否定词语，指出肯定或强调的语义是什么

1. 从前线回来的人说到白求恩，没有一个不佩服，没有一个不为他的精神所感动。

2. 南方不是没有大旱，可是成灾的时候较少，就因为老百姓有浇水的习惯。

3. 民国元年以前稍不同，先是说康党，后是说革党，甚至于到官里去告密，一面固然在保全自己的尊容，但也未始没有那时所谓"以人血染红顶子"之意。

4. 只要想通了这一问题，学业上该是不无益处的。

（二）请找出本课第一部分的双重否定句

修辞提示与练习

一 篇章的主题推进——分总式

我们知道，汉语的文章（语段）是由许多语义关系密切的句子组成的，为了说明一个主题，句子或语段之间，可以先分别说明，然后总括说明句子间（或段落间）的语义关系，这就是分总式的主题推进。例如：

a. 相传，1931年，有国民党军队进攻苏区红色赤卫队驻地裕兴楼，围攻三日不下，炮弹射击土墙，爆炸处仅留一个脸盆大小的"疤"，裕兴楼岿然不动。b. 永定历史上发生过七次强烈地震，却从未发生土楼坍塌事故；环极楼经历1918年大地震，外墙裂开尺许，震后自动复原，至今只留下一条丈余裂缝。c. 任凭风雨侵袭，地下水浸，夯筑在生土台基或石脚上的土楼，日久年深，仍安然无恙。

上面这段话中，a、b先后例举"裕兴楼""环极楼"在历史的各个时期所经历的战乱与破坏，最后都没有损毁土楼。c句，总结说明客家土楼之坚固。

 分说的各部分是平行关系，常用的连接词语与平行关系语段的连接词语相同；而分述和总说之间是承接关系，常用的衔接词语有"总而言之""一句话""总而括之""总的说来""综上所述""到此为止"等。

我对松树怀有敬意的更重要的原因是它那种自我牺牲的精神。你看，松树的干是用途极广的木材，并且是很好的造纸原料；松树的叶子可以提炼挥发油；松树的脂液可以制松香、松节油，是很重要的工业原料；松树的根和枝又是很好的燃料。更不用说在夏天，它用自己的树枝挡住炎炎烈日，让人们在如盖的绿荫下休憩；在黑夜，它可以劈成碎片做成火把，照亮人们前进的路。<u>总之一句话</u>，为了人类，它的确做到"粉身碎骨"的地步了。

 分总关系的语段主要用在议论文或说明文中，用这种方法组织语段，甚至整个篇章，可以得出更令人信服的结论。

二 练习

（一）根据分总式，判断句 A 后面的语句如何展开

1. A．一种人是见好处就上，决不考虑别人；另一种人是嘴上说一套，背地里做一套。（　　）

   B_1．一句话，这些人都是令人厌恶，不能与之合作共事的。

   B_2．让我说一句话，就说这些人都是令人厌恶，不想与之合作的。

2. A．听说这种药可以治疗肚子疼，也可以预防肠炎等夏季肠道疾病。（　　）

   B_1．还有比这种药好的药没有？

   B_2．总之，这是那种又便宜又好的药。

3. A．今年夏天那里发生了洪灾、瘟疫，到了冬季又下了近 50 年来最大的一场暴风雪。（　　）

   B_1．总之，今年那里需要政府大量的拨款，以救济灾民。

   B_2．你们知道今年那里需要政府大量的拨款，以救济灾民。

4. A．走进一座座围屋，仿佛走进了一座座客家文化艺术的殿堂，嵌在柱上的楹联，天花板的精美彩绘，卷棚上的祥兽花卉装饰，千变万化的木雕、石雕，让人目不暇接。（　　）

   B_1．多姿多彩的客家民风民俗，展示了客家文化的风采，也是吸引许许多多游客的无穷魅力吧。

   B_2．我觉得，这些多姿多彩的客家民风民俗，展示了客家文化的风采。这些就是吸引许许多多游客的无穷魅力。

（二）分析下面的短文，指出哪些段落是分述，哪些段落是总括

① 承启楼位于高头乡高北村，据传从明崇祯年间破土奠基，至清康熙年间竣工，历世三代，阅时半个世纪，其规模巨大，造型奇特，古色古香，充满浓郁的乡土气息。

② "高四层，楼四圈，上上下下四百间；圆中圆，圈套圈，历经沧桑三百年"，这是对该楼的生动写照。

③ 承启楼直径73米，走廊周长229.34米，全楼为三圈一中心。外圈四层，高16.4米，每层设72个房间；第二圈二层，每层设40个房间；第三圈为单层，设32个房间，中心为祖堂，全楼共有400个房间，三个大门，两口水井，整个建筑占地面积5376.17平方米。全楼住着60余户，400余人。

④ 承启楼以它高大、厚重、粗犷、雄伟的建筑风格和院落端庄、秀丽、脱俗的造型艺术，融入如诗的山乡神韵，让无数参观者叹为观止。

⑤ 1981年承启楼被收入中国名胜辞典，号称"土楼王"，与北京天坛、敦煌莫高窟等中国名胜一起竞放异彩。

(三) 阅读各段，并且按照分说——总述的方式重新排列

A. 过去傣家人的等级、辈份是非常严格的，体现在竹楼的建造上也很明显。比如凡是长辈居住的楼室的柱子不能低于六尺，楼室比楼底还要高出六尺，室内无人字架，显得异常宽敞明亮，竹楼的木梯也有规定，一般要在九级以上。晚辈的竹楼一般较差一些，首先高度要低于长辈的竹楼，其次木梯也只能在七级以下，室内的结构也显得简单许多。

B. 整个竹楼的所有梁、柱、墙及附件都是用竹子制成的，竹楼上的每一个部分都有不同的含义。走进竹楼就好像走进傣家的历史和文化，傣家的主人会一一告诉你它的含义。竹楼的顶梁大柱被称为"坠落之柱"，这是竹楼里最神圣的柱子，不能随意倚靠和堆放东西，它是保佑竹楼免于灾祸的象征，人们在修新楼时常常会弄来树叶垫在柱子下面，据说这样做会更加坚固。除了顶梁大柱外竹楼里还有分别代表男女的柱子，竹楼内中间较粗大的柱子是代表男性的，而侧面的矮柱子则代表着女性；屋脊象征凤凰尾，屋角象征鹭鸶翅膀……

C. 傣家竹楼的造型属干栏式建筑，它的房顶呈"人"字型，西双版纳地区属热带雨林气候，降雨量大，"人"字型房顶易于排水，不会造成积水的情况。一般傣

家竹楼为上下两层的高脚楼房，高脚是为了防止地面的潮气，竹楼底层一般不住人，是饲养家禽的地方。上层为人们居住的地方，这一层是整个竹楼的中心，室内的布局很简单，一般分为堂屋和卧室两部分，堂屋设在木梯进门的地方，比较开阔，在正中央铺着的大竹席，是招待来客、商谈事宜的地方，在堂屋的外部设有阳台和走廊，在阳台的走廊上放着傣家人最喜爱的打水工具竹筒、水罐等，这里也是傣家妇女做针线活儿的地方。堂屋内一般设有火塘，在火塘上架一个三角支架，用来放置锅、壶等炊具，是烧饭做菜的地方。从堂屋向里走便是用竹围子或木板隔出来的卧室，卧室地上也铺上竹席，这就是一家大小休息的地方了。整个竹楼非常宽敞，空间很大，也少遮挡物，通风条件极好，非常适宜于西双版纳潮湿多雨的气候条件。

D. 随着旅游业的发展，我们不仅在云南能看到美丽的竹楼，在许多旅游景区，也能领略它的独特风采。无论在哪里，只要你走进竹楼，一定会有不同的精彩迎接你。

重新排序_____

 三　文体与篇章修辞

（一）游记

把自己游览时的所见、所闻、所感记叙下来，这样的文章就叫游记。

写游记的目的有两种。一是写给别人看，这包括一些专栏作家的游记文章和一些旅游杂志、地理杂志的景点介绍。前者如余秋雨的文化哲理游记、三毛的异域风情游记等，这些专栏作家通过对地理见闻或旅途见闻的描述，为我们介绍风土人情、历史典故，阐释深刻的哲理，抒发浪漫的情思；后者多是对风景名胜作客观介绍，提供旅行参考，或者作科学考察，进行学术交流，如我们的课文《客家土楼》。二是写给自己看。这类游记多是给自己留下回忆的照片，重细节，更重自己的感受。

(二) 阅读各段，按照篇章分总式重新排序

A. 初识三峡，应从宜昌、巫山开始。长江之雄险，莫过于三峡。三峡有李白"轻舟已过万重山"的潇洒，更有"蜀道难，难于上青天"的感叹，这一切的耳闻，实在抵不上亲身的体验。当你站在葛洲坝上，上游是青山夹岸，滔滔江水从远处蜿蜒曲折流淌下来；下游却是一马平川，江面开阔，水天一色。在一片雾气中，长江融入天尽头。乘上开往巫峡的快艇，在西陵峡里逆流飞驰，任由猛烈的江风迎面而来。远处，三峡大坝隐隐浮现。一座铜灰色的高墙由远及近，愈来愈高大，逐渐在眼前清晰起来。登上三峡大坝最高处——坛子岭，凭栏眺望，只见高峡平湖就在眼前延伸。巍然耸立的三峡大坝如一条巨龙横江，和两岸的群山手挽着手，将一江波涛紧紧地揽在怀里。如果能观赏到泄洪的壮观景象，实为一件幸事。巨大的水流从闸口喷射而出，宽约400米的泄洪闸口里翻江倒海，波涌浪突，水雾弥漫飘卷，遮天蔽日，景象真是令人叹为观止。

B. 山奇、水急、滩险，三峡的美丽展示了大自然造化的神奇。登雄奇险秀之山，游幽奥旷灵之水，你若有闲暇，不妨让自己成为一叶小舟的主人，观山戏水，来一趟梦幻的三峡之旅吧！

C. 继续深入三峡腹地，经过了香溪，经过了巴东县城，这时你会感受到与下游全然不同的古朴美。船平静地行驶在瞿塘峡里，长江在这一段显得尤其狭窄，主航道并不是笔直地在中央位置，船忽左忽右地航行着，有时候离岸边非常近，似乎伸手就可以触摸到突兀的怪石。到了夔门，两岸的悬崖直直地插在水里，江面更窄，水流更加湍急。在交通发达的今天，你仍然会真实地感受到蜀道的艰难。

D. 1956年，毛泽东主席在畅游长江时写下过响遏行云的诗词："更立西江石壁，截断巫山云雨，高峡出平湖，神女应无恙，当惊世界殊。"50多年过去了，梦想变成了现实，三峡枢纽工程建成，一座大坝在滚滚长江上，"筑"起了中华民族新的长城。

重新排序＿＿＿＿＿＿＿

表达与写作

● **表达训练**

1. 请介绍你见到过的最具独特风格的建筑物。
2. 请说说福建永定客家土楼的奇特之处。
3. 请说说福建永定客家土楼的建筑材料和建筑方法。
4. 你听说过对联吗？它有什么用途？土楼中的各种楹联有什么作用？
5. 请说说当初客家人在福建修建土楼的初衷。
6. 你怎么理解蕴涵在客家土楼这种居住形式背后的社会意义？

● **写作训练**

试从以下话题中任选其一，题目自拟，写一篇不少于800字的游记体短文。

要求：尽量参考并尝试使用本课所学的重点词语。

选题一
　　简单介绍一座贵国最有名的建筑及其文化内涵。

选题二
　　将你对北京四合院的了解整理成文字。

选题三
　　我看客家土楼。

扩展空间

名家典藏

谢重光　　《闽台客家社会与文化》　　福建人民出版社

媒体资源

《中华民居——客家土楼》　　www.cctv.com
《中国古村落——客家土楼》　　环球魅力

词语追踪

土围子　　　连排别墅　　　四合院
客家土楼　　复式住宅　　　跃层公寓

4 探索与发现

背景阅读与练习

一 阅读文章，按要求完成各项练习

（一）
者来寨的古罗马人后裔

① 甘肃省永昌县境内的者来寨村原本是一个古老的具有异国情调的土城堡。到了 20 世纪后，城堡渐渐成了断壁残垣。但不管怎么变迁，者来寨的人们却一直保持着他们固有的民俗：吃着类似欧洲人做的比萨饼，保持着一种对牛的传统崇拜，每到节日总要做一些类似牛头的面食做祭祀用品，村民们经常手执红布进行斗牛表演。这里的每一代人中总有一些相貌酷似欧洲人：身材高大，高鼻梁，深眼窝，头发棕黄并弯曲，汗毛较长，皮肤为深红色。

② 20 世纪 90 年代，一名叫关意权的历史学家踏进了者来寨。者来寨人的身世之谜终于被解开了。

③ 关意权，1944 年毕业于南京金陵大学历史系。1975 年，一直从事中亚史、罗马帝国东迁研究的他意外地发现了一个有趣的现象，2000 多年前一支罗马军团在征战中突然消失，时间与中国设立骊靬（Líqián）县的时间大致相同，而"骊靬"则是过去中国人对罗马的称谓。那么，两者之间究竟有什么联系呢？关意权决心进行深入探究。

④ 公元前 53 年，强大的古罗马出兵 4 万，由克拉苏统帅军队进行征战，在安息（今伊朗）获取了大片的土地并掠夺了大量的金银财宝。一年后却陷入重围，遭惨败，剩余部队退向亚美尼亚。但就在这里，波斯的军队又出其不意地将他们包围起来。经过激战，克拉苏的长子所指挥的第一军团的 6000 人侥幸（jiǎoxìng）逃脱灭顶之灾（miè dǐng zhī zāi）。几年之后，罗马帝国与安息签订了和约，开始相互遣返战俘。遣返

之后,罗马人大失所望:当年突围出来的第一军团竟然没有一丝踪影。

⑤ 第一军团的消失成了罗马史上的一桩悬案(xuán'àn),千百年来一直困扰着西方史学界。

⑥ 关意权在研究中发现,近年来这桩悬案在中国得到了新的史学解释:2000年前,这支突围出去的罗马帝国第一军团有近千名官兵被西汉军队所俘虏,遣送到了中国西部腹地。据中国史籍《汉书·陈汤传》记载:公元前36年,汉西域都护甘延寿和副校尉陈汤,带领4万精兵走出西域,讨伐郅支(Zhìzhī)单于(Chányú),在征战的过程中,他们看到了单于手下的一支很奇特的雇佣军。有史学家认为,当年陈汤等看到的这支队伍一定是曾被单于降服的罗马军队。依此推断,这一时期所出现的罗马军队,定是在此前失踪的罗马第一军团的残军!

⑦ 史书上记载,甘延寿、陈汤等将士把这些罗马战俘带回了中国,并让他们定居下来。这时,汉朝设置了一个特别的县,即"骊靬"县,同时修起了骊靬城。可见,以国名定为县名,其原因只有一个:那就是这里定居的是罗马人。

⑧ 只有找到骊靬古城,才能找到这座古城与古罗马人的联系。

⑨ 20世纪80年代,关意权从兰州出发,沿着河西走廊向西行进,按史书上介绍的汉代甘延寿军队的活动路线,实地考察当年罗马人可能的落脚之处。

⑩ 1989年,关意权的长子关亨也随父亲一起加入了解开罗马军团消失之谜的行列。

⑪ 1996年,在兰州大学历史系教授陈正义的支持和帮助下,关意权和他的长子关亨查阅了大量的地方史志,整理了50多万字的研究笔记,对中国西部戈壁滩上的70多座古城遗址进行了多方面的考证。他们查到甘延寿安置这批罗马战俘的落脚点就是今天的甘肃永昌县。一件件出土文物证实,甘肃永昌县的者来寨古城遗址,正是关氏父子寻找多年的骊靬古城遗址,也正是罗马战俘的聚居地。

⑫ 者来寨的村民们讲汉语,族系也为汉族,共有400多人,其中200多人有欧洲人的相貌特征。前不久,中国科学院古人类研究所的科研人员对者来寨300多人进行了DNA分析,认为这里的村民们确实有欧洲人的血统。

(摘自《人民日报海外版》,2002年1月25日,有删改)

根据文章内容，选择正确答案

1. "但不管怎么变迁，者来寨的人们却……"，其中"变迁"的意思是： （ ）
   A. 人们搬家迁徙　　　　　　B. 阶级变换搬迁
   C. 时间变化转移　　　　　　D. 时间停止不变

2. "他意外地发现了一个有趣的现象"，其中"意外"的意思是： （ ）
   A. 意料到了的　　　　　　　B. 意料之中的
   C. 意料之内的　　　　　　　D. 意料之外的

3. "克拉苏的长子所指挥的第一军团的6000人"，其中"长子"的意思是： （ ）
   A. 个子最高的　　　　　　　B. 个子最大的
   C. 年纪比较大　　　　　　　D. 最大的儿子

4. "带领4万精兵走出西域，讨伐郅支单于"，其中"讨伐"的意思是： （ ）
   A. 被人进攻　　　　　　　　B. 出兵攻打
   C. 出兵保卫　　　　　　　　D. 出兵防守

5. "陈汤等将士把这些罗马战俘带回了中国"，其中"战俘"指的是： （ ）
   A. 战争中被捉住的中国人　　B. 战争中被捉住的罗马人
   C. 被捉的罗马人和中国人　　D. 战争中被打死的敌人

6. "实地考察"的意思是： （ ）
   A. 在书本中查找根据　　　　B. 实际地考证和调查
   C. 到现场去考证调查　　　　D. 实实在在地去调查

7. "他们查到甘延寿安置这批罗马战俘的落脚点就是……"，其中"落脚点"指的是：
   　　　　　　　　　　　　　　　　　　　　　　　　　　　　（ ）
   A. 永远居住的地方　　　　　B. 长期居住的地方
   C. 打算居住的地方　　　　　D. 暂时居住的地方

8. "其中200多人有欧洲人的相貌特征"，其中"相貌"指的是： （ ）
   A. 身体、面部的样子　　　　B. 人面部长的样子
   C. 人们长的很不像　　　　　D. 人们长的很相像

简要回答下列问题

1. 甘肃省永昌县者来寨村的村民有什么固有的民俗？

2. 关意权意外地发现了什么有趣的现象?

3. 说者来寨的村民是古罗马军团的后裔有什么依据?

二  快速阅读下列各段，按逻辑关系将各段重新排序

（二）   限时：2 分钟

A. 第一军团的消失成了罗马史上的一桩悬案（xuán'àn 没有找到答案或结果的案件），而这桩悬案千百年来一直困扰着中西方史学界。

B. 33 年后，罗马帝国与安息在经历了无数次大大小小的战争之后，终于化干戈（gāngē 武器）为玉帛（yùbó 财物），签订了和约，双方开始相互遣返（qiǎnfǎn 返还人员）战争俘虏（fúlǔ 被敌方抓住的军人）。

C. 公元前53年，古罗马统帅克拉苏率领大军东征安息（今伊朗东北部），遭到安息军队的围歼（wéijiān 被包围而消灭），统帅克拉苏被俘斩首（zhǎnshǒu 砍头），一度（yídù 曾经）所向无敌的罗马军团几乎全军覆没，只有克拉苏的长子普布利乌斯所率的第一军团约6000余人拼死突围（tūwéi 突出包围圈）。

D. 当罗马帝国要求遣返被俘的官兵时，安息国当局否认此事。罗马人惊奇地发现，当年突围的古罗马第一军团6000余人神秘地失踪了。

重新排序

（三） 限时：2.5分钟

A. 世界上具有这种欧亚西部T类群个体的有10例，分别属于信奉（xìnfèng 相信、崇拜）拜火教的帕西人（Parsee）及波斯人和库尔德人。按照考古学界定，欧亚西部便属于欧洲范围。

B. 为进一步判断这些人骨，2004年9月，复旦大学现代人类学研究中心研究员在121具遗骨中，随机抽取了50个样本进行DNA检测。测试的结果在几个月之后出来，成功提取的15个遗骸样本中有一个具有"欧亚西部特征"，而且属于比较典型的欧亚西部T类群个体。

C. 一个多月后，考古队在窑（yáo 烧制砖瓦的建筑物）址旁边一个距地表约10米左右深的大坑中发现了百余具人体骨架（gǔjià 骨头架子）。大坑位于秦始皇陵（líng 陵墓）东侧，形状不规则，恰似乱葬岗（luànzànggāng 墓地）。"大多数人都是在死后很快就被随意扔弃于此处。"考古队最后确认骨架个数共为121个。根据现场专家们初步推测，他们是因修建秦始皇陵工程而死去的劳动者。

D. 在考古界看来，这次发现"洋劳工"在2200年前已"来到"中国腹地，其意义犹如在金字塔修建者中发现了东方人一般，在东西文化交流史上具有重大意义。而另一方面可以作为解开秦始皇陵谜团的有力证据。

E. 2003年2月，秦始皇陵考古队按照往常的惯例，开始对一处秦代烧制砖瓦窑址进行清理。窑址位于临潼区秦俑馆前，曾受到南部骊山上洪水的冲刷。

重新排序

三　选择正确的句子填到各段中，并按逻辑关系将各段重新排序

（四）　限时：3.5 分钟

语句
① 文章中说
② 从简文中
③ 其后还被一些学术著作引证过
④ 其中有些有明确年代记载
⑤ 不难看出

A. _____，我们不仅可以看到骊靬设县的时间早在公元前 60 年以前，而且还可看到骊靬县当时大致的情况。当时的骊靬，不到万人，设长（zhǎng　县长）而不设令。除"骊靬长"外，还有"骊靬尉""骊靬尉史""骊靬佐"等。县下辖乡虽不得而知（一般为 2～3 个），但简文中记载的"里"有"宜道里""当利里""常利里""万岁里""武都里"等。

B. 古罗马军队残部流落中国的说法最早来自英国人德效骞（qiān）于 1957 年在伦敦发表的《古代中国境内一个罗马人的城市》，_____。至于把汉代"骊靬"和西域的"黎轩"（Líxuān）从发音上联系起来，则最早始自汉唐人服虔和颜师古。

C. 《光明日报》2000 年 5 月 19 日曾发表文章，_____，中国有一些专家认为汉代骊靬城与罗马战俘无关。

D. 经过对汉简的考证，_____，早在公元前 60 年以前，骊靬县就已设立，且政治经济已发展到相当规模。它既早于公元前 36 年陈汤伐郅支，也早于公元前 53 年的卡尔莱战役。那种认为西汉骊靬的设立与卡尔莱战役中的罗马战俘有关的说法纯属子虚乌有（zǐxū wūyǒu　没有依据或根据）。

E. 早在英国学者德效骞发表《古代中国境内一个罗马人的城市》之后，中国台湾学者杨希枚就于1969年在台湾《书目季刊》上发表了《评德效骞的〈古代中国境内一个罗马人的城市〉》，对德氏一些牵强（qiānqiáng 勉强把两件没有关系或关系很远的事物拉在一起）之辞进行了驳议。近来笔者整理20世纪70年代发掘的金关汉简和90年代发掘的悬泉汉简，接触到若干关于骊靬的记载，_____，这对判定骊靬县的设县时间乃至是否与公元前53年卡尔莱战役中的罗马战俘有关具有重大价值，它将使这一争论十数年甚至数十年的历史悬案得以澄清（chéngqīng 说清楚或说明白）。

选择语句填充 _____

重新排序 _____

（五）  限时：5 分钟

语句
① 形成了军团作战体制
② 向方阵队形演变
③ 装备稍差的步兵分队
④ 是整个军队的中坚
⑤ 其中包括300名骑兵

A. 首先，在古罗马王国和古罗马共和国的初期，士兵是从公民中动员起来的，他们必须自备武器，因此，骑兵及武器装备较好的重步兵来自最富裕的阶层，此外还有_____。各种部队均以一百人为单位进行编队，称为"百人队"。早期的古罗马军队的作战队形是方阵。随着武器装备的改进，到了公元前300年左右的时候，古罗马逐渐形成了由支队组成的军团作战体制。

B. 其次，古罗马军队的士兵有四种类型，他们都是自由公民。第一类是少年兵或称轻步兵，年龄最小，最灵活敏捷，但缺乏训练；第二类是青年兵，年龄稍大，经验较多，是军团重步兵的第一战列；第三类是壮年兵，平均年龄约30岁，他们成熟、顽

强，经验丰富，_____，是军团重步兵的第二战列；第四类是成年兵，年龄最大，老成稳健，是军团重步兵的第三战列。

C. 最后，到公元前100年左右，古罗马逐渐扩展成为一个帝国，由于其疆土日益扩张，使得连年不断的战争规模越来越大。采用每个征募公民来组建民兵的办法已不能满足军队兵力的需要，必须建立一支由专职士兵组成的常备军，从而导致了由步兵大队组成的古罗马军团的发展。为了适应形势的要求，古罗马执政官马留对罗马军事体制进行了改革，使古罗马军团逐步_____，并把步兵大队作为基本的战术组织，每个军团仍由10个大队组成，每个大队有400～500人。罗马军事体制改革后，提高了作战的机动性和灵活性，并且在高明的军事将领的指挥下，不断战胜强大的敌人。

D. 古罗马军团和蒙古铁骑，一前一后，是古代人类战争史早期和中期出现的两股强大势力。古罗马先后经历了古罗马王国、古罗马共和国和古罗马帝国三个时期。在其走向崛起、强盛的过程中，经历了多年的战争。在吸取多年的作战经验和教训的基础上，古罗马人对其军队的组织体制和战术不断进行改进和完善，_____，并对人类的军事学说产生了重大影响。现在让我们一起了解一下古罗马军队的体制。

E. 除了士兵有四种类型外，古罗马军队的基本战术组织是小队，每个小队由两个百人队组成。百人队原为100人，后减为60～80人。古罗马的军团相当于现在的一个师，它由10个大队组成，约4500～5000名士兵，_____。在古罗马共和国时期，每个军团配有一个联合军团，他们两者的组织体制相同，不过联合军团的骑兵通常有600人。古罗马军团与联合军团合起来，相当于现在的一个军，约9000～10000人，其中约有骑兵900人。两个古罗马军团加上两个联合军团组成一个由执政官统帅的集团军，由两名罗马执政官中的一名指挥。每个执政官统帅的集团军通常有1.8～2万人。

选择语句填充 _____

重新排序 _____

成功篇·第一册

课　文

课文导读

甘肃省永昌县的者来寨本是个不为人知的小村落，近年来却引起了国内外媒体的热切关注，这是为什么呢？

思考题

1. 你听说过消失的古罗马第一军团吗？
2. 你研究过中国的民俗风情吗？有什么特别发现？
3. 你对者来寨村民有什么看法？

蓝眼睛的中国村民

裴　宁

提起甘肃，大家可能马上会想到闻名遐迩的敦煌莫高窟，还有大漠、黄河等等壮观的景色。除此之外，您可能一时也想不起来更多的旅游景点。但近几年，甘肃境内一个本不为人知的小村庄却令不辞劳苦的游客纷至沓来，同时也让众多学者接踵而至。一时间，考古发掘、学术研究在这个神秘的村庄展开。

奇怪现象

进入者来寨会给人一种置身于异国他乡的感觉。

这个神秘的村庄位于甘肃省永昌县境内，当地人把它称做"者来寨"。这里常年干旱少雨，沙化现象十分严重，这使原本贫瘠的土地看上去显得更加荒凉。远远望去，"者来寨"紧紧依靠在绵延起伏的祁连山下，和其他中国西部的乡村一样，用黏土夯筑的土坯房构成了整个村庄的全貌，除此之外，丝毫看不出它有什么特别之处。那么，是什么吸引了众多学者的目光呢？

关亨，甘肃省骊靬文化研究院研究员，十几年前，当他步入者来寨时就被这里绝无

探索与发现

仅有的奇特景象所吸引，他发现者来寨的村民大多都长着棕色或黄色的头发，眼睛也多是蓝色或灰色的，虽然看上去并不是十分明显，但仔细观察后便会发现，他们与当地有着黑头发、黑眼睛的其他汉族同胞有着本质的区别。者来寨村民的长相让许多人认为，他们不像是中国人，而进入者来寨也会给人一种置身于异国他乡的感觉。然而，翻开村民的户口本，却看到了"祖籍：甘肃，族系：汉族"的记录。这到底是怎么回事呢？如果他们真的是汉族人，那为什么会和其他人不一样呢？

兰州大学历史系教授陈正义说："这是一个很奇怪的现象，我经常陪一些外宾去参观，他们觉得很好笑，他们说他们的老乡怎么跑到甘肃这个地方来了。看起来他们就像西方人，但是一说话就是永昌话，外宾觉得很有意思。"

他们为什么和别人不一样呢？关亨大惑不解，但他认为者来寨这些奇特村民的背后，一定隐藏着不为人知的秘密。为了揭开者来寨村民的相貌之谜，他们在者来寨展开了广泛的走访和调查。

种种猜测

猜测一：者来寨村民的风俗与汉族人一样吗？

关亨、陈正义两位学者开始了在者来寨的调查研究。但在最初的考察中，他们并没有发现这些村民除了长相特殊之外，还有什么其他的特别之处。这些村民和当地的其他农民一样，都是靠为数不多的田地为生，日出而作，日落而息。但是，随着两位专家调查研究的深入，他们在这些村民的生活习惯和葬俗上发现了有别于汉民族的不同之处。

在考察中，村民们制作的一种馒头引起了关亨、陈正义的兴趣。他们发现，村民在制作这种馒头时会用枣在馒头的顶部捏出一个宛如牛鼻子的形状，他们习惯把这种馒头叫做"牛鼻子"。而令关亨、陈正义感到意外的是，这种精心制作的馒头并不是用来食用的，而是专门用来祭奠祖先的。

这些村民为什么要用这种"牛鼻子"馒头祭奠祖先呢？这令关亨、陈正义一时摸不着头脑①。而更让他们感到不解的是，这些村民还喜欢玩儿一种和牛有关的游戏。

关亨说，他们每年过年过节的时候要宰牛，他们喜欢让牛闻牛的血腥味道，让牛顶撞，在很早以前还喜欢斗牛，这些风俗一直到现在还在延续。

关亨、陈正义注意到，者来寨的这些村民似乎对牛有着特殊的感情。除此之外，他们还发现者来寨村民的葬俗也与众不同，他们不论将人葬于何处，也不论地形、地势怎样，都一律遵循着头朝西的原则。

陈正义说，他们的墓葬是头朝西的，这显然和朝南或朝北的汉民族墓葬不同。

关亨说，者来寨的村民喜欢做牛鼻子馒头、喜欢玩儿斗牛游戏，这体现了他们对牛的崇拜。而据关亨、陈正义的考察，这种习惯在者来寨周围的其他村落里，以及甘肃省境内及周边地区都是绝无仅有的。因此他们认为，者来寨村民的风俗习惯很可能与外域文化有着联系，那么这些村民会不会是从其他地域迁移来的呢？

猜测二：者来寨的村民是从其他地域迁移来的？

就在专家们作此猜测之时，考古人员有了一个新的发现，他们在者来寨附近发掘出了大量汉代墓葬。令关亨、陈正义没有想到的是这一发现竟成为他们破解者来寨村民身世之谜的关键！

专家说，从墓葬的外形特点和结构上可以看出，它是汉代的，而且是西汉时期的墓葬。考古人员很快发现，这些西汉墓葬有着共同的特点，几乎所有的墓主都是男性，专家们判断这很可能和军队有关。而且他们的骨骼较大，看上去并不像古代中国人的骨骼。

令人感到惊奇的是，这99座墓葬全部都遵循着头朝西的原则，这与者来寨村民的葬俗习惯完全一致，这说明者来寨这些长相奇特的村民和这些墓葬有着密切联系。而在这些墓葬里沉眠的又是什么人呢？

猜测三：者来寨的村民会不会是古罗马军人的后裔？

这些村民到底会是什么人呢？谜一样的疑问难住了关亨、陈正义，但就在他们的研究陷入困境之时，却有了一个意外的发现。他们在者来寨发现了一个规模较大的建筑遗址，经过专家鉴定这是西汉时期的一座古城。

古城遗址的发现令关亨、陈正义更加困惑了，小小的者来寨怎么会出现古城遗址呢？这座城址究竟是座什么城呢？会不会和这些奇特村民有联系呢？由于无法作出解

---

① 摸不着头脑：歇后语"丈二的和尚——摸不着头脑"，表示不明白原因，找不到根源。

答，关亨、陈正义打算另辟蹊径，想从史籍资料中寻找有关这座古城的蛛丝马迹，果然史书中的一条记载引起了他们的注意。

原来《汉书》中记录了一条有关外域军队的重要线索。公元前36年，西汉陈汤率军攻打匈奴，在郅支城展开大战，战斗中西汉将士发现，匈奴人派出了一只长相非常奇特的军队，而且他们还摆出一种"夹门鱼鳞阵"，以抵抗西汉军队的进攻。

关亨、陈正义在认真查阅了大量有关古罗马军队的史籍资料后认为，《汉书》中提到的夹门鱼鳞阵正是古罗马军队所特有的一种作战方式。这时关亨、陈正义突然意识到，者来寨的村民喜欢做牛鼻子馒头、喜欢玩儿斗牛游戏。地中海地区的许多国家也都有着对牛的崇拜、喜欢玩儿斗牛一类的游戏，而古罗马人也有着同样的习俗。那么，者来寨的这些奇特村民会不会是陈汤所带回的古罗马军人的后裔呢？

猜测四：古罗马军团怎么会来到中国呢？

关亨作出了大胆的推测，但是一个个疑问又像汹涌的波涛无情地冲击着他的设想，众所周知，古罗马与中国相隔万里，古罗马军团怎么会来到中国呢？而他们又为何会出现在匈奴人的军阵中呢？陈正义、关亨认为，当年的古罗马第一军团从帕提亚军队的东部防线杀出重围，由于他们回国的路线被封锁，只能向东逃窜，这就很可能进入匈奴人掌控的地域，无奈之下他们屈服于匈奴，并成为匈奴人的雇佣兵，而这便成为后来陈汤将其俘获并把他们带回西汉安置的可能。据《汉书》记载，就在陈汤将这些俘虏带回西汉后不久，一个叫"骊靬"的县突然出现在了西汉的版图上，而"骊靬"正是当时西汉对古罗马的称谓，难道陈汤所带回的俘虏真的是古罗马人吗？

关亨、陈正义在永昌县县志①中找到了这样的记载，"在今凉州府永昌县南，本以骊靬降人置县"，这说明骊靬县的设置与古罗马军团的俘虏有着密切联系。据史书记载，骊靬县设置在番禾县南面的照面山下，而照面山正是与者来寨紧紧相邻的祁连山，番禾县也正是今天的永昌县，这说明史书中记载的骊靬县就设在了者来寨。

谜底揭晓

者来寨的这些奇特村民很可能就是历史上消失的古罗马军团的后裔。

---

① 县志：记载一个县的历史、地理、风俗、人物、文教、物产等的专书。

骊靬古城的发现令专家们兴奋不已，因为这足以说明2000多年前者来寨确实驻扎过一批古罗马军人，而者来寨这些奇特的村民很可能就是那些健壮的古罗马军人的后裔。但是，时光荏苒，2000年的岁月已随风逝去，令人遗憾的是，为古罗马人而设的骊靬县早已在历史的风云变幻中不复存在，那些骊靬人也没有留下丝毫有关他们的记载，唯独留下了这些长相奇特的后人，在历史的长河中向世人讲述着一个扑朔迷离的传奇故事。

现在关亨、陈正义已经得出了合情合理的研究结论，者来寨的这些奇特村民很可能就是历史上消失的古罗马军团的后裔。今天，者来寨的这些村民们终于可以不为自己的长相而烦恼了，千百年来留存在他们心中的疑问也终于有了答案，更为重要的是困扰中西方史学界多年的千古之谜也从此得以破解。

（原名《消失的军团》，摘自《科技日报》，2006年5月11日，有删改）

思考与回答

1. 近几年学者们为什么会纷至沓来地前往甘肃？

    闻名遐迩　　除此之外　　发掘

2. 人们在甘肃省永昌县者来寨村发现了什么奇特的现象？

    绝无仅有　　大多　　大惑不解　　隐藏

3. 人们对长相奇特的者来寨村民的身世有怎样的猜测？

    祭奠　　崇拜　　线索　　推测　　蛛丝马迹

4. 学者们最后得出什么样的结论？

    安置　　俘虏　　足以　　合情合理

5. 请你谈谈课文中的两位学者是如何进行他们的调查研究的。

探索与发现

公元前53年，即中国西汉甘露元年。当时罗马帝国的执政官克拉苏，纠集7个军团、约45万人的兵力，发动了对安息（今伊朗东北部）的侵略战争。不可一世的罗马军队在一个叫做卡尔莱的地方，出人意料地遭到安息军队的围歼，克拉苏被俘斩首。其第一军团首领、克拉苏的长子普布利乌斯率领6000余众拼死突围。

到了公元前20年，古罗马帝国和安息签约言和。这时，罗马帝国要求安息遣返33年前在卡尔莱战役中被俘虏的军人，并寻找普布利乌斯的下落。可是，普布利乌斯及其所率突围残部，已在安息消失得无影无踪。古罗马溃军到底去了何方？这一疑团一直困惑着罗马乃至全世界的历史学家。

20世纪40年代一位名叫德效骞的英国著名汉学家，对这一课题做了大量工作，于1947年撰写了《古代中国之骊靬城》一文。文中说：中国古代称罗马帝国为"骊靬"，后又改称"大秦"，《后汉书·大秦传》就是以"大秦国一名犁鞬"这句话起首的。文章接着指出中国古代以外国国名命名的城，当时只有新疆的库车和温宿，它们都是袭用移民的旧称。"骊靬"城的出现，自然会与外国侨民相关。作者进而运用史料说明，骊靬城最早在中国西汉版图上出现是公元前20年，那正是罗马帝国向安息要求遣返战俘的时间。这绝非历史的巧合！它说明在卡尔莱战役中突围的罗马远征军，正当其故国寻觅他们的时候，他们却早已鬼差神使地到了中国，并在祁连山下落脚了。

背景链接

词语

1.	遐迩	xiá'ěr	（名）	〈书〉远近。闻名遐迩，形容名声大。
2.	大漠	dàmò	（名）	大沙漠。
3.	除此之外	chú cǐ zhī wài		不计算在内。

4.	发掘	fājué	（动）	发现，挖掘。
5.	异国	yìguó	（名）	外国。
6.	他乡	tāxiāng	（名）	家乡以外的地方（多指离家乡较远的）。
7.	常年	chángnián	（名）	终年；长期。平常的年份。
8.	贫瘠	pínjí	（形）	（土地）薄；不肥沃。
9.	黏土	niántǔ	（名）	含沙粒很少，有黏性的土壤。养分较丰富，能保水、保肥，但通气透水性差，耕种时需要改良。
10.	土坯	tǔpī	（名）	把黏土和成泥放在模型里制成的土块，多为长方形，可以用来盘灶、盘炕、砌墙。
11.	大多	dàduō	（副）	大部分；大多数。
12.	祖籍	zǔjí	（名）	原籍。
13.	隐藏	yǐncáng	（动）	藏起来不让发现。
14.	相貌	xiàngmào	（名）	人的面部长的样子；容貌。
15.	走访	zǒufǎng	（动）	访问；拜访。
16.	俗	sú		习俗、风俗。
17.	枣	zǎo	（名）	枣树的果实。味甜，可以吃，也可以入药。
18.	食用	shíyòng	（动）	做食物用。
19.	祭奠	jìdiàn	（动）	为死去的人举行仪式，表示追念。
20.	血腥	xuèxīng	（形）	血液的腥味，形容屠杀的残酷。
21.	顶撞	dǐngzhuàng	（动）	用头部去冲撞。
22.	斗牛	dòuniú	（动）	牛与牛或人与牛相斗的娱乐活动。
23.	一律	yílǜ	（副）	适用于全体，无例外。
24.	墓葬	mùzàng	（名）	考古学上指坟墓。
25.	崇拜	chóngbài	（动）	尊敬钦佩。
26.	破解	pòjiě	（动）	揭破；解开。
27.	身世	shēnshì	（名）	指人生的经历、遭遇（多指不幸的）。

28. 判断	pànduàn	（动）	断定。
29. 骨骼	gǔgé	（名）	人和动物体内或体表坚硬的组织。
30. 后裔	hòuyì	（名）	已经死去的人的子孙。
31. 陷入	xiànrù	（动）	比喻深深地进入（某种境界或者思想活动中）。
32. 线索	xiànsuǒ	（名）	比喻事物发展的脉络或探求问题的途径。
33. 攻打	gōngdǎ	（动）	为占领敌方阵地或据点而进攻。
34. 查阅	cháyuè	（动）	（把书刊、文件等）找出来阅读有关的部分。
35. 推测	tuīcè	（动）	根据已经知道的事情来想象不知道的事情。
36. 汹涌	xiōngyǒng	（动）	（水）猛烈地向上涌或向前翻滚。
37. 波涛	bōtāo	（名）	大波浪。
38. 为何	wèihé	（副）	为什么。
39. 重围	chóngwéi	（名）	层层的包围。
40. 封锁	fēngsuǒ	（动）	（采取军事等措施）使不能通行。
41. 逃窜	táocuàn	（动）	到处流动转移；乱逃（多指盗匪或敌人）。
42. 掌控	zhǎngkòng	（动）	掌握控制。
43. 屈服	qūfú	（动）	对外来的压力妥协让步，放弃斗争。
44. 雇佣	gùyōng	（动）	用货币购买劳动力。
45. 俘获	fúhuò	（动）	俘虏和缴获。
46. 安置	ānzhì	（动）	使人或事物有着落。
47. 俘虏	fúlǔ	（名）	打仗时捉住的敌人。
48. 版图	bǎntú	（名）	原指户籍和地图，今泛指国家的领土、疆域。
49. 称谓	chēngwèi	（名）	人们由于亲属或其他方面的互相关系，以及身份、职业等而得来的名称。

50.	足以	zúyǐ	（副）	完全可以够得上或达到。
51.	驻扎	zhùzhā	（动）	（军队）在某地住下。
52.	健壮	jiànzhuàng	（形）	身体强健。
53.	荏苒	rěnrǎn	（动）	〈书〉（时间）渐渐过去。
54.	烦恼	fánnǎo	（形）	烦闷；苦恼。
55.	困扰	kùnrǎo	（动）	围困并搅扰。
56.	千古	qiāngǔ	（名）	长远的年代。

四字词语

1.	不辞劳苦	bùcí láokǔ	辞，推托。劳苦，劳累辛苦。不逃避劳累辛苦。形容人不怕吃苦，毅力强。
2.	纷至沓来	fēn zhì tà lái	纷纷到来；连续不断地到来。
3.	接踵而至	jiēzhǒng ér zhì	后面的人的脚尖接着前面的人的脚跟，形容人多，接连不断。
4.	绝无仅有	jué wú jǐn yǒu	极其少有。
5.	大惑不解	dà huò bù jiě	极为疑惑，不能理解。
6.	为数不多	wéishù bù duō	数量很少。
7.	与众不同	yǔ zhòng bù tóng	跟大众不一样。
8.	另辟蹊径	lìng pì xījìng	另外开辟一条路。比喻另创一种风格或方法。
9.	蛛丝马迹	zhū sī mǎ jì	从挂下来的蜘蛛丝可以找到蜘蛛的所在，从马蹄的印子可以查出马的去向。比喻事情所留下的隐约可寻的痕迹和线索。
10.	众所周知	zhòng suǒ zhōu zhī	大家普遍知道的。
11.	风云变幻	fēngyún biànhuàn	像风云那样变化不定。比喻时局变化迅速，动向难以预料。

12.	扑朔迷离	pūshuò mílí	形容事情错综复杂，难以辨别清楚。
13.	合情合理	hé qíng hé lǐ	符合情理。

专有名词

1. 甘肃 (Gānsù) — 省名，位于中国西北部。

2. 敦煌 (Dūnhuáng) — 位于中国西北河西走廊的西端，是高山、沙漠、戈壁环绕的小绿洲。全境面积 3.12 万平方公里，平均海拔 1100 米，年均气温 9.3 度。

3. 莫高窟 (Mògāo Kū) — 莫高窟是中国第一大石窟，俗称千佛洞。位于敦煌城东南 25 公里处鸣沙山的东麓，长约 1600 米。始建于前秦建元二年（公元 366 年）。至今仍保存着十六国、北魏、北周、隋唐、五代、宋西夏、元等各个朝代的洞窟 492 个，壁画 45000 平方米，彩塑 3000 余身，是世界上规模最大、保存最完整的佛教艺术宝库。

4. 者来寨 (Zhělái Zhài) — 地名，位于甘肃省永昌县内。

5. 永昌县 (Yǒngchāng Xiàn) — 地名，位于甘肃省境内。

6. 祁连山 (Qílián Shān) — 山名，位于甘肃省境内。

7. 骊靬 (Líqián) — 中国西汉所设立的县名。

8. 兰州大学 (Lánzhōu Dàxué) — 大学名，位于甘肃省省会兰州市。

9. 罗马 (Luómǎ) — 本课中指古代罗马帝国（Rome）。

	Chén Tāng	
10.	陈 汤	人名，官居西汉西域副校尉。
	Zhìzhī Chéng	
11.	郅支城	地名。
	Jiā Mén Yúlín Zhèn	
12.	夹门鱼鳞阵	军队阵法的一种，主要用于防御。
	Dìzhōng Hǎi	
13.	地中海	the Mediterranean sea
	Pàtíyà	
14.	帕提亚	亚洲西部古国，在伊朗东北部（Parthia）。
	Liángzhōu Fǔ	
15.	凉州府	今甘肃一带。府，中国古代的一种行政区划，比县高一级。
	Fānhé Xiàn	
16.	番禾县	今永昌县。
	Zhàomiàn Shān	
17.	照面山	今祁连山。

词语讲解与练习

一 词语例释

1. 除此之外

固定格式，由介词"除"与"之外"构成介词结构的短语，表示"排除这个，另外……"的意思。

◎ 提起甘肃，大家可能马上会想到闻名遐迩的敦煌莫高窟，还有大漠、黄河等等壮观的景色。**除此之外**，您可能一时也想不起来更多的旅游景点。

① 目前人们仅仅知道这种病可能是家族遗传，**除此之外**还有没有其他的感染途径谁也说不清楚。

② 这件事还得先放一放，虽然有点儿被动，但**除此之外**没有任何更好的解决办法了。

📖 常用在后一个分句的句首。"此"表示前面提到的事件或做法。后面常跟"还""也""全""都""没"等副词。

③ 姚明小时候个子就高，除此之外也不觉得有什么特殊。

④ 这样的行为属于特例，因为除此之外的其他金融诈骗罪并不以此为要件。

⑤ 这些演员年轻漂亮，除此之外还有什么优势？

📖 用于否定句和反问句，表示被排除的事物、行为是唯一的。

2. 大多

副词 表示概括。

◎ 他发现者来寨的村民大多都长着棕色或黄色的头发，眼睛也多是蓝色或灰色的。

① 我们学校的老师大多毕业于中文系。

② 北方一年四季大多是晴天。

③ 以上军队大多归刘峙指挥。

④ 老人体质很弱，晚年大多是在病榻上度过的。

📖 多用于概括人或事物，概括情况时较少；多用于概括主语，概括宾语时较少。多用于口语。多修饰动词短语。

⑤ 考不上公务员的，大多不气馁，准备来年再考。

📖 修饰形容词短语的很少。

3. 一律

副词 表示行为、状态适用于全部对象，没有例外。

◎ 他们不论将人葬于何处，也不论地形、地势怎样，都一律遵循着头朝西的原则。

① 这所大学食宿问题一律自理。

② 在这个大原则下，不是一律地而是部分地改变社会意识形态。
  📖 "一律+动词短语"，有时也可以加"地"。

③ 我们把楼下改成快餐部，一律是火车座、皮靠椅。
④ 出租车一律不得进入校园。
  📖 "一律+是+名词短语""一律+否定形式"。

⑤ 公民在法律面前一律平等。
  📖 "一律+形容词"。

4. 为何

   副词 相当于"为什么"。

◎ 众所周知，古罗马与中国相隔万里，古罗马军团怎么会来到中国呢？而他们又为何会出现在匈奴人的军阵中呢？

① 他为何坐在那里一言不发呢？
② 由此不难理解一些消费者为何有消费"恐惧症"。
③ 你一定后悔刚才为何喝了那么多的水。
④ 北京为何能吸引那么多民间投资，这是不少记者关注的热点。
⑤ 目前有关部门正就恐怖分子为何能连续闯过多道检查站而接近政府办公大楼展开调查。

  📖 多表示追究、追问。多用于书面。

5. 足以

   副词 完全够得上或可以达到的意思。用于书面。"足以+动词短语"。

◎ 骊靬古城的发现令专家们兴奋不已，因为这足以说明2000多年前者来寨确实驻扎过一批古罗马军人……

① 这里一年浪费的粮食足以让50人吃10年。

② 大家看他，他也看大家，他知道只有这样，才足以减少村人的怀疑。

📖 "足以"的肯定形式。

③ 已有的证据并不足以表明他就是杀人犯。

④ 虽然我们作了准备，但还不足以应对战争的爆发。

⑤ 先生太太们总以为仆人就是家奴，非把穷人的命要了，不足以对得起那点儿工钱。

📖 "足以"的否定式。

二 词语辨析

1. 隐藏　隐蔽

隐藏

◎ 他认为者来寨这些奇特村民的背后，一定隐藏着不为人知的秘密。

① 根元只想什么地方有个洞，自己隐藏在那里，不给他们这么看着。

② 早上我们部队搜索过去，这股敌人化整为零，隐藏到丛林里去了。

③ 浓密的树叶也隐藏不住那满树的累累硕果。

④ 如今的年轻人不喜欢隐藏自己的观点。

⑤ 他知道自己不能再这样隐藏下去，应该去向公安机关自首。

隐蔽

① 所有的道路都被敌人控制了，你们赶快就地隐蔽起来，等待新命令。

② 水塘边长满了芦苇，我们就在那里隐蔽吧。

③ 靠近铁道，我们隐蔽在暗处。

④ 敌人的电台就隐蔽在我们的眼皮子底下。

异同归纳		隐藏	隐蔽
同	词性	动词	
	词义	表示将真实情况掩盖起来，不让别人察觉、了解	
异	搭配对象	对象可以是人、也可以是财物、文件等具体事物或阴谋、秘密、真相等抽象事物	多用于军事、政治斗争。对象多是人、军车、大炮等具体事物
	词语搭配	把……～起来 ～得很深	被……～起来 ～好
	词义侧重	着重于藏起来，不让人发现	着重于借用旁的事物遮掩起来，不让人发觉

2. 崇拜　崇敬

崇拜

◎ 者来寨的村民喜欢做牛鼻子馒头、喜欢玩儿斗牛游戏，这体现了他们对牛的崇拜。

① 屈原始终崇拜着殷代的贤者彭咸。

② 莎士比亚、巴尔扎克永远是我们崇拜的文学先祖。

③ 我们已经过了崇拜英雄的年龄。

④ 原始社会只有图腾崇拜和祖先崇拜。

⑤ 现代文明社会应该打破个人崇拜，强调集体智慧的作用。

崇敬

① 喜讯传来，大家怀着崇敬的心情收看有关的电视报道。

② 他为普通人的幸福而奋斗的精神赢得了人民的崇敬。

③ 人们向广大医护人员表示了崇敬和爱戴。

④ 这样做能够增强当事人乃至社会公众对法律的信赖和崇敬。

异同归纳		崇拜	崇敬
同	词性	动词	
	词义	表示非常尊敬和钦佩	
异	搭配对象	对象可以是人，也可以是鬼、神、图腾、宗教、信仰等抽象事物	对象多是人或组织，也可以是某些抽象事物
	词语搭配	个人～ 金钱～ 偶像～	
	词义侧重	表示非常尊敬、钦佩，甚至达到迷信的程度	着重于推崇、尊敬
	语义轻重	重	轻
	适用范围	宽	窄
	语体风格	有时含有贬义（见固定搭配）	褒义

3. 安置　安放

安置

◎ 这便成为后来陈汤将其俘获并把他们带回西汉安置的可能。

① 下岗人员的安置问题摆在政府面前。

② 让他们从土地补偿费、征地安置补助费中列支和抵交。

③ 受灾的村民们被安置在学校的教室里暂住。

④ 政府还将提高安置下岗人员的公益性岗位补贴。

安放

① 宋美龄的灵柩将被安放在与她的大姐宋霭龄和姐夫孔祥熙的墓室相邻的一处墓室。

② 游击队在路上设置了路障，并在周围地区安放了爆炸物以阻止政府军进攻。

③ 在他的桌上安放着一座骑手的雕像。

④ 据报道，爆炸装置是被安放在大楼附近停车场上的一辆汽车里。

⑤ 这尊全国最大的巴金铜像将于本月 20 日安放在成都百花潭公园内的慧园广场。

异同归纳		安置	安放
同	词性	动词	
	词义	表示恰当地处置，使之有着落	
异	搭配对象	人或事物	具体的东西
	词义侧重	着重于使事物有适当的位置，或是人的工作和生活有着落	着重于摆放一定的位置
	适用范围	宽	窄

4. 健壮　健康

健壮

◎ 而者来寨这些奇特的村民很可能就是那些健壮的古罗马军人的后裔。

① 体格健壮的他以前曾在体育俱乐部做运动教练。

② 急性淋巴型白血病让原本健壮的他浑身疼痛乏力。

③ 昔日那群顽皮的孩子如今长成了漂亮的姑娘和健壮的小伙子。

④ 健壮的、体重大的种羊总是先被客户选走。

⑤ 她育出的四千株月季苗一棵棵都长得很健壮。

健康

①"相约健康社区行"正是"卫生进社区"活动的重要组成部分。

②"非典"提高了人们对健康和锻炼的重视程度。

③ 我现在最牵挂的是家人的健康。

④ 他觉得目前自己的生理和心理都是健康的。

⑤ 良好的生态环境会促进经济持续、健康发展。

异同归纳		健壮	健康
同	词性	形容词	
	词义	形容生理机能正常，没有缺陷和疾病	
异	搭配对象	用于人，如例①② 也可用于动植物，如例④⑤	用于人，不分年纪大小
	词语搭配	~体魄　　~有力　　体格~	身体~　　~保险　　~计划
	词义侧重	着重于身体无病且结实有力	着重于身体没毛病。有时也指事物的正常规律，如例⑤
	语体风格	多用于书面语	通用于口语和书面语

三　词语搭配

1. 汹涌

   波涛~　　　　~起伏　　　　~不断

   思绪~　　　　~澎湃　　　　~而下

   心潮~　　　　~难耐　　　　~的心情

2. 封锁

   新闻~　　　　~消息　　　　~起来

   经济~　　　　~道路　　　　~得很严密

   文化~　　　　~网络　　　　被彻底~

3. 推测

   错误地~　　　~结论　　　　经得起~

   谨慎地~　　　~结果　　　　经不起~

   大胆地~　　　~过程　　　　经过一番~

4. 雇佣

~兵　　　　　~合同　　　　无力~

~军　　　　　~关系　　　　反对~

~部队　　　　~人力　　　　花大钱~

四 练习

（一）选择恰当的词语填空

　　隐藏　隐蔽　崇拜　崇敬　安置　安放　健壮　健康

1. 孩子们怀着无比_____的心情参观了航天城。

2. 那些_____的藏羚羊在可可西里草场上快速地奔跑着。

3. 经过侦察，公安人员终于抓到了_____在地洞中的犯罪嫌疑人。

4. 在毛泽东纪念堂还_____着中国其他领导人的半身塑像。

5. 保证妇女和儿童的_____，是国家和政府应尽的责任。

6. 现在许多人注重物质享受，大搞"金钱_____"，有些严重的甚至已经丧失了基本的道德标准和精神追求。

7. 当龙卷风刮过来时，大家一定要找地下室或低洼的地方_____起来。

8. 北京市政府近几年十分重视对下岗职工的培训和_____工作。

（二）用指定词语完成句子

1. 这是我完成的部分工作，_____。（除此之外）

2. 生活在那里的居民_____。（大多）

3. 为了搞清楚这件事的来龙去脉，_____。（走访）

4. 这里是图书馆，_____。（一律）

5. _____，从上千册资料中找到了线索。（查阅）

6. _____，这是值得我们深思的问题。（为何）

7. _____，但是他们的经济还是发展得很快。（封锁）

8. _____，不要再生产了。（足以）

（三）用指定词语完成下列对话

1. A：那个案件的情况怎么样？
   B：_____。（蛛丝马迹）

2. A：白求恩大夫来到中国后，不仅帮助伤员解除病痛，还培养了许多医生。
   B：_____。（不辞劳苦）

3. A：西藏为什么能吸引那么多游客？
   B：_____。（纷至沓来）

4. A：这恐怕就是他经常迟到的理由了。
   B：_____。（除此之外）

5. A：这款冰箱的设计十分新颖。
   B：_____。（为数不多）

6. A：_____。（众所周知）
   B：我对这个问题没有异议，大家举手表决吧。

7. A：_____。（合情合理）
   B：我看这样的结论下得过于草率了。

8. A：_____。（一律）
   B：这样的规定过于严格了。

9. A：_____。（大多）
   B：是啊，不然我怎么会不知道呢。

10. A：_____。（足以）
    B：我们赞成你的观点。

（四）选择适当的四字词语填空

> 与众不同　　绝无仅有　　大惑不解　　另辟蹊径
> 众所周知　　风云变幻　　扑朔迷离　　合情合理

1. 中国长城的建造规模和动用的人力物力是_____的。

2. 这种解释表面看上去_____，其实漏洞百出。

3. 不能为了个别人而牺牲大多数人的利益，这应该是_____的道理。

4. 经济领域的_____是我们这些门外汉无法了解和掌握的。

5. 他的穿着打扮总是_____，常会令人眼前一亮。

6. 听了他的解释和说明，学生们还是一脸_____的神情。

7. 这本侦探小说的故事情节_____，不看到最后你是找不到正确答案的。

8. 既然这样的方法行不通，那就_____，换种方法试试看。

（五）选择适当的成语改写下列句子

> 绝无仅有　　合情合理　　众所周知　　风云变幻　　与众不同
> 大惑不解　　扑朔迷离　　另辟蹊径　　纷至沓来　　蛛丝马迹

1. 这件事情我想了很久，没有找到一丝一毫的人为破坏的痕迹。

2. 大家都知道的事情，我却不知道，真让我不好意思！

3. 按照学校的规定，大家都穿校服上学，可她今天却穿了一条红裙子来上课。

4. 既然这条路走不通，我们就换别的路走吧。

5. 一批又一批的客人来我们这里参观，给我们带来了可观的经济效益。

6. 这部电影的故事情节非常复杂，有的地方令人想不明白，但是十分引人入胜。

（六）选择恰当的一组词语

1. ① 独生子女_____具有任性、不懂得关心别人的弱点。

   ② 父母留下的财产_____让他坚持读完大学。

   ③ 为了安全起见，所有乘客_____要通过严格的安全检查。

   ④ 他坚持表示自己不清楚_____被警察抓了进来。

   A. ① 大肆　② 足以　③ 一律　④ 为了
   B. ① 大肆　② 足以　③ 一律　④ 为何
   C. ① 大多　② 足以　③ 一律　④ 为何
   D. ① 大多　② 用以　③ 一定　④ 为之

   正确选项_____

2. ① 一个人_____在这么大的空间里，太不容易找到了。

   ② 男孩子大多是_____英雄的，这很正常，但是到了疯狂的程度就不好了。

   ③ 以他的能力和学历，在我们公司应该还是容易_____的。

   ④ 如此_____的马匹在南方还是很少见的。

   A. ① 隐藏　② 崇敬　③ 安置　④ 健康
   B. ① 隐蔽　② 崇敬　③ 安放　④ 健康
   C. ① 隐蔽　② 崇拜　③ 安放　④ 健壮
   D. ① 隐藏　② 崇拜　③ 安置　④ 健壮

   正确选项_____

（七）下面每段话都画出了 ABCD 四个部分，请挑出有错误的部分

1. 尽管政府采取了严格的措施，老百姓也很积极配合，但还是存在足以多的问
   　　　A　　　　　　　　　　　B　　　　　　　　　C
   题，所以我们认为方案还要调整。　　　　　　　　　　　　　　　（　　）
   　　　D

2. 我们希望全体人民，都安居乐业一律，不要轻信坏人宣传，也不要去传播什么
   　　　A　　　　　　B　　　　　　C　　　　　　　　　D
   小道消息。　　　　　　　　　　　　　　　　　　　　　　　　　（　　）

3. 虽然经过大量走访调查，可还是没有发现任何线索。当大家都不知从为何着手
   　　　A　　　　　　　　　B　　　　　　　　　　　C
   时，陈教授提出了另辟蹊径的建议。　　　　　　　　　　　　　　（　　）
   　　　　D

4. 近年一些来，中国的经济得到了长足发展，农民也富裕起来了，可大多生活在
   　　A　　　　　B　　　　　　　　　　　　C
   偏远地区的人依然生活艰难。　　　　　　　　　　　　　　　　　（　　）
   　　　D

5. 地震发生后，县政府马上采取有力措施，除此之外还从外地大量调入饮用水，以
   　　A　　　　　B　　　　　　　　　　C
   解决停水带来的危害。　　　　　　　　　　　　　　　　　　　　（　　）
   　　D

语法讲解与练习

一 多重复句

由三个或三个以上分句构成，并且分句间的意义联系不在一个层次上，这样的复句叫多重复句。

160

例句一：

  ① 这是一个地处甘肃河西走廊古丝绸之路故道旁的偏远小村落，a ｜② 然
                     （转折）
而就在近几年，c ‖③ 这里却突然"火"了起来，b ‖④ 不仅众多专家学者接
   （解说）   （解说）
踵而至，c ‖⑤ 而且游人也纷至沓来。
  （递进）

全句由五个分句构成，我们可以根据句子之间的关联词语，将句群分成三个层次 a、b、c，分别表达不同的语义关系。全句整体是转折关系，用 a 表示；②～③与④～⑤是第二层解说关系，用 b 表示；②与③是第三层的解说关系，用 c 表示；④与⑤是第三层的递进关系，也用 c 表示。

例句二：

  ① 这种感性认识的材料积累多了，｜② 就会产生一个飞跃，‖③ 变成了理性
           （条件）   （并列）
认识，‖④ 这就是思想。
  （解说）

这个复句的三个层次逐层展开，逻辑关系非常清楚。
更复杂一些的还有四层复句、五层复句等。

例句三：

  ① 因为我们是为人民服务的，｜所以，② 我们如果有缺点‖③ 就不怕别人批评
         （因果）   （假设）
指出。‖④ 不管是什么人，‖⑤ 谁向我们指出都行。‖⑥ 只要你说得对，‖
 （条件）   （条件）   （假设）   （条件）
⑦ 我们就改正。‖⑧ 你说的办法对人民有好处，‖⑨ 我们就照你的办。
    （并列）   （条件）

这个复句由九个分句构成，整体是因果复句，①为原因，②～⑨为结果。②～⑨的

结果部分,又分②~⑤与⑥~⑨的第二层假设关系;在假设关系的偏句部分,②~③与④~⑤又构成了第三层的条件关系;条件关系中偏句的②与③构成第四层的假设关系;正句部分的④与⑤也构成第四层的条件关系。而第二层正句部分⑥~⑦与⑧~⑨构成第三层并列关系;⑥与⑦和⑧与⑨分别构成第四层的条件关系。

 通过分析我们得出结论:多重复句一般用于书面语,特别是议论文中。

我们了解多重复句,一方面能帮助我们在写作中组织好句子,使各分句间关系清楚,另一方面也可以帮助我们在阅读中弄清比较复杂的复句的结构关系,从而正确地理解文章的意思。

二 练习

(一)分析下列多重复句的层次,并指出其层次关系

1. 倘若你想把一切错误都关在门外,那你也必将永远被关在真理的门外;倘若你想避免任何失败,那你也必定永远得不到成功。

2. 我们不但要考虑到近期的需要,而且必须预见到远期的需要;不但要预计生产建设发展的需要,而且必须充分估计到现代科学技术的发展趋势。

3. 无论社会怎么发展,观念怎么更新,我们都希望人们能够珍惜夫妻感情和家庭情谊,希望所有的夫妻幸福美满。

(二)找出以下课文包含的多重复句,尝试分析它的层次,弄懂语段的真正含义

十几年前,当他步入者来寨时就被这里绝无仅有的奇特景象所吸引,他发现者来寨的村民大多都长着棕色或黄色的头发,眼睛也多是蓝色或灰色的,虽然看上去并不是十分明显,但仔细观察后便会发现,他们与当地有着黑头发、黑眼睛的其他汉族同胞有着本质的区别。者来寨村民的长相让许多人认为,他们不像是中国人,而进入者来寨也会给人一种置身于异国他乡的感觉。然而,翻开村民的户口本,却看到了"祖籍:甘肃,族系:汉族"的记录。

修辞提示与练习

一 篇章的主题推进——总分式

我们知道，一个完整的篇章（语段）是由许多语义关系密切的句子或句段组成的，为了说明一个主题，句子或句段之间，如果先总述结论或结果，然后再分别例举或分析，那么，这种句子或句段间采用的由总述到分说的方式就叫总分式。例如：课文"奇怪现象"一段：

① 进入者来寨会给人一种置身于异国他乡的感觉。

② 这个神秘的村庄位于甘肃省永昌县境内，当地人把它称做"者来寨"。……

③ ……十几年前，当他步入者来寨时就被这里绝无仅有的奇特景象所吸引，② 他发现者来寨的村民大多都长着棕色或黄色的头发，眼睛也多是蓝色或灰色的，虽然看上去并不是十分明显，但仔细观察后便会发现，他们与当地有着黑头发、黑眼睛的其他汉族同胞有着本质的区别。者来寨村民的长相让许多人认为，他们不像是中国人，而进入者来寨也会给人一种置身于异国他乡的感觉。然而，③ 翻开村民的户口本时，却看到了"祖籍：甘肃，族系：汉族"的记录。这到底是怎么回事呢？如果他们真的是汉族人，那为什么会和其他人不一样呢？

④ ……"这是一个很奇怪的现象，我经常陪一些外宾去参观，他们觉得很好笑，他们说他们的老乡怎么跑到甘肃这个地方了。看起来他们就像西方人，但是一说话就是永昌话，外宾觉得很有意思。"……

① 为本段的中心句，"进入者来寨会给人一种置身于异国他乡的感觉"；②③④分别据理说明这种"置身于异国他乡的感觉"。由此引出对这一奇特现象的探询和调查。

 从总与分的语义关系来看，分说的各部分是平行关系，常用的连接词语与平行关系语段的连接词语相同；而分述和总说之间是承接关系，常用的衔接手段有"下面从几个方面分别说明""这个神秘的村庄……"等。

也有没有明显关联词语，但是语句之间仍然为分总关系。例如：

这里的树，以古老见长。有两棵老树：一棵是周柏，另一棵是唐槐。那周柏，树干劲直，树皮皱裂；那唐槐，老干粗大，虬枝盘曲。还有水边殿外的松柏槐柳，无不显出苍劲的风骨。

语段中黑体文字为总述部分，其他为分说部分。

 总分关系的语段主要用在议论文或说明文中。比如我们学习的《蓝眼睛的中国村民》这篇课文，整个文章结构运用的就是总分的方式。

二 练习

（一）根据总分式，判断句 A 后面的语句如何展开

1. A．中国南方的冬季阴冷多雨。　　　　　　　　　　　　　　　（　　）

    B_1．沿海的厦门，冬季房间没有暖气，不下雨的时候房间内的温度比室外还低；长江边上的重庆，如果冬季不在屋里生火盆，北方去的人们情愿待在屋外。

    B_2．因为厦门冬季房间没有暖气，不下雨的时候房间内的温度比室外还低，所以，生长在长江边的重庆人，如果冬季不在屋里生火盆，那人们情愿待在屋外。

2. A．者来寨的村民喜欢与牛有关的活动。　　　　　　　　　　　（　　）

    B_1．村民们喜欢斗牛，祭祀时还要做一种叫"牛鼻子"的馒头。

    B_2．者来寨村民只喜欢斗牛，对祭祀时用的一种叫"牛鼻子"的馒头不感兴趣。

3. A．中国人很重视春节，春节前会做很多准备活动。　　　　　　（　　）

    B_1．在北方尽管家家包饺子，但是不扫房，不贴春联。

    B_2．在北方，家家户户包饺子，还要扫房、贴春联等。

（二）分析下面的各段，画出哪些是分述部分，哪些是总括部分

1. 傩（nuó）与傩祭，是中国极为古老的传统文化现象。傩在中国文化史及文化学研究中，属于巫文化范畴。巫文化为一广义概念，它包括一切巫术活动及与之有关的众多文化现象。从民俗学角度考察，傩祭、傩舞、傩戏等的发展，皆有赖于民间口头的语言表达和行为传承。在中国文化的历史长河中，巫文化曾是先导，之后在漫长的发展过程中不断丰富，延续至今，构成了今日中国民俗文化的多彩背景。

2. 中国巫文化的传播地区主要在乡村,至今其涵盖面仍极广阔。在整个巫文化传承系统中,有两种文化现象似应特别值得重视和研究:流传于北方各民族中的萨满文化及流传于南方各民族中的傩文化。虽然这两种文化均归巫文化范畴,然自其传承观之,无论内容和表现形式,皆有甚多本质之差异,对二者加以比较研究,是饶有趣味的。今人陶立璠君尝试借傩文化传承演变规律之探讨,追寻它在中国文化史的地位与中国民俗学研究中的价值;并借萨满文化与傩文化的比较,探讨南北两种巫文化的联系与差异。

(三)阅读各段,并且按照总分的方式重新排列

A. 例如前两天看到一篇报道说,在山东济宁马坡村一带,"至今梁、祝、马三家不通婚,不唱梁祝戏,不放梁祝电影"。当地学者解释说:"在汉代,梁祝这样的自由恋爱是不被家族势力容忍的,他们认为不光彩;而对马家来讲,在迎娶当天新娘病故也被认为晦气,因此这一带一直保留着三姓不通婚的习俗。"说得有板有眼,但稍加分析,就漏洞百出。

B. 近年来各地申遗的热潮一浪高过一浪,这固然是文化遗产得到广泛重视的明证,是我国一项可喜的进步。但申遗过程中暴露出来的某些问题也使人不无忧虑。

C. 还有那块据说是明朝正德年间的碑,恐怕起不了什么作用。即使完全是真的,也只能说明500年前就有了梁祝庙和相关传说,却无法证明所记内容符合1700多年前(汉代说)或1600多年前(西晋说)的事实。否则的话,今天记者和那位先生的说法再过500年不也就成了梁祝的真实历史了吗?

D. 如果像这位先生所说,从汉代到今天少说也有1700多年了,这一带的人口不知迁移过多少次,现在当地的梁、祝、马三家究竟是不是那时三家人的后代?请记者告诉我们,当地有几家姓梁、祝、马的?如果本来就没有多少人,不通婚又能说明什么?特别要请记者说明,这种说法是哪一位姓梁、祝、马的人说的,此人多大年纪,在家族中处于何种地位?

E. 例如为了本地或某个小团体的利益,不顾大局全局,进行无休止的争夺;为了增加申遗的内容不惜以新建的人造景观滥竽充数,或者移花接木,甚至制假造假。有的媒体出于某种原因,或者缺乏必要的基本知识和判断能力,推波助澜,

不仅徒增混乱，还会留下笑柄，自取其辱。

F. 说到电影，我记得只有上世纪50年代拍过越剧彩色影片，就是在全国其他地方也早已不演了。说到梁祝戏，请记者告诉我们济宁一带流传着几种，马坡村周围的村里是否演？如果本来就没有什么，或者周围村里也不演，那又说明什么呢？

重新排序＿＿＿＿＿＿＿＿＿＿＿＿

 三 文体与篇章的修辞

（一）调查报告

　　调查报告是对某项工作、某个事件、某个问题，经过深入细致的调查后，将调查中收集到的材料、数据加以系统整理，分析研究，以书面形式向组织和有关人员汇报调查情况的一种文书。调查报告一般具有写实性、针对性、逻辑性的特点，在篇章的修辞方式上也以总分式居多，即先说结果或结论，再进行详细解释或分析，如我们的课文《蓝眼睛的中国人》。

（二）用由总说到分说的方式，将下列句子插入各段中

① 正文一般分前言、主体、结尾三部分
② 或总结全文的主要观点
③ 调查报告一般由标题和正文两部分组成
④ 标题可以有两种写法

　　＿＿＿＿。

　　1. 标题。＿＿＿＿＿＿。一种是规范化的标题格，即"发文主题"加"文种"，基本格式为"××关于××××的调查报告""关于××××的调查报告""×××调查"等。另一种是自由式标题，包括陈述式、提问式和正副题结合使用三种。陈述式如《东北师范大学硕士毕业生就业情况调查》。提问式如《为什么大学毕业生择业倾向沿海和京津地区》。正副标题结合式，正题陈述调查报告的

主要结论或提出中心问题，副题标明调查的对象、范围、问题，这实际上类似于"发文主题"加"文种"的规范格式，如《高校发展重在学科建设——××××大学学科建设实践》等。作为公文，最好用规范化的标题格式或自由式中正副题结合式标题。

2. 正文。＿＿＿＿＿＿＿。

（1）前言。有几种写法：第一种是写明调查的起因或目的、时间和地点、对象或范围、经过与方法，以及人员组成等调查本身的情况，从中引出中心问题或基本结论来。第二种是写明调查对象的历史背景、大致发展经过、现实状况、主要成绩、突出问题等基本情况，进而提出中心问题或主要观点来。第三种是开门见山，直接概括出调查的结果，如肯定做法、指出问题、提示影响、说明中心内容等。前言起到画龙点睛的作用，要精练概括，直切主题。

（2）主体。这是调查报告最主要的部分，这部分详述调查研究的基本情况、做法、经验，分析调查研究所得材料中得出的各种具体认识、观点和基本结论。

（3）结尾。结尾的写法也比较多，可以提出解决问题的方法、对策或下一步改进工作的建议；＿＿＿＿＿＿＿，进一步深化主题；或提出问题，引发人们的进一步思考；或展望前景，发出鼓舞和号召。

表达与写作

● 表达训练

1. 请介绍有关消失的古罗马军团的情况。
2. 请介绍生活在中国甘肃省永昌县者来寨村民的与众不同之处。
3. 你对课文中得出的结论持什么态度？为什么？
4. 如果你去作一项调查研究，你会从哪里入手？为什么？

● 写作训练

结合语言实践活动，写一篇小调查报告。题目自拟。字数在1500字左右。

要求：1. 可模仿本课的写作格式和手法。

2. 尽量参考并尝试使用本课所学的重点词语及表达方式。

扩展空间

名家典藏

樊树志　《国史十六讲　之　失踪的罗马军团》　中华书局

金　海　《历史碎片系列　罗马军团》　辽宁人民出版社

媒体资源

《消失的罗马军团》　　CCTV 10　　www.cctv.com

词语追踪

老外　移民　洋劳工　洋打工　海归（"海龟"谐音）

镀金　留洋　罗马军团　海待（"海带"谐音）

5 深情父亲

背景阅读与练习

一 阅读文章，按要求完成各项练习

（一）

《父子情》

舒 乙

"慈母"这个词讲得通，对"慈父"这个词我老觉着别扭。依我看，上一代中国男人不大能和这个词挂上钩，他们大都严厉有余而慈爱不足。我的父亲老舍，既不是典型的慈父，也不是那种严厉得令孩子望而生畏的人，他是个复杂的父亲。

我不知道，一个人的记忆力最早是几岁产生的。就我自己而言，我的第一个记忆是一岁多有的。那是在青岛，门外来了个老道，什么也不要，只问有小孩儿没有。于是，父亲把我抱出去。看见了我，老道说到十四岁那天往小胖子左手腕上系一圈红线，就可以消灾避难。我被老道的样子吓得哇哇大哭，由此便产生了我的第一个不可磨灭的记忆。使我遗憾终身的是，在我的第一个记忆里，竟没有父亲的形象，我记住的只是可怕的老道和那扇大铁门。

老舍

我童年时代的记忆中第一次真正出现父亲，是在我两岁的时候，在济南齐鲁大学常柏路的房子里。不过，说起来有点儿泄气，这次记忆中的父亲正在撒尿。母亲带我到便所去撒尿，尿不出，父亲走了进来，作示范，母亲说："小乙，尿泡泡，爸也尿泡泡，你看，你们俩一样！"于是，我第一次看见了父亲，而且明白了，我和他一样。

在我两岁零三个月的时候，父亲离开济南南下武汉，加入到抗战洪流中。再见到父亲时，我已经八岁。一见面，我觉得父亲很苍老。他刚割完盲肠（mángcháng），腰直不起来，站在那里两只手一齐压在手杖上。我怯生生（qièshēngshēng）地喊他一声"爸"，他抬起一只手臂，摸摸我的头，叫我"小乙"。对

他，对我，爷儿俩彼此都是陌生的。他当时严重贫血，整天抱怨头昏，但还是天天不离书桌，写《四世同堂》。他很少到重庆去，最高兴的时候是朋友们来北碚（bèi）看望他。

只有这个时候他的话才多，变得非常健谈，而且往往是一张嘴就是一串笑话，逗得大家前仰后合。渐渐地，我把听他说话当成了一种最有吸引力的事，总是静静地在一边旁听，还免不了跟着傻笑。父亲从不赶我走，还常常指着我不无亲切地叫我"傻小子"。他对孩子们的功课和成绩毫无兴趣，一次也没问过，也没辅导过，采取一种绝对超然的态度。他表示赞同的，在我当时看来，几乎都是和玩儿有关的事情，比如他十分欣赏我对书画有兴趣，对唱歌有兴趣，对参加学生会的社会活动有兴趣。他很爱带我去访朋友，坐茶馆，上澡堂子。走在路上，总是他拄着手杖在前面，我紧紧地跟在后面，他从不拉我的手，也不和我说话。我个子矮，跟在他后面，看见的总是他的腿和脚，还有那双磨歪了后跟的旧皮鞋。就这样，跟着他的脚印，我走了两年多，直到他去了美国。现在，一闭眼，我还能看见那双歪歪的鞋跟。我愿跟着它走到天涯海角，不必担心，不必说话，不必思索，却能知道整个世界。

再见到父亲时，我已经是十五岁的少年了，是个初三学生。他给我从美国带回来的礼物是一盒矿石标本，里面有二十多块可爱的小石头，闪着各种异样的光彩，每一块都有学名，还有简单的说明。

我奇怪地发现，此时此刻的父亲已经把我当成了一个独立的大人，采取了一种异乎寻常的平等态度。他见到我，不再叫"小乙"，而是称呼"舒乙"，而且伸出手来和我握手，好像彼此是朋友一样。他的手很软，很秀气（xiùqi），手掌很红，握着他伸过来的手，我的心充满了惊奇，顿时感到自己长大了，不再是他的小小的"傻小子"了。高中毕业后，我通过了留学苏联的考试，父亲很高兴。五年里，他三次到苏联去开会，都专程到列宁格勒去看我。他没有给我写过信，但是常常得意地对朋友们说：儿子是学理工的，学的是由木头里炼酒精！

虽然父亲诚心诚意地把我当成大人和朋友对待，还常常和我讨论一些严肃的问题，我仍常常强烈地感觉到，在他的内心里我还是他的小孩子。有一次，我要去东北出差，临行前向他告别，他很关切地问车票带了吗，我说带好了，他说："拿给我瞧瞧！"直到我从口袋中掏出车票，他才放心了。接着又问："你带了几根皮带？"我说："一根。"他说："不成，要两根！"干嘛要两根？他说："万一那根断了呢，非抓瞎不可！来，把我这根也拿上。"父亲的这两个问题，让我笑了一路。

对我的恋爱婚事，父亲同样采取了超然的态度，表示完全尊重孩子的选择。他送给我们一幅亲笔写的大条幅，红纸上八个大字"勤俭持家，健康是福"，下署"老舍"。这是继矿石标本之后他送给我的第二份礼物，以后，一直挂在我的床前。可惜，后来红卫兵把它撕成两半，扔在地下乱踩，等他们走后，我连忙从地上将它们拣起藏好，保存至今，虽然残破不堪，却是我的最心爱的宝贝。

老舍故居

直到前几年，我才从他的文章中发现，父亲对孩子教育竟有许多独特的见解。生前他并没有对我们直接说过，可是他做了，全做了，做得很出色。我终于懂得了他的爱的价值。

父亲死后，我一个人曾在太平湖畔陪伴他度过了一个漆黑的夜晚。我摸了他的脸，拉了他的手，把泪洒在他满是伤痕的身上，我把人间的一点儿热气当做爱回报给他。

我很悲伤，我也很幸运。

（摘自《父子情》，《人民日报海外版》，1989年6月19日，有删改）

根据文章内容，选择正确答案

1. "那种严厉得令孩子望而生畏的人"，其中"望而生畏"的意思是： （   ）
   A. 没看见先害怕   B. 没看见就生气
   C. 看见了就生气   D. 看见了就害怕

2. "使我遗憾终身的是"，其中"遗憾终身"的意思是： （   ）
   A. 让自己一生没有不满   B. 始终对自己感到不满
   C. 一辈子都感到不满意   D. 对身体感觉到不满意

3. "说起来有点儿泄气"，其中"泄气"的意思是： （   ）
   A. 漏气   B. 泄劲   C. 泄漏   D. 泄露

4. "爷儿俩彼此都是陌生的"，其中"陌生"的意思是： （   ）
   A. 不熟悉   B. 很熟悉   C. 不生气   D. 很生气

5. "采取一种绝对超然的态度"，其中"超然"的意思是： （   ）
   A. 超过自然能力   B. 超脱而独立的
   C. 超越一般人的   D. 超过而独立

6. "每一块都有学名"，其中"学名"的意思是： （   ）
   A. 学生专用名字   B. 学习用的名字
   C. 科学专有名称   D. 研究用的名称

7. "他三次到苏联去开会,都专程到列宁格勒去看我",其中"专程"指的意思是:(　　)
   A. 特别专用的路线　　　　　　B. 特意修建的铁路
   C. 专门修建的路程　　　　　　D. 特意为看他而去

8. "非抓瞎不可"的意思是:(　　)
   A. 一定会找出办法的　　　　　B. 一定要抓到个瞎子
   C. 一定会忙乱着急的　　　　　D. 一定能够解决问题

9. "做得很出色"的意思是:(　　)
   A. 做得有特色　　B. 做得非常好　　C. 做得有颜色　　D. 做得不标准

简要回答下列问题

1. 老舍在教育下一代方面有哪些独到的见解和做法?

2. 你觉得文中哪些句子特别饱含着感人肺腑的父子深情?

3. 读了这篇文章,你感觉父亲在作者心中的形象是什么样的?为什么?

深情父亲 5

二 快速阅读下列各段，按逻辑关系将各段重新排序

（二）   限时：2 分钟

A. 在北京，她完成了从学生到新闻记者、从少女到为人妻母的转变，北京是她文学之路的起点。

B. 林海音对北京有着深厚的情感，《城南旧事》一书既是她童年生活的写照，更是当年北京平民生活的写真，也是她最具影响的作品。林海音以她的成就、她的为人、她的号召力，成为连接大陆与台湾文学之间的桥梁、连接中国与世界文坛的桥梁。她的作品被译为多种文字，她的一生荣获众多文学奖项，1998年第三届世界华文作家大会上被授予"终身成就奖"。有评论认为，林海音的去世，是台湾文学一个时代的结束。

C. 1948年，林海音举家迁往台湾，在台湾仍以办报、办刊、写作、出版为主，联络了大批在台的文化界人士，提携了大量台湾的文学青年，出版了众多文学名作，被称为台湾文学"祖母级的人物"。

D. 林海音（1918—2001），中国现代著名女作家。生于日本大阪，3岁随父母返台，5岁来到北京，在北京度过了童年与青年时期。

重新排序＿＿＿＿＿＿＿

（三）   限时：2.5 分钟

A. 朱自清一贯主张创作要本着"求诚之心""如实描写客观事象"，同时需细加感受、融入个性，"虽只一言一动之微，却已包蕴了全部的性格；最要紧的，包蕴着与众不同的趣味"。他的散文，以绵密醇厚的情致感人，并注重缜密自然的构思，擅长诗情画意地摹景状物，文字由优美典雅日益转向质朴清峻，且富于口语韵味。

B. 朱自清（1898—1948），原名自华，字佩弦，号实秋。原籍浙江绍兴，生于江苏省东海县，1903年随父定居扬州，故自称扬州人。1916年考入北京大学预科，次年进本科哲学系，改名自清。

C. 叶圣陶在《朱佩弦先生》一文中指出，讲授中国文学或编写现代文学史，"谈到文体的完美，文字的会写口语，朱先生应该是首先被提及的"。

朱自清

成功篇·第一册

D. 1920年大学毕业后，朱自清曾在江浙一带中学任教，并开始诗歌创作。1925年8月起，任清华大学中文系教授，创作转向散文。出版有诗文集《踪迹》，散文集《背影》《欧游杂记》《你我》《伦敦杂记》，文艺评论集《新诗杂话》《标准与尺度》《论雅俗共赏》等。朱自清是"五四"以来最有影响的散文家之一，其散文文字风格不一，但都注重写法上的"漂亮和缜密"，曾被誉为"美文"的典范。

重新排序_____

 三 选择正确的句子填到各段中，并按逻辑关系将各段重新排序

（四）　　　　　　　　 限时：4 分钟

语句
① 越要先在说话上把自己变成这块土地上的生人
② 她创办的纯文学出版社
③ 也每每令我感动
④ 我喜爱林海音
⑤ 写作的时候用尽心力

A. 回大陆之后，我在一篇关于林海音的散文里写道：在台北，当我与我喜爱的作家林海音会面时，这位身材娇巧、雍容端庄的小老太太给了我特殊的亲切之感。她那幽默活泼、口齿清晰的纯正京腔，骤然间把台北与北京拉得如此近切。我惊奇地倾听她的闲聊，揣度她何以能够在离开北京近50年的岁月里执拗（zhíniù　固执）地捍卫了北京的口音。她的《城南旧事》感动着我母亲那一辈人，_____。

B. 林海音先生76岁时，在《生活者林海音》一书的"书前小记"中说："写作认真的我，并不因年龄的增长而有所疏误，_____。"林海音先生用一生认真写作，从容生活，热情提携（tíxié　在事业上扶植后辈）文坛新秀，大方坦诚待人。她为自己是一名中国作家而自豪，她的为文、为人当之无愧地受到文学晚辈的尊敬。她的文字可能不会强烈地震撼你，却因饱满而质朴的情感和关爱凡俗生命的体贴产生着悠

174

远长久的魅力，缓慢而有力地渗透在两岸读者的阅读生活里。她为两岸文化交流所作出的积极努力和贡献，更令人格外敬佩。

C. 回家之后，在秋日的夜晚读林海音送给我的未经删节的原版《城南旧事》，耳边尽是台北细雨中她那毫不造作的京腔。思绪又岔开（chàkāi 离开）去想起大陆的一些节目主持人和影视歌星，其中越是未曾离过大陆者，却不知为什么_____。这时我方才明白林海音捍卫的何止是一种口音呢，她不敢忘却的其实是影响了作家一生的那种根底结实、平凡热闹的童年生活。

D. 1995 年夏天，应高雄文艺家协会邀请，大陆作家代表团访问台湾时，我与金坚范、蒋翠林二位曾在台北林海音先生家受到热情款待，并在湿润的小雨中参观了_____。还记得她在出版社对我们说："只要你们带得动，这里的书有你们喜欢的就随便拿。"

E. 又读《城南旧事》，深深为林海音叙述语言的简洁、质朴和温暖的幽默所感动。女性作家文笔细腻清秀或者真挚热烈都不困难，但能够懂得幽默却不容易，须大家方可。因为幽默本是智慧的最高形式，_____，这也是一个重要的缘由。

选择语句填充_____

重新排序_____

（五）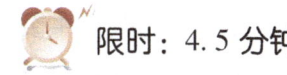

语句
① 哺育他的感情
② 表现父子、夫妻、朋友间的人伦之情
③ 从此以后他致力于散文创作
④ 对古城这段生活

A. 朱自清在扬州生活了一年，在那里度过了他的童年时期和少年时期。_____，他的感受是微妙、复杂的。大概是生活过于单调，所以他后来曾说，儿时的记忆只剩下"薄薄的影"，"像被大水洗了一般，寂寞到可惊程度！"但是，在漫长曲折的人生旅途上，儿时毕竟是首发的"驿站"（yìzhàn 古时候供人马中途休息的地方）。

B. 朱自清有著作27种，共约190万言，包括诗歌、散文、文艺批评、学术研究等。大多收入1953年开明书店出版的4卷《朱自清文集》。1988年，江苏教育出版社对朱自清著作又一次全面搜集、整理，出版了6册《朱自清全集》。朱自清虽在"五四"运动后开始新诗创作，但是，1923年发表的《桨声灯影里的秦淮河》，却显示出他在散文创作方面的才能，_____，取得了引人注目的成就。1928年出版的散文集《背影》，使朱自清成为当时负有盛名的散文作家。

C. 扬州是一个风景秀丽的文化名城，湖光山色，风物宜人，曾使多少诗人如李白、杜甫、苏东坡、欧阳修等流连于此，寻幽探胜，写下了许多脍炙（kuàizhì 美食）人口的瑰丽诗篇。扬州也是一个英雄的历史名城，在抵御（dǐyù 抵抗）异族侵略的历史上，曾谱写下无数辉煌的篇章，留下许多可歌可泣的故事。古城的绮丽（qǐlì 鲜艳美丽）风光和浓郁的崇尚文化的风气，于无形中陶冶（táoyě 有益的影响）着少年朱自清的性情，养成他和平中正的品性和向往自然美的情趣。而扬州美丽的山水，更如雨露般滋润他的心灵，_____，丰富他的想象力，使他的情怀永远充溢着诗情和画意。扬州，这座历史文化名城，对他的影响是潜移默化的，又是深远的。

D. 朱自清的散文主要是叙事性和抒情性的小品文。其作品的题材可分为三个系列：一是以反映社会生活，抨击（pēngjī 用言语或评论攻击）黑暗现实为主要内容的散文，代表作品有《生命价格——七毛钱》《白种人——上帝的骄子》和《执政府大屠杀记》。二是以《背影》《儿女》《悼亡妇》为代表的散文，主要描写个人和家庭生活，_____，具有浓厚的人情味。第三，以写自然景物为主的借景抒情的小品，《绿》《春》《桨声灯影里的秦淮河》《荷塘月色》等，是其代表作。后两类散文，是朱自清写得最出色的，其中《背影》《荷塘月色》更是脍炙人口的名篇。其散文素朴缜密（zhěnmì 周密、细致）、清隽（qīngjùn 清秀美丽）沉郁，以语言洗练、文笔清丽著称，极富真情实感。

选择语句填充_____

重新排序_____

深情父亲

课　文

课文导读

世界上最无私的爱莫过于父母对子女的爱。下面我们选取三篇散文，通过三个家庭、从三个侧面来放大这种爱，体味这种爱。

思考题

1. 你理想中的父亲是什么样的？
2. 谈谈你理解的"严父"是什么样的。
3. 谈谈你理解的"慈父"是什么样的。
4. 年老的父母对孩子的爱会表现在什么方面？

迟　到

林海音

不思量，自难忘。

我是多么想念住在北京城南的那些景色和人物呵。北京而今已物是人非了。可是，随着岁月的荡涤，在我，一个远方游子的心头，却日渐清晰起来。我所经历的大事也不算少了，可都被时间磨逝了。然而，这些童年的琐事，无论是酸的、甜的、苦的、辣的，却永久永久地印在我的心头。

我的童年是在父母的呵护中度过的。

我的父亲很疼我，但是他管教我很严，很严很严。有一件事我永远忘不了……

当我在一年级的时候，就有早晨赖在床上不起来的毛病。每天早晨醒来，看到阳光照到玻璃窗上了，我的心里就是一阵愁。心想，已经这么晚了，等起来，洗脸、梳头、换制服，再走到学校去，准又是一进教室就被罚站在门边，同学们的眼光，会一个个向你投过来。我虽然很懒惰，可是也知道害羞呀！所以又愁又怕，常常都是怀着恐惧的心情，奔向学校去。最糟的是，爸爸是不许小孩子上学乘车的，他不管你晚不晚。

有一天，从早晨起就下大雨，我醒来就知道不早了，因为爸爸已经在吃早点。我听着不停的大雨，心里愁得不得了。我上学不但要迟到了，而且在这夏天的时候，还要被妈妈打扮得穿着肥大的夹袄、拖着不合脚的大油鞋①，举着一把大油纸伞，一路走到学校去。想到这么不舒服的上学，我竟很勇敢地赖在床上不起来了。

等一下，妈妈进来了。她看我还没有起来，吓了一跳，催促着我，但是我皱紧了眉头，低声向妈哀求说：

"妈，今天已经晚了，我就不要去上学了吧？"

妈妈就是做不了爸爸的主，当她转身出去，爸爸就进来了，他瘦瘦高高的，站到床前来，瞪着我：

"怎么不起来？快起！快起！"

"晚了，爸！"我硬着头皮说。

"晚也得去，怎么可以逃学？起！"

一个字的命令最可怕，但是我怎么啦？居然有勇气不挪动。

爸气极了，一下把我从床上拖起来，我的眼泪就流出来了，爸左看右看，结果从桌上抄起一把鸡毛掸子②，倒转来拿，藤鞭子在空中一抡，就发出咻咻的声音，我挨打了！

爸把我从床头打到床尾，外面的雨声混合着我的哭声。我哭着，躲避，最后还是冒着大雨上学去了，我像是一只狼狈的小狗，被宋妈抱上了洋车。第一次花五大枚坐车去上学。

我坐在放下雨篷的洋车里，一边抽抽搭搭地哭着，一边撩起裤腿来检查我的伤痕。那一条条鼓起的鞭痕，红肿的，而且发着热。我把裙子向下拉了拉，遮盖住最下面的一条伤痕，我是怕同学看见了要耻笑我。

虽然迟到了，但是，老师并没有罚我站，这是因为下雨天可以原谅的缘故。

老师教我们先静默再读书，坐直身子，手背在身后，闭上眼睛，静静地想五分钟。老师说：想想看，你是不是听爸妈和老师的话？昨天留的功课有没有没做好？今天功课全带来了吗？早晨跟爸妈有礼貌地道别了吗？……我听到这儿，鼻子不禁抽搭了一大下，幸好我的眼睛是闭着的，泪水不至于流出来。

正在静默的当中，有人拍了我的肩头一下，我急忙睁开了眼，原来是老师站在我的位子边。他用眼神告诉我，让我向教室的窗外看去，我猛一转头看，是爸爸那瘦高的影子！

我刚安静下来的心，又害怕起来了！爸爸为什么追到学校来？爸爸点头招我出去，我看看老师，征求他的同意，老师微笑地点点头，表示同意我出去。

我走出了教室，站在爸面前。爸没说什么，打开了手中的包袱，拿出来的是我的花

---

① 油鞋：旧时在布鞋的表面涂上一层桐油，防止雨水渗透进鞋里。
② 鸡毛掸子：用鸡毛扎成的一种清扫尘土的工具。

夹袄。他递给我，看着我穿上，又拿出两枚铜板给我。

后来怎么样了，我已经不记得。由于这件事，我从此一生做一个守时守信的人。

(摘自《九年义务教育三年级制初级中学 语文读本》(第三册)，开明出版社)

背 影

朱自清

我与父亲不相见已二年余了，我最不能忘记的是他的背影。

那年冬天，祖母死了，父亲的差使也交卸了，正是祸不单行①的日子，我从北京到徐州，打算跟着父亲奔丧回家。到徐州见着父亲，看见满院狼藉的东西，又想起祖母，不禁簌簌地流下眼泪。父亲说："事已至此，不必难过，好在天无绝人之路。"

回家变卖典质，父亲还了亏空；又借钱办了丧事。这些日子，家中光景很是惨淡，一半为了丧事，一半为了父亲赋闲。丧事完毕，父亲要到南京谋事，我也要回北京念书，我们便同行。

到南京时，有朋友约去游逛，勾留了一日；第二日上午便须渡江到浦口，下午上车北去。父亲因为事忙，本已说定不送我，叫旅馆里一个熟识的茶房陪我同去。他再三嘱咐茶房，甚是仔细。但他终于不放心，怕茶房不妥帖，颇踌躇了一会儿。其实我那年已二十岁，北京已来往过两三次，是没有什么要紧的了。他踌躇了一会儿，终于决定还是自己送我去。我两三回劝他不必去，他只说："不要紧，他们去不好！"

我们过了江，进了车站。我买票，他忙着照看行李。行李太多了，得向脚夫行些小费，才可过去。他便又忙着和他们讲价钱②。我那时真是聪明过分，总觉得他说话不大漂亮，非自己插嘴不可。但他终于讲定了价钱，就送我上车。他给我拣定了靠车门的一张椅子，我将他给我做的紫毛大衣铺好座位。他嘱我路上小心，夜里要警醒些，不要受凉。又嘱托茶房好好照应我。我心里暗笑他的迂，他们只认得钱，托他们直是白托！而且我这样大年纪的人，难道还不能料理自己么？唉，我现在想想，那时真是太聪明了！

我说道："爸爸，你走吧。"他往车外看了看，说："我买几个橘子去。你就在此地，

---

① 祸不单行：俗话，全句为"福无双至，祸不单行"，表示好事没有两件一起来，而坏事总是接连着来。
② 讲价钱：讨价还价。

不要走动。"我看那边月台的栅栏外有几个卖东西的等着顾客。走到那边月台，须穿过铁道，须跳下去又爬上去。父亲是一个胖子，走过去自然要费事些。我本来要去的，他不肯，只好让他去。我看见他戴着黑布小帽，穿着黑布大马褂，深青布棉袍，蹒跚地走到铁道边，慢慢探身下去，尚不大难。可是他穿过铁道，要爬上那边月台，就不容易了。他用两手攀着上面，两脚再向上缩；他肥胖的身子向左微倾，显出努力的样子。这时我看见他的背影，我的泪很快地流下来了。我赶紧拭干了泪，怕他看见，也怕别人看见。我再向外看时，他已抱了朱红的橘子往回走了。过铁道时，他先将橘子散放在地上，自己慢慢爬下，再抱起橘子走。到这边时，我赶紧去搀他。他和我走到车上，将橘子一股脑儿放在我的皮大衣上。于是扑扑衣上的泥土，心里很轻松似的，过一会儿说："我走了，到那边来信！"我望着他走出去。他走了几步，回头看见我，说："进去吧，里头没人。"等他的背影混入来来往往的人里，再找不着了，我便进来坐下，我的泪又来了。

　　近几年来，父亲和我都是东奔西走，家里光景是一日不如一日。他少年出外谋生，独立支持，做了许多大事。哪知老境却如此颓唐！他触目伤怀，自然情不能自已。情郁于中，自然要发之于外，家庭琐屑便往往触他之怒。他待我渐渐不同往日。但最近两年的不见，他终于忘却我的不好，只是惦记着我，惦记着我的儿子。我北来后，他写了一信给我，信中说道："我身体平安，唯膀子疼痛厉害，举箸提笔，诸多不便，大约大去之期不远矣①。"我读到此处，在晶莹的泪光中，又看见那肥胖的，青布棉袍，黑布马褂的背影。唉！我不知何时再能与他相见！

（摘自《朱自清散文全集》，江苏教育出版社，1988年）

回家摁门铃

张　鹰

　　从来不去想出门带没带钥匙，也没有回家找不到钥匙的焦灼，因为家里总有人为我开门。

　　走到家门口，伸手摁门铃，门轻轻地开了，一声苍老柔和的问候声响起，让我的心"咕咚"一下，跌在最柔软的地方，好舒服、好惬意！

　　母亲在世的时候，二老常为开门争执。门铃"叮咚"一声，父母像赛跑一样过来开门，母亲的脚步是细碎急促的，父亲的脚步则像重鼓敲在地板上。母亲总落后父亲一

---

① 大去之期不远矣：隐语，意思是距离死亡的期限不远了。

步："叫你做事磨洋工①，给女儿开门比哪个都积极。"母亲委屈地站在父亲身后嗔怪着，父亲满怀着胜利的喜悦，为我接包、递鞋、倒茶，天天让我享受贵宾待遇。

老妈去世后，没有人跟老爸抢开门了，老爸的灵气和幽默给老妈带去了不少。并且随着生命年轮的一天天加厚，耳朵背了，脚步迟缓了，为了不耽误开门，到我下班的钟点，他就守在门边，守株待兔般地聆听他认为最动人的音乐响起，那昏花的目光如慈母之手在我的脸上轻拂，驱散我一天的劳累和烦躁。

有一天下班路上堵车，到家比平日迟了半个小时，我照例摁响门铃，一声、两声，一声比一声急促，可毫无反应。我心里一紧：老爸出什么事了？忙翻包掏出钥匙打开门，只见老爸站在阳台上，向外张望，晚风吹拂着他稀疏的白发，那情景让我心里一阵酸楚，不知不觉中，泪已成行。老爸一回头看到我，刚刚还寂寞如荒原的脸，一瞬间像波斯菊②一样盛开了，那舒展的笑容里，竟有一种孩子得到宝贝般的惊喜和羞涩。

我知道这半个小时中，老爸的心灵经受了怎样的煎熬。每晚享受"叮咚"的神圣之音已成了老爸的习惯，这个声音的准时与否牵动着他的神经，稍迟一会儿，他的脑子里就会排列出多种猜测方案，生出这样或那样的担心和焦虑。

这份牵挂，是"衣带渐宽终不悔"的诚，是"独上高楼，望断天涯路"的痴，还带着几分无法解释的"愚"。每天下班我都不敢耽搁。

不久，我发现门边多了一把椅子，挺碍事的，每天晚上我搬过去，第二天又回到了门边。仔细观察，发现这是老爸特地设置的"门岗"，老人家怕听不到门铃，不能在第一时间为女儿开门，就坐在门边，用心听，用爱听。

这样的细节如此温情，就像冬天的一杯热茶，将冰冷的手指一点儿一点儿摩挲温热了，心也跟着热起来，汹涌出感恩的潮水来。

回家摁门铃的幸福，不是所有人都能享受到的。在有限的生命中，有你的至亲父母时时将他们的心声附于你的身上，念你、记挂你、关心你，用珍贵的亲情，撑起你的人生路上最温暖的支点，是小辈不浅的福分。

---

① 磨洋工：指做事磨蹭、很慢。
② 波斯菊：Calliopsis。

在摁响门铃的那一刻，我把疲惫、烦躁和不快留在门外，给为我开门的亲人一个灿烂的笑脸，作为牵挂的酬谢。我知道，这对于爱着我的人来说，是最好的酬资。

(摘自《新民晚报》(电子版))

思考与回答

1. 《迟到》中的父亲是如何表达对女儿的爱的？这件事对女儿以后产生了怎样的影响？

　　鸡毛掸子　　花夹袄　　铜板　　守时　　守信

2. 《背影》中三次出现父亲的背影，各是在什么情形下出现的？作者为什么流下眼泪来？

　　青布棉袍　　黑布马褂　　橘子　　攀　　爬

3. 《回家摁门铃》中对父亲给女儿开门作了哪些描写？表现了父亲怎样的心情？

　　脚步　　守株待兔　　聆听　　煎熬

背景链接

林海音（1918—2001），中国现代著名女作家。其原名林含英。原籍台湾省苗栗县，生于日本大阪，3岁随父母返台，5岁来到北京，在北京度过了童年与青年时期，并完成了从学生到新闻记者、从少女到为人妻母的转变。1948年，举家迁往台湾。在台湾出版了众多文学作品，《城南旧事》一书既是她童年生活的写照，也是她最具影响的作品。

朱自清（1898—1948），原籍浙江绍兴，生于江苏省东海县，1903年随父定居扬州。1916年考入北京大学预科，次年进本科哲学系，改名自清。1920年大学毕业后，曾在江浙一带中学任教，并开始诗歌创作。1925年8月起，任清华大学中文系教授，创作转向散文。朱自清是"五四"以来最有影响的散文家之一，其散文文字风格不一，但都注重写法上的"漂亮和缜密"，曾被誉为"美文"的典范。

词语

1.	荡涤	dàngdí	(动)	洗涤。
2.	远方	yuǎnfāng	(名)	距离较远的地方。
3.	心头	xīntóu	(名)	心上；心里。
4.	日渐	rìjiàn	(副)	一天比一天，不断地。
5.	赖	lài	(动)	留在某处不肯走开。
6.	懒惰	lǎnduò	(形)	不爱劳动和工作；不勤快。
7.	催促	cuīcù	(动)	催。
8.	哀求	āiqiú	(动)	苦苦请求。
9.	狼狈	lángbèi	(形)	形容困苦或受窘的样子。
10.	洋车	yángchē	(名)	人力车。
11.	抽搭	chōuda	(动)	一吸一顿地哭泣。
12.	伤痕	shānghén	(名)	伤疤。
13.	幸好	xìnghǎo	(副)	幸亏。
14.	铜板	tóngbǎn	(名)	从清代末年到抗日战争前通用的铜质钱币，圆形。
15.	背影	bèiyǐng	(名)	人体的背面形象。
16.	差使	chāishi	(名)	指官场中临时委任的职务，后来也泛指职务或官职。
17.	奔丧	bēnsāng	(动)	从外地急忙赶回去料理长辈亲属的丧事。
18.	狼藉	lángjí	(形)	乱七八糟；杂乱不堪。
19.	变卖	biànmài	(动)	出卖财产什物，换取现款。
20.	典质	diǎnzhì	(动)	典当。
21.	亏空	kuīkong	(名)	所欠的财物。
22.	丧事	sāngshì	(名)	人死后处置遗体、进行悼念活动等事。
23.	光景	guāngjǐng	(名)	境况；状况；情景。

24. 惨淡	cǎndàn	(形)	凄凉；萧条；不景气。
25. 赋闲	fùxián	(动)	没有职业在家闲着。
26. 谋	móu	(动)	图谋；谋求。
27. 勾留	gōuliú	(动)	逗留。
28. 茶房	cháfáng	(名)	旧时称在旅馆、茶馆、轮船、火车、剧场等地方从事供应茶水等杂务的人。
29. 甚	shèn	(副)	很；极。
30. 妥帖	tuǒtiē	(形)	恰当；十分合适。
31. 踌躇	chóuchú	(形)	犹豫。
32. 脚夫	jiǎofū	(名)	旧称搬运工人。
33. 插嘴	chāzuǐ	(动)	在别人说话中间插进去说话。
34. 警醒	jǐngxǐng	(形)	睡眠时易醒、睡不熟。
35. 受凉	shòuliáng	(动)	受到低温的影响而患感冒等疾病。
36. 嘱托	zhǔtuō	(动)	托（人办事）；托付。
37. 料理	liàolǐ	(动)	办理；处理。
38. 铁道	tiědào	(名)	铁路。
39. 费事	fèishì	(形)	事情复杂，不容易办。
40. 蹒跚	pánshān	(形)	腿脚不灵便，走路缓慢、摇摆的样子。
41. 朱红	zhūhóng	(形)	比较鲜艳的红色。
42. 一股脑儿	yìgǔnǎor	(副)	〈方〉通通。
43. 颓唐	tuítáng	(形)	精神委靡。
44. 忘却	wàngquè	(动)	忘记。
45. 唯	wéi	(副)	单单；只。
46. 膀子	bǎngzi	(名)	胳膊的上部靠肩的部分。
47. 箸	zhù	(名)	筷子。
48. 诸多	zhūduō	(形)	许多；好些个（用于抽象事物）。
49. 晶莹	jīngyíng	(形)	光亮而透明。

深情父亲

50.	摁	èn	（动）	（用手）按。
51.	焦灼	jiāozhuó	（形）	非常着急。
52.	苍老	cānglǎo	（形）	（面貌、声音等）显出老态。
53.	柔和	róuhé	（形）	温和而不强烈。
54.	争执	zhēngzhí	（动）	争论中各持己见，不肯相让。
55.	嗔怪	chēnguài	（动）	对别人的言语或行动表示不满。
56.	满怀	mǎnhuái	（动）	心中充满。
57.	迟缓	chíhuǎn	（形）	不迅速；缓慢。
58.	烦躁	fánzào	（形）	烦闷急躁。
59.	平日	píngrì	（名）	一般的日子（区别于特定的日子，如节假日或特指的某一天）。
60.	酸楚	suānchǔ	（形）	辛酸苦楚。
61.	盛开	shèngkāi	（动）	茂盛地开放。
62.	心灵	xīnlíng	（名）	指内心、精神、思想等。
63.	经受	jīngshòu	（动）	承受；禁受。
64.	煎熬	jiān'áo	（动）	比喻折磨。
65.	耽搁	dānge	（动）	停留；拖延。
66.	碍事	àishì	（动）	妨碍做事；造成不方便；有妨碍。
67.	摩挲	māsā	（动）	用手轻轻按着并一下一下地移动。
68.	至亲	zhìqīn	（名）	关系最亲的亲戚。
69.	疲惫	píbèi	（形）	非常疲乏。
70.	酬谢	chóuxiè	（动）	用金钱、礼物等表示谢意。

四字词语

1.	物是人非	wù shì rén fēi	东西还是原来的东西，可是人已不是原来的人了。多用于表达事过境迁。

成功篇・第一册

2. 祸不单行　huò bù dān xíng　祸：灾难。指不幸的事接二连三地发生。

3. 东奔西走　dōng bēn xī zǒu　到处奔波。多指为生活所迫或为某一目的四处奔走活动。

4. 触目伤怀　chù mù shāng huái　看到某种情况而内心伤悲。

5. 守株待兔　shǒu zhū dài tù　株，露出地面的树根。原比喻希望不经过努力而得到成功的侥幸心理。现也比喻死守狭隘经验，不知变通。

专有名词

1. 宋妈　Sòng Mā　《迟到》中对女佣的称呼。

2. 徐州　Xúzhōu　地名，位于江苏省。

3. 浦口　Pǔkǒu　地名，位于江苏省。

词语讲解与练习

一　词语例释

1. 日渐

 一天比一天，不断地。

◎ 北京而今已物是人非了。可是，随着岁月的荡涤，在我，一个远方游子的心头，却日渐清晰起来。

186

① 我认为这件事等时机日渐成熟之后再变动就麻烦了。
② 丈夫死了之后，她不仅整日没了精神，人也日渐消瘦。
③ 天津队战绩不佳，队员圆不成冠军梦，心劲儿也就日渐淡了。
④ 也许慢慢地，顾客会重新信任他们，生意也终究会日渐兴隆。
⑤ 这两位之间的积怨也日渐其深，你拆他的墙脚，他还你个小动作。

📖 "日渐"后多加形容词，表示程度一天比一天加重。多用于书面语。

2. 幸好

副词 表示幸运地得到免除不良后果的有利条件。多用于口语。

◎ 我听到这儿，鼻子不禁抽搭了一大下，幸好我的眼睛是闭着的，泪水不至于流出来。

① 没想到要在路上打电话，幸好身上带着零钱。
② 我已经准备出门了，幸好你提醒了我带手机。

📖 用于单句。仅指出有利条件，不利后果多隐含；造成不良后果的原因上下文一般有说明。

③ 幸好抢救及时，食物中毒的学生才化险为夷。
④ 幸好你及时提醒，我才没有忘记。
⑤ 幸好发现得早，治疗得早，才没有落下后遗症。

📖 多用于复句的前一分句，后一分句中多有"才"。表示有了前面的有利条件，从而避免了本来可能出现的后果。"才"后多跟否定形式。

⑥ 幸好带了雨伞，不然就要挨淋了。
⑦ 临考前幸好看了这一章，否则，哪儿会有这么好的成绩。

📖 后一分句中有"不然、否则、要不"，表示如果没有后面出现的有利条件，后果将不堪设想。

3. 甚

副词 表示程度高；很，非常。多用于书面。多修饰单音节词。

◎ 他再三嘱咐茶房，甚是仔细。

① 歌谣的研究，历时甚短。

② 昨得二十日函，甚慰。

📖 多修饰单音节词。

③ 及敌回头北向，必甚疲劳，乘隙打其可打者。

④ 我们一切如常，弟亦甚安好。

📖 "甚"前有另一单音节词，合起来可修饰双音节词。

⑤ 她的发不甚厚，但黑而有光。

⑥ 尽管目前生存危机威胁着三分之二的中国人，但在我们这种中等城市，这种危机还不甚明显。

📖 "不+甚……"，单音节词、双音节词均可修辞。

⑦ 这大约是各国都有的事，但中国较甚，真不是好现象。

⑧ 诗人范博文却形容太甚，仿佛只是一个笑话。

📖 "甚"在上两个例句中为形容词，表示"严重"、程度深。

4. 一股脑儿

副词 全部；从头到尾。

◎ 他和我走到车上，将橘子一股脑儿放在我的皮大衣上。

① 已经退了休的吴某将自己折腾了9个月、与原单位打劳动官司的苦恼一股脑儿地倒了出来。

② 有的房地产开发商甚至连集体土地、划拨土地也一股脑儿地圈起来。

③ 那个犯罪嫌疑人向民警一股脑儿地供认了6起抢劫犯罪的经过。

④ 女儿不知什么时候拿来一盒蜡笔一股脑儿堆放在他的面前。

⑤ 民工把老板拖欠工资的事一股脑儿告诉了记者。

📖 多用于口语。

5. 唯

| 副词 | "单、只"的意思。用于书面。

◎ 我身体平安，唯膀子疼痛厉害，举箸提笔，诸多不便，大约大去之期不远矣。

① 一切想要缩短战争的人们，唯有努力增加自己力量减少敌人力量这一种方法。

📖 "唯+数词/动词短语/形容词短语"时，动词、形容词应为单音节词。

② 出示日记二册……亦不著月日，唯墨色字体不一，知非一时所书。

③ 我两人情投意合，结为婚姻……唯茶话会同于寻常消遣，似欠郑重之意。

📖 "只是，仅仅"的意思，多修饰名词或名词短语。

④ 这种净酒，颜色香味，即皆同水无异，唯力大性烈，不可仿佛。（沈从文）

📖 很少修饰动词短语。

二 词语辨析

1. 伤痕　伤疤

伤痕

◎ 我坐在放下雨篷的洋车里，一边抽抽搭搭地哭着，一边撩起裤腿来检查我的伤痕。

① 他身材很高大，青白脸色，皱纹间时常夹些伤痕。

② 刘和珍是"三•一八"惨案四十几个勇敢牺牲的青年里的一个。死在政府门前，满身枪眼加上棍棒的伤痕。

③ 小杜古尔身上，一年到头总是挂着伤痕。

④ 我们要永远记住这仇恨，我们用胜利治疗这伤痕，你要好好儿学习、努力工作……

⑤ 在我小小的心灵上，这成为一个很大的伤痕。

伤疤

① 他们又互相指着身上的伤疤感叹起来，从抗日战争、解放战争……

② 柳妈不耐烦地看着她的脸说："我问你，你额头上的伤疤，不就是那时撞坏的吗？"

③ 那是在一年后，他母亲来探望儿子，他才得知满脸伤疤的她被遗弃，人们鄙视她，她抬不起头便退职回家了。

④ 今年以来股票市场的复苏喜讯并没有让人们"好了伤疤忘了痛"。

⑤ 老刘的脸上还留有一块儿永远无法复原的伤疤。

异同归纳		伤痕	伤疤
同	词性	名词	
	词义	指受伤后留下的疤痕。也比喻不幸的经历或遭遇的痛苦记忆。有时两个词可通用	
异	搭配对象	用于人或动植物，也可用于物体，如"汽车"	一般用于人或动植物
	词语搭配	~累累　~文学	好了~忘了疼
	词义侧重	着重指受伤后留下的痕迹，表明受伤不久，伤得可轻可重	着重指伤口愈合后留下的疤痕，表明受伤较久，当时伤得很重
	语义轻重	轻	重

2　忘却　忘掉

忘却

◎ 但最近两年的不见，他终于忘却我的不好，只是惦记着我，惦记着我的儿子。

① 他们的文艺思想、教育理念与人格的高尚是永恒的、不能被忘却的财富。

② 房间里浓厚的文化氛围使人忘却这是尘土飞扬的施工一线。

③ 人们也不应忘却来自北京首钢队的中锋、现在多伦多猛龙队的巴特尔。

④ 这些惨痛的历史正在被人有意或无意地忘却甚至篡改。

⑤ 烈火般燃烧的恋情使他们忘却了这世间的种种不如意。

忘掉

① 请你们不要只图获利而忘掉了良知和道德。

② 他把卢沟桥的枪眼和曾遍布南京城的血痕统统忘掉。

③ 她已经忘掉了自己还曾是青年战士的英雄经历。

④ 许多事情随着时间的流失都忘掉了，但他却忘不掉他的第二故乡哈尔滨。

异同归纳		忘却	忘掉
同	词义	表示经历的事物完全彻底地不再存留在记忆中	
异	词性/结构	动词	动补词组
	语法功能	可作谓语、定语	中间可插入"得/不"
	词语搭配	~的记忆　难以~	
	语体风格	多用于书面	多用于口语

3. 平日　平时

平日

◎ 有一天下班路上堵车，到家比平日迟了半个小时，我照例摁响门铃，一声、两声，一声比一声急促，可毫无反应。

① 消息传来，平日里静谧的中科院化学所成了一片欢乐的海洋。

② 老张在信中感激他近日邮来的千元汇款和平日对他们母子的照顾。

③ 春节期间，本市长途电话业务也比平日增长一倍，连999救护车每天接到呼叫的电话都比平日增加了一倍。

④ 别看平日里那些身高马大的男同行对女士彬彬有礼，但一到摄影目标前他们个个举着"大炮筒"争夺最佳位置，哪里还顾得上什么绅士风度。

⑤ 电影院、音像店里超出平日许多的营业额都充分说明了黄金周的巨大效应。

平时

① 一知道这件事，他马上把自己平时节省和"五一"刚发的奖金共5000元寄到了医院。

② 她平时对孩子的教育从来没有放松过。

③ 纽约人能从容应对停电事故，离不开政府平时反复倡导防灾意识。

④ 因为我们是来学汉语的，所以请大家在平时交谈时尽量用汉语。

⑤ 出于对食品卫生方面的考虑，平时笑容可掬的大师傅们天再热也都坚持戴上大口罩。

异同归纳		平日	平时
同	词性	名词	
	词义	指一般的、通常的时候	
	语法功能	多作状语或构成介词结构作状语	
异	搭配对象		常与"节日、战时、非常时期"对举使用
	词义侧重	着重指日常情况下的时候	着重指一般的、通常的时候，区别于特定的或特指的时候，也区别于非常时期，如"战时"等
	语体风格	通用于口语和书面语	多用于书面语

4. 疲惫　疲倦

疲惫

◎ 在摁响门铃的那一刻，我把疲惫、烦躁和不快留在门外，给为我开门的亲人一个灿烂的笑脸，作为牵挂的酬谢。

① 病发时有食欲减退、恶心呕吐、腹胀及右上腹压迫感或胀满感、疲惫乏力等体征。

② 郝世田拖着极度疲惫的病身子立即带领民警火速赶到了王台镇。

③ 长期繁忙、紧张的工作让她感到身心疲惫。

④ 无数个疲惫的黑夜总是一次次被希望的早晨所取代。

⑤ 从成都乘车去西藏，这段距离就足以使人疲惫不堪。

疲倦

① 他是个兴致勃勃、永不疲倦的人。

② 听说这种保健品对精神不振、失眠健忘、经常感冒、疲倦等都有良好的改善作用。

③ 事情发生后，从英国到西班牙的媒体都在不知疲倦地报道、分析和猜测。

④ 从她的脸上看到的只有兴奋没有疲倦。

⑤ 虽然飘起了小雨，但张老仍然不知疲倦地在操场上奔跑着。

异同归纳		疲惫	疲倦
同	词性	形容词	
	词义	形容精力、体力消耗过度，很需要休息的状态	
	语体风格	用于书面语	
异	词语搭配	~不堪	不知 ~
	词义侧重	着重于劳累到极点，精力体力消耗殆尽，难于支撑	着重于因疲劳过度而困倦
	语义轻重	重	轻

三 词语搭配

1. 懒惰

   ~的人　　　　极其~　　　　~至极
   ~的行为　　　非常~　　　　~成性
   ~的步伐　　　~思想　　　　~无比

2. 狼狈

   ~不堪　　　　十分~　　　　~得无地自容
   ~逃窜　　　　极其~　　　　一副~相
   ~为奸　　　　很~　　　　　如此~

3. 争执

   ~不下　　　　引起~　　　　~得难解难分
   ~不断　　　　引发~　　　　~局面
   ~连连　　　　停止~　　　　激烈的~

4. 踌躇

   ~满志　　　　颇费~　　　　一副~的样子
   ~不前　　　　极度~　　　　~了半天
   ~不决　　　　不需~　　　　~的神情

四 练习

（一）选择恰当的词语填空

> 疲惫　疲倦　平日　平时　忘却　忘记　伤痕　伤疤

1. 虽然过去十年了，但婚姻破裂给她的心灵留下难以抚平的_____。

深情父亲

2. 人们脱去节日的盛装，换回_____的装束，一切又恢复到从前。

3. 今天来上课，到教室才发现_____带课本了。

4. 她已经连续工作三天三夜，抢救了数不清的病人，看上去一脸的_____。

5. 这样的历史是不容_____的，也是不容歪曲的。

6. 摸着爸爸手上的_____，我心里十分难过，都是因为我爸爸才会受伤的。

7. _____里他省吃俭用，当见到有困难的人他会毫不犹豫伸出援助之手。

8. 在这个学校工作久了，已经没有了往日的朝气，剩下的只有_____和厌烦，到了该换工作的时候了。

（二）用指定词语完成句子

1. 到这个时候了还吞吞吐吐的，_____。（一股脑儿）

2. 数了数学生一个都不少，_____。（唯）

3. 今天的考试_____。（甚+单音节词）

4. 随着学期的推进，_____。（日渐）

5. _____，我们现在可以安全回家了。（幸好）

6. _____，孩子们终于按时完成了任务。（催促）

7. _____，他刚失去父亲，现在母亲又病了。（祸不单行）

8. 为了大家的事她_____。（东奔西走）

（三）用指定词语完成下列对话

1. A：他的情况怎么样？

   B：_____。（疲惫不堪）

2. A：昨天的考试还顺利吧？

   B：_____。（狼狈至极）

3. A：听说他最近出了本新书，近期还要出国工作。

   B：_____。（踌躇满志）

4. A：出门在外，又生病了，我真有点儿担心他。

   B：_____。（经受）

5. A：他们的小饭店生意不错啊！

   B：_____。（谋生手段）

6. A：_____。（光景）

   B：我看应该还可以吧。

7. A：_____。（一股脑儿）

   B：他这样做对自己没有任何好处。

8. A：_____。（幸好）

   B：是啊！我们已经到了安全地带了。

9. A：_____。（日渐）

   B：是啊，不然他怎么每天饭后都去健身房呢。

10. A：_____？（平日）

    B：我们就是上课、做作业、吃饭、睡觉。很单调！

（四）选择适当的四字词语填空

> 物是人非　　祸不单行　　东奔西走　　触目伤怀　　守株待兔

1. 我们应该积极寻找机会，_____怎么能求得发展。

2. 父亲为了一家人能过上一个好年，_____到处打工。

3. 二十多年过去了，这里已_____，但我仿佛看到年轻的我们还在这里游戏打闹。

4. 听说他昨天丢了钱包，今天又不小心弄伤了手，真是_____啊！

5. 他们担心老张_____，所以还没有到达事故发生地，就让司机停车了。

（五）选择适当的成语改写下列句子

> 物是人非　　祸不单行　　东奔西走　　触目伤怀　　守株待兔

1. 为了筹措资金，他今天跑上海，明天跑广州，终于把资金筹措足了，生产可以继续下去了。

2. 房间里所有的东西都在，只是主人已经换了新人，让我觉得很伤心。

3. 别费心思了！我们就等在这里，也许一会儿狗狗就自己回来了呢。

4. 这里曾经是他们夫妻共同生活了十年的地方，现在爱人生死不明，睹物思人，令她感慨万分。

5. 最近倒霉的事一件接着一件地发生，我都快承受不住了。

（六）选择恰当的一组词语

1. ① 没有人会喜欢一个_____、没有上进心的人。

   ② 在父母的一再_____下，儿子不得不迈上了开往新疆的列车。

   ③ 因为没有带伞，到达面试地点的时候我都变成了落汤鸡，真是_____极了。

   ④ 交通事故在额头留下的_____已经不再明显，但是心中留下的阴影却无法忘却。

   A. ① 慵懒　　② 催债　　③ 苦恼　　④ 伤疤

B. ①懒汉　　　②逼迫　　　③烦恼　　　④伤口

C. ①懒散　　　②催促　　　③难看　　　④痕迹

D. ①懒惰　　　②催促　　　③狼狈　　　④伤痕

正确选项

2. ① 众所周知，这是一段不该_____的历史，我们应该牢牢记住。

② 虽然他们之间经常发生_____，但是丝毫不影响他们的友谊。

③ 他们都是成年人了，这点儿小小的打击难道也_____不住吗？

④ 年轻人对未来_____憧憬，我们要保护这种心态。

A. ①忘记　　　②斗争　　　③承受　　　④充满

B. ①忘却　　　②争执　　　③经受　　　④满怀

C. ①忘了　　　②争吵　　　③接受　　　④希望

D. ①不忘　　　②争论　　　③受到　　　④盼望

正确选项

（七）下面每段话都画出了ABCD四个部分，请挑出有错误的部分

1. <u>孩子是家长的希望</u>。<u>当这些民工满怀希望来到城市</u>，<u>他们牺牲了孩子们的</u>
   　　　A　　　　　　　　　　　　B　　　　　　　　　　　　　　C
   <u>利益</u>，所以城市要尽可能为他们的孩子教育提供好的机会。　　　　　（　　）
   　D

2. 遇到问题应该<u>首先想办法自己去解决</u>，不要一上来就<u>被父母哀求</u>，那样自
   　　　　　　　　A　　　　　　　　　　　　　　　　　　B
   己会<u>变得没有竞争力</u>，<u>将来也很难独立生存</u>。　　　　　　　　　　（　　）
   　　　C　　　　　　　　　D

3. 中国有句俗话，叫做<u>"谋事在人，成事在天"</u>。意思是说，做人做事要尽
   　　　　　　A　　　　　　　B
   <u>自己最大的努力帮助别人</u>，而<u>是否成功要顺应天意</u>。　　　　　　　（　　）
   　　　C　　　　　　　　　　　　D

4. 真是天无绝人之路，我遇到麻烦的时候，总有遇到热心人来帮助我，当然别
　　　A　　　　　　　B　　　　　　　　　　　C
人有困难的时候我也总尽力帮助别人。　　　　　　　　　　　（　　）
　D

语法讲解与练习

一　文言词语在现代汉语书面语中的运用

白话文运动以后，现代汉语书面语逐步摆脱了文言的影响而接近口语。不过书面语与口语仍存在较明显的差异。书面语用词讲究典雅，表意追求精练，多用成语，多用长句，多用复句，且关联词很少省略。在书面语中，多用单音节词是一个明显特征。在现代汉语中有这样一些单音节词，它们有相应的双音节词与之对应，人们一般选用它的双音节形式，但有时也直接用单音节词以增加书面语色彩。朱自清的《背影》写于二十世纪二三十年代，具有比较鲜明的书面语风格，其中单音节词的使用是比较多的。例如：

1. 父亲要到南京谋事，我也要回北京念书，我们便同行。

（谋：谋取。）

2. 到南京时，有朋友约去游逛，勾留了一日；第二日上午便须渡江到浦口，下午上车北去。

（约：邀约。须：必须。）

3. 父亲因为事忙，本已说定不送我，叫旅馆里一个熟识的茶房陪我同去。

（事：事情。忙：繁忙。）

4. 他再三嘱咐茶房，甚是仔细。

（甚：非常。）

5. 怕茶房不妥帖，颇踌躇了一会儿。

（颇：很；相当地。）

6. 得向脚夫行些小费，才可过去。

（行：施行。）

7. 他嘱我路上小心，夜里要警醒些。

（嘱：嘱托。）

8. 我心里暗笑他的迂。

（迂：迂腐。）

9. 他们只认得钱,托他们直是白托！

（托：托付。直：简直。）

 练习

解释下面两段话中加点的单音节词的意思。

1. 我说道："爸爸,你走吧。"他往车外看了看,说："我买几个橘子去。你就在此地,不要走动。"我看那边月台的栅栏外有几个卖东西的等着顾客。走到那边月台,须穿过铁道,须跳下去又爬上去。父亲是一个胖子,走过去自然要费事些。我本来要去的,他不肯,只好让他去。我看见他戴着黑布小帽,穿着黑布大马褂,深青布棉袍,蹒跚地走到铁道边,慢慢探身下去,尚不大难。可是他穿过铁道,要爬上那边月台,就不容易了。他用两手攀着上面,两脚再向上缩；他肥胖的身子向左微倾,显出努力的样子。这时我看见他的背影,我的泪很快地流下来了。我赶紧拭干了泪,怕他看见,也怕别人看见。我再向外看时,他已抱了朱红的橘子往回走了。过铁道时,他先将橘子散放在地上,自己慢慢爬下,再抱起橘子走。到这边时,我赶紧去搀他。他和我走到车上,将橘子一股脑儿放在我的皮大衣上。于是扑扑衣上的泥土,心里很轻松似的,过一会儿说："我走了,到那边来信！"我望着他走出去。他走了几步,回头看见我,说："进去吧,里头没人。"等他的背影混入来来往往的人里,再找不着了,我便进来坐下,我的泪又来了。

2. 近几年来,父亲和我都是东奔西走,家里光景是一日不如一日。他少年出外谋生,独立支持,做了许多大事。哪知老境却如此颓唐！他触目伤怀,自然情不能自已。情郁于中,自然要发之于外,家庭琐屑便往往触他之怒。他待我渐渐不同往日。但最近两年的不见,他终于忘却我的不好,只是惦记着我,惦记着

我的儿子。我北来后，他写了一信给我，信中说道："我身体平安，唯膀子疼痛厉害，举箸提笔，诸多不便，大约大去之期不远矣。"我读到此处，在晶莹的泪光中，又看见那肥胖的，青布棉袍，黑布马褂的背影。唉！我不知何时再能与他相见！

修辞提示与练习

一 篇章修辞——摹声

通过人们的听觉、视觉、触觉等把事物的声音、色彩、形体等如实地描摹下来，这种修辞方法叫摹绘。摹绘又分为摹声、摹色、摹形和摹状四种。摹声指利用拟声词如实地描摹出事物的声音。例如：

◎ 藤鞭子在空中一抡，就发出咻咻的声音，我挨打了！

① 摇动的车轮，旋转的锭子，争着发出嗡嗡、嘤嘤的声音，像演奏弦乐，像轻轻地歌唱。

② 她们轻轻划着船，船两旁的水，哗，哗，哗……

以上例子中的"咻咻""嗡嗡、嘤嘤""哗，哗，哗"不仅如实描绘出了掸子在空中挥舞的声音、车轮锭子发出的声音、水的声音，而且不同的节奏烘托出不同的气氛，使人如闻其声，如临其境。

二 篇章修辞——白描

所谓白描，就是不设喻，不加形容和修饰，用质朴的文字，把当时的情景如实地记写出来，给读者以身临其境之感。换句话说，白描是用叙述的方法进行描写，达到再现实景的艺术效果。

◎ 我看见他戴着黑布小帽，穿着黑布大马褂，深青布棉袍，蹒跚地走到铁道边，慢慢探身下去，尚不大难。可是他穿过铁道，要爬上那边月台，就不容易了。他用两手攀着上面，两脚再向上缩；他肥胖的身子向左微倾，显出努力的样子。这时我看见他的背影，我的泪很快地流下来了。我赶紧拭干了泪，怕他看见，也怕别人看见。我再向外看时，他已抱了朱红的橘子往回走了。过铁道时，他先将橘子散放在地上，自己慢慢爬下，再抱起橘子走。到这边时，我赶紧去搀他。

父亲的背影，儿子是太熟悉了。但这次要描写的，却不是那常见的背影，而是在特定场合下，使儿子极为感动、终生难忘的那个背影！作者不施浓墨，不用重彩，而是用白描的手法写了当时父亲的穿着打扮、体态动作，特别着重描绘了过铁道的情景。怎样走去，怎样探身下去，怎样爬上月台，攀上爬下，移脚倾身，都细细地如实写下，读者仿佛也身临其境，感受到一位慈爱的父亲对儿子的关怀和体贴。

三 练习

阅读短文，找出其中摹声、白描之处，并说明其作用。

1. 九歌走了。我又在屋里扫荡似的翻起来，终于在床底下的纸箱中发现了十个可口可乐空罐，真是一个大矿藏。再接再厉，又从厨房里掏出了六个椰汁空罐。我提着满满当当的网兜往楼下走，空罐随着我的脚步碰撞出"叮叮当当"的声响，像支交响乐队。

看我走来，缩在树荫下乘凉的小贩立刻来了精神。

"卖废品啊？"他热情地打招呼。

"是。"我把网兜递给他。

小贩手脚很麻利，把空罐倒进他的麻袋。随着咚咚声，小贩口中念念有词："一个可乐罐一毛，共十个。一个椰汁罐一分钱，共六个。一共是一块零六分钱，小兄弟你可拿好喽……"说着，把一堆破烂的纸币塞到我手里。我吓得缩回手，说："这么一大堆东西，才这么一点儿钱？"

小贩说："小兄弟，看来你是第一次卖废品，都是这个价。我是童叟无欺。不信你可以跟别人打听。我是出常摊儿的，每天都在这儿蹲着，绝不哄你。"

我说:"可乐罐的价钱还凑合,可这椰汁罐也太便宜了,就算它比可乐罐小一点儿吧,也不该差了十倍的价钱。"

　　小贩不急不恼地说:"小兄弟你有所不知,这可乐罐是铝合金的,椰汁罐是铁皮的,所以价钱差老鼻子了。"

　　我说:"一分钱一个罐,还不够我跑腿的钱呢。我不卖了。"

　　小贩依旧笑眯眯地说:"嘿嘿,你要不卖,就再原封不动地提溜回去。可你留在家里又有什么用呢?"

　　我说:"把它们排成一队,用筷子敲了当、当地听响。"

2. 我漫无目的地在街上走啊走。原来觉得城市很大很大,挣钱的门路很多很多,轮到自己亲自实践,才知道谋生是这么不容易。

　　"嘿,小伙子,你溜达什么呢?从早上我就看到你围在这儿转,现在都下午了,你还不回家。是不是有什么掰不开的事啊?"一个搭着凉篷卖书报的老头儿对我说。他一定是把我当成不良少年了。

　　他的花白的眉毛很使人信任,我就把自己挣不到钱的苦恼跟他说了。

　　"哦,是这样。"他若有所思。

　　"我有一个主意,不知你愿意不愿意干。"他沉吟了一会儿说。

　　我说:"您快说。"

　　他说:"你会唱聂耳的那支《卖报歌》吗?"

　　我说:"不就是啦啦啦啦啦啦,我是卖报的小行家……"

　　他说:"对喽,如果你愿意卖报,我可以替你把晚报批发来。每一张你可以得到五分钱。积少成多,这就是你的劳动所得了啊。"

　　我说:"好啊好啊。我以后就当一个卖报的小行家。"

　　老头儿说:"那好吧。你先交我定钱吧。"

　　我一愣,说:"什么叫定钱啊?"

　　老头儿说:"你要多少晚报,我得前一天到邮局登记。订多少第二天就取多少,不兴翻悔。订报的时候就得交钱,这就是定钱。一份晚报两毛五,你要多少份,钱自己算。"

　　我想了想说:"我要一百份吧。"

　　老头儿咕噜一句:"心还挺贪。好吧,给我二十五块钱,明天下午三点到我

这里拿报纸。不过可有一条,你不许在我这周围卖报。"

四 文体与篇章修辞

(一)散文

　　散文在内容上虽然或状物,或记人,或写景,所写的都是作者自我感悟至深的生活经验的一部分。而散文中运用白描的手法,不设比喻,不加任何形容和修饰,作者只用质朴的文字,把当时的情景如实地记录下来,给读者以身临其境、亲眼目击之感。

(二)指出下文中哪些属于篇章修辞中的摹声,哪些属于白描

　　我在街上闲逛,爸爸、妈妈已不再提让我挣钱的事。他们已经忘了,但我没有忘。我一定要用这件事证明我是一个真正的渐渐长大的男孩儿。

　　我看到两个小姑娘在炸油饼。不是北京人常吃的那种像烂鱼网似的中央划了三道的饼,而是大得像顶草帽。她俩一个人抖,一个人炸,配合得十分默契。饼里有葱花的香味,很多人排着队买,生意很红火。我呆呆地看着她们,问:"你们需不需要人帮忙?"

　　其中高个的女孩儿用浓重的外地口音说:"要喽。你没看到我们多忙,过些日子她还要回家耍,就剩我一个人跑单帮,哪里忙得过来!"

　　我说:"那我来给你们帮忙吧,我只要很少的工钱。"

　　高个女孩儿说:"就你这个样子,还能炸油饼啊?不要让油把你炸焦了。你莫要拿我们开心啊,有心帮忙就买我们一个油饼吃好了。"

　　无论我再说什么好话,她们就是不相信。

　　有什么办法?我只好踢着石子儿往前走。

　　我看到一些年轻人在搬水泥预制板。他们哟唷、哟唷地喊着号子,像条巨大的蜈蚣,在滚热的马路上缓缓蠕动。

　　趁他们休息的时候,我走过去说:"这工地上有没有轻一点儿的活儿,我愿意来工作。"

　　工人们蹲坐在地上,沉默地看着我,好像没有听懂我的话。

我又重复了一遍。一个老工人抹着满脸的汗水对我说："这里没有轻的活儿，你的身子骨还没长结实，是干不了这里的活儿的。你为什么小小年纪就要出来挣钱呢？回家去吧，要是跟家里闹了脾气，认个错就是了。别那么犟。"

老人家真是个好人，可我的心事他怎么能猜个透！

我漫无目的地走着，心想要不就捡一个钱包好了，这也算我挣来的钱啊。又一想，不对啊，捡的钱包是要上缴的。我暗笑自己，真是让钱迷了心窍了。

表达与写作

● 表达训练

1. 你理想中的父亲是什么样的？
2. 谈谈你理解的"严父"是什么样的？
3. 谈谈你理解的"慈父"是什么样的？
4. 老年父母对孩子的爱会表现在哪些方面？

● 写作训练

结合讨论课发言，写一篇有关亲情的散文。题目自拟。字数在1000字左右。

要求：1. 可模仿本课的写作格式和手法。

2. 尽量参考并尝试使用本课所学的重点词语及表达方式。

扩展空间

名家典藏

老　舍　《骆驼祥子》　人民文学出版社
林海音　《城南旧事》　选自《林海音作品精编》　漓江出版社

媒体资源

电视散文《迟到》《背影》　　CCTV4　　www.cctv.com
电影《城南旧事》　　　　　　网络版　　六间房网站
电影《骆驼祥子》　　　　　　网络版　　六间房网站
电影《向日葵》　　　　　　　中国电影集团北京电影制片厂
　　　　　　　　　　　　　　北京命之作影视文化发展有限公司

词语追踪

和谐社会　　社会保障　　留守儿童　　空巢老人　　养犬　　代沟

6 人口战略

背景阅读与练习

一 阅读文章，按要求完成各项练习

（一）
能源　环境　发展

① 地球上有众多的人口，由于经济的发展，能源就成为一个非常基本的需求。任何国家要提高生活水平、发展经济，都少不了能源。现在从可持续发展的角度来讲这个问题，先让我们看两组数字。有一个发达国家，它拥有百分之十几的世界人口，却消耗了将近全球70%的能源；而另外占地球人口总数70%到80%的国家占有全世界30%左右的能源。如果发展中国家都按照发达国家的消费方式来做，肯定会存在全球如何向众多人口供应能源的问题。因此，从能源供应的合理性和公平性上来讨论，以后是不是大多数人都有可持续的安全充足的能源供应？

② 另一方面，能源又牵扯大量的环境问题，实际情况是，能源本身在开发使用转换过程中也可能造成很多严重的环境问题。特别是在发达国家，经过几十年努力，把人们认为的污染问题，比如二氧化硫的排放、粉尘的排放、能源燃烧以后灰渣的排放、甚至在能源开采过程中所产生的环境问题等逐步解决后，现在又出现一个全球变暖的问题。过去人们认为二氧化碳不是什么有害物质，可现在在大气层中，由于人类和能源相关的活动造成二氧化碳的排放逐渐积累，使大气中温室气体浓度逐渐升高，造成了全球环境变化——全球变暖这个重大的危险。所以全球性环境问题也是和能源开发使用密切相关的。

③ 所以，如果要谈可持续发展问题，就要一方面考虑如何在今后更加公平而充足地为全人类提供必要的能源、特别给发展中国家创造发展的机会，另一方面也要解决局部的以及全球和能源相关的环境问题。这就是我们在可持续发展能源上面临的两个挑战。

④ 中国既是发展中国家，又是一个人口众多的大国。实际上，从能源消费总量来看，中国现在在全球已经是消费第二大国。尽管中国 GDP 总值在世界上还不是第二，但是人口是世界排名第一。所以现在面临在发展经济的同时必须有一个充足的能源供应问题。以后随着经济增长，中国的能源供应还要增加。但是中国又存在人口大国的问题，如果中国采取与发达国家  同样的能源消耗方式，如何满足中国的能源供应就成了一个大问题。因为中国现在一个国家的人口就比所有发达国家人口加起来的总和还多。虽然美国能源消耗比中国多，但美国人口还不到中国的 1/4，如果中国跟美国一样地消费能源，中国一国就要耗费现在全世界 60% 到 70% 甚至更多的能源。

⑤ 所以中国现在面临两个问题，一个是如何在经济发展中给中国找到更充足的能源供应；另一个是怎么提高能源效率，因为中国现在不能简单地重复发达国家已经走过的老路。后者中国现在还没有完全解决、或者距离达到这个目标还很远，还存在与能源相关的环境污染问题。

⑥ 从人类发展历史过程来看，目前的经济发达水平和人均能源消耗可以说成正比关系。虽然即使在发达国家也各有千秋，有的国家像美国、加拿大可能能源效率不是特别高，人均能源消耗高得多，甚至比一般的发达国家还高；也有一些发达国家相对人均能源就少一些，总体上看，大约从每人 3 吨到 7 吨标煤甚至更高。但是一般来讲，从现在的情况看，凡是达到一个发达的水平，人均能源消费都是比较高的。比如 OECD（发达国家集团）的人均能源消费就在 4 吨标煤左右，这大约是中国人均消费的 7 倍。

⑦ 当然按照官方汇率计算，现在中国 GDP 人均总值还很低，不到 1000 美元，而中国现在人均能源消费也只不到 1 吨标煤，不足美国的十分之一，大约相当于一般发达国家平均水平的七分之一。因此，中国今后究竟怎么做？既要发展又要避免目前发达国家很高的人均能耗。这也是中国亟待解决的一个重大课题。

⑧ 在发达国家发展过程、特别是向工业化迈进的过程中，大多数都走过一个先污染后治理的过程，因为人们一开始没认识到污染问题，后来污染造成很多与人们生活直接相关的害处。比如英国的"伦敦雾事件"、日本的"痛痛病"之类的现象，都是一些

与工业、能源有关的活动造成的危害，当时大家没有认识到它是污染，直到最后把人类的身体健康或者其他生产力破坏掉了，大家才发现要治理环境污染的问题了。对中国来说，第一，人家犯过的错误我们就不要再犯了，所以从现在开始就要注意环境保护。第二，中国人多，一开始就浪费不起，也不可能走先充分使用，然后再提高效率的路，必须从现在就开始提高能源效率，用比较少的能源来创造更高的国民生产总值和社会财富。这是中国应该从发达国家走过的路或者它的经验教训里面吸取的重要方面。

（摘自《中国的能源问题》，有删改）

根据文章内容，选择正确答案

1. "现在从可持续发展的角度来讲这个问题"，其中"可持续发展"的意思是：（   ）

   A. 可以坚持地发展　　　　　　　　B. 可以继续地发展

   C. 可持久不断地发展　　　　　　　D. 不可能不断发展

2. "现在又出现一个全球变暖的问题"，其中"全球变暖"的意思是：（   ）

   A. 让世界人民感觉到温暖　　　　　B. 全世界都变得温暖起来

   C. 包围地球的气温上升了　　　　　D. 地球内部的温度升高了

3. "这就是我们在可持续发展能源上面临的两个挑战"，其中"挑战"的意思是：（   ）

   A. 挑起的战争　　　　　　　　　　B. 严峻的问题

   C. 发动新战争　　　　　　　　　　D. 挑动起争斗

4. "中国一国就要耗费现在全世界60％到70％甚至更多的能源"，其中"耗费"的意思是：（   ）

   A. 消耗用掉　　　　　　　　　　　B. 消耗浪费

   C. 损耗费用　　　　　　　　　　　D. 损耗浪费

5. "中国现在不能简单地重复发达国家已经走过的老路"，用成语概括"重复发达国家已经走过的老路"应该是：（   ）

   A. 重整旗鼓　　　　　　　　　　　B. 重蹈覆辙

   C. 旧病复发　　　　　　　　　　　D. 东山再起

6. "即使在发达国家也各有千秋"，其中"各有千秋"的意思是：（   ）

   A. 国家是有好与坏的区别的　　　　B. 每个国家有好的也有坏的方面

   C. 每个国家都有自己的历史　　　　D. 每个国家都有自己的特点

7. "既要发展又要避免目前发达国家很高的人均能耗",其中"人均能耗"的意思是:
( )

    A. 人类均衡的能源消耗   B. 人类平均的能源消耗

    C. 人类平均能消耗多少   D. 人类平衡才能有消耗

8. "人家犯过的错误我们就不要再犯了",其中"人家"的意思是: ( )

    A. 每个国家   B. 别人的家

    C. 别的国家   D. 其他国家

简要回答下列问题

1. 在能源消耗方面发达国家和发展中国家的情况是怎样的?

2. 中国在能源方面面临的问题是什么?

3. 中国要想可持续发展,能源方面应该走什么样的道路?

人口战略

二　快速阅读下列各段，按逻辑关系将各段重新排序

（二） 限时：2分钟

A. 2002年9月1日，《中华人民共和国人口与计划生育法》开始实施。

B. 纵观这一阶段中国计划生育政策，其特点是，具体内容不断完善，政策不断制度化和法制化。

C. 1980年9月，国务院在五届全国人大三次会议上指出："除了在人口稀少的少数民族地区以外，要普遍提倡一对夫妇只生育一个孩子，以便把人口增长率尽快控制住。"与此同时，中共中央发表了《关于控制中国人口增长问题致全体共产党员、共青团员的公开信》，号召党团员带头执行新的计划生育政策。

D. 次年，五届人大四次会议的《政府工作报告》中提出："限制人口数量，提高人口素质，这就是我们的人口政策。"1982年9月党的十二大确定"实行计划生育，是中国的一项基本国策。"同年12月全国人大通过的《中华人民共和国宪法》明确规定："国家推行计划生育，使人口的增长同经济和社会发展计划相适应。"确立了计划生育的法律地位，走上了依法行政的道路。

重新排序＿＿＿＿＿＿＿＿＿＿＿＿＿

（三） 限时：2分钟

A. 首先，我们知道，终端需求在变化，人们生活水平在变化，而且市场竞争要求有比较高效、清洁的能源系统。所以在许多发达国家将能源主体变成石油、天然气，并不是因为没有煤，比如美国和俄罗斯现在煤炭储量都比中国大，但是他们都走以石油、天然气为主体能源的路，从经济学角度的终端需求及其要求提供的服务看，石油和天然气可以更经济些。

B. 当然，随着中国经济实力加强，也应该有比较好的外交方面的努力，得到比较充分的石油、天然气供应也是很有可能、很有希望的。

C. 因此，有专家倾向于中国应以油气为主体能源的观点。他们认为中国现在需要解决

的问题不仅局限于中国有多少资源。如果从目前市场来讲，已经看到出口对中国经济发展有很大影响，而且中国现在进口和出口货物量大约一样多。在这种情况下，既要有全球的市场观点，也应该有全球的资源观点，才能够使自己利用全球资源的能力逐步加强。

D. 中国能源究竟采取什么结构，是煤炭还是石油，有专家认为这不是凭主观愿望决定的，因为这本身是一个经济学问题。

重新排序

 选择正确的句子填到各段中，并按逻辑关系将各段重新排序

（四）　　　　　 限时：3 分钟

语句

① 提高能源的开发效率
② 相互协调还不够
③ 每年消费将达到960万辆
④ 但节能潜力巨大
⑤ 在"机不可失·中国能源可持续发展"国际研讨会上

A. 冯飞同时表示，虽然目前中国能源使用效率较低，_____。中国庞大的市场有利于培育和应用新的能源技术，如新能源汽车等。未来新增的能源设施和装置数量大，也有利于提高整体的能源利用效率。

B. 这三大挑战分别为：一是经济快速增长引发的结构性变化。冯飞说，中国工业化进程目前已进入中后期，去年重工业占工业增加值69％左右。二是快速城市化进程。目前中国每年约有1500万人口由农村进入城市。预计到2020年，中国城市化率将达到55％到60％。而根据一般规律，城市人均资源消费量是农村的3.5倍。三是消

费结构迅速升级。目前中国的机动车保有量突破了3000万辆，预计到2010年，_____。

C. 最后，他建议说，降低能源消费增长使其低于经济增长速度；在经济和有利环境的基础上开发国内的能源资源，特别是_____；保护环境，减少以煤为主的能源结构的负面影响。

D. 国务院发展研究中心产业经济研究部部长冯飞_____说，中国在能源战略上面临三大挑战，未来应采取跨越式发展战略，实现能源的可持续发展。

E. 他还说，中国有可能采用跨越式发展战略，通过体制、机制和技术创新，利用后发优势，实现能源的可持续发展。同时，他指出，能源的可持续发展是一个长期的过程，"十一五"时期实现20%的节能目标仍非常艰巨。在法律法规上，还缺乏一个综合性的能源法，部门法规在操作性上还不强，_____，并缺乏市场激励机制。

选择语句填充_____

重新排序_____

（五）  限时：3.5分钟

语句
① 为控制人口增长
② 但人口众多仍然是必须面对的巨大压力
③ 让超生的人感到后悔
④ 是人口和计划生育工作的重大改革
⑤ 向"处罚多生"和"奖励少生"并重转变

A. 奖扶制度的推行，以一种利益诱导的方式，对于促进人们生育观念的改变发挥着重要作用。正如国家人口计划生育委员会张主任所说：奖扶制度的实施，"让计划生育的坚定分子感到光荣，_____，让准备多生的人犹豫"。据一些地方反映，试点

开始后的短短几个月中,农村夫妇办理独生子女证的数量超过了过去24年的总和,有的地方甚至出现群众排队领独生子女证的场面。

B. 由政府出资,给农村部分计划生育家庭发放奖励扶助金,_____,是建立农村人口和计划生育利益导向机制与社会保障制度的一个重大突破。

C. 30年前,在湖北省有部分农民响应号召,实行计划生育,_____,稳定低生育率做出了贡献。今天,当他们步入花甲之年时,领到了政府每月发给的奖励扶助金,使他们像城市退休职工一样老有所养,安度晚年。

D. 人口学家评价说,农村计划生育家庭奖励扶助制度,标志着中国计划生育政策由过去以"处罚多生"为主,_____,这是建立计划生育利益导向机制与农村社会保障制度的重大突破,是坚持以人为本的科学发展观在人口和计划生育工作中的具体体现,是一项深受广大农民群众拥护的民心工程。

E. 中国农村的稳定与发展,在很大程度上取决于农村人口的有效控制和人口素质的提高。经过30多年的努力,中国人口增长虽进入了低生育水平时期,_____。进入新世纪,人口更加复杂,面临的任务更加艰巨。人口和计划生育工作必须把解决农村人口问题与解决"三农"问题统筹考虑,把加强管理服务与完善利益导向机制相结合,采取更有效的措施引导和鼓励农民走"少生快富"之路。为此,湖北省采取了一些新政策,奖励为控制人口增长作出贡献的农民。

选择语句填充 _____

重新排序 _____

课 文

课文导读

目前中国有13亿人口。近20年来，人口问题在中国始终是个大问题，这个大问题同时也关系到世界大家庭的稳定和发展。中国政府在这方面有哪些政策？有哪些打算？本文对此作了介绍。

思考题

1. 你对世界人口和现状了解吗？
2. 你知道目前中国人口和现状吗？
3. 对于生育问题，你的观点是什么？
4. 你怎样看待中国的计划生育政策？

21世纪中国人口战略

蒋正华

2005年1月6日，北京妇产医院又有一个婴儿降生了，这个婴儿被中国的统计机构认定为中国的第13亿个公民，而这一天，也被中国的有关机构定名为"第13亿人口日"。那么未来一段时间，中国的经济增长与人口之间会形成一种什么样的关系？中国的自然资源究竟能够承载多大的人口总量呢？

人在发展中的地位

在中国人口战略研究中，很多专家对人与发展的关系问题进行了研究，可以用五句话来概括二者之间的关系：发展为了人，发展依靠人，发展适应人，发展体现人，发展塑造人。

发展既是为了人，同时也需要人来推动。在发展过程中要考虑到人的各方面的需求，反过来发展又塑造了人的面貌，这是21世纪中国人口发展战略中最基本的指导思想。以人为本，全面协调，可持续发展，不仅仅是指在经济发展、社会发展中，同时在人口战略的研究、实施中都要以这样一个科学发展观作为指导，指导中国的人口工作。

世界人口的历史和现状

世界人口在历史上曾经是以很慢的速度来发展的,但是中国的人口,一直在世界人口中占有很大的比例。公元前3000年,全世界人口大约是3000万,中国的人口大约是1000万,约占当时世界人口的1/3;公元元年全世界人口达到了2亿,中国人口当时是6000万,占世界人口的比例大约是30%。到公元1900年,世界人口达到了16.2亿,中国的人口当时是4.3亿,占世界27%,略微下降了一点儿,但还是接近30%这样一个数量级。2000年世界人口已经达到了60.2亿,中国的人口当时是12.7亿,不到13亿,中国人口占世界人口的比例是21%,所以历史上中国人口从来都是在世界人口中占了一个很大比例,只有在中国实行计划生育以后,中国人口的比例才降了下来。

原因何在呢?我想主要是由于中国是一个古老的文明国家,发展得很早。现在有一些人类学家认为,中国是世界人类起源地之一,人类移居的时间很长,它的发展充分地利用了中国的自然资源,发展得很快,所以这可能是一个根本的原因。在19世纪之前,世界的人口增长率是很慢的,很长时期都是在千分之几,有的时候是1‰,有的时候是2‰的增长速度,但是19世纪以来,世界人口增长的速度大大加快,这对世界的发展产生了极其沉重的压力。

在国际上,这个问题从20世纪的中期就开始引起了重视,而且也有很多人提出各种各样的分析结果,认为世界人口不断增长的结果必然会使得资源更加迅速地被消耗,从而影响到世界的可持续发展。当然,世界人口增长的地区差别还是很大的,如果我们看一看各个地区的情况,可以发现欧洲的生育率非常低。目前全世界生育率最低的国家是哪个国家呢?是西班牙。西班牙每个妇女平均生育的孩子数量只有1.15个。如果按地区来看,这个数字就更低了,意大利的南部是全世界生育率最低的地区,一个妇女平均生育的孩子数只有0.86个,连1个孩子都不到。但是也有一些国家生育率是很高的。目前世界生育率最高的国家按照联合国的统计是也门。也门一个妇女平均生多少孩子呢?平均要生7.6个孩子。所以我们可以看出,生育率的差异在全世界是非常显著的。

为什么会产生这样大的生育率差异呢?很多研究者总结了很多国家生育率变化的原因,他们总结出一个规律,世界的生育率自来都是很高的。为什么呢?因为历史上人类有一个死亡率很高的时期，历史上人类的死亡率曾经高达40‰到50‰，甚至更多，所以正因为这样，人类要想存在下去的话，就必须生育率能够补上死亡率，否则这个社会、这个地区的人就会消失。也确实有一些孤立于其他地方的岛屿人口消失了，这是历史上确实发生过的。所以要想使人口存在并延续下去，人们就形成了高生育率这样一个

生育观念，因为只有这样，他们才能够保持其种族、民族、国家的繁衍。但是在近代，由于科学的发展，首先是发明了肥皂，用肥皂洗手这一行为，使得死亡率大大地下降。有了肥皂以后又有了牛痘，仅古代天花这一项就使得疾病流行，死人无数。后来又发明了抗生素，这些都使得疾病大大减少，使得人的寿命大大提高，因此人类死亡率迅速下降。

我们可以看到，在生育率下降比较早的一些地方，都是死亡率首先下降，然后生育率才慢慢地跟着下降，因为死亡率下降了，生育率还保持很高的话，一个家庭就会产生很多的第二代，更多的第三代，一个家庭的孩子增加以后就会使得财产分散，使得家庭的发展受到限制。美国在历史上生育率一直很高，只是到了1900年才达到低生育水平。许多国家的生育率下降都花费了一百多年、甚至数百年的时间。死亡率的下降使大家慢慢感到高出生率对自己的利益造成了损失，人们慢慢地改变了过去高生育率的观念，直到形成现在的低生育率观念，现在实现低生育率的地区已有很多，而且有更多的地区都希望继续控制人口的增长。

现有资源可以承载的人口量

这个问题在世界上有过很多激烈的争论，地球上的资源究竟能够养活多少人？这方面估计的出入是非常大的，其中最少的一个估计，有一些科学家经过研究，认为全世界最好只有24亿人，可现在已经有60多亿了，已经大大超过了他们所想象的数字。但是也有一些人认为，世界的人口到500亿都没问题。为什么呢？他们的理由就是全世界现在总耕地大概是14亿公顷，但是全世界的可耕地大约有30亿公顷，所以还有很大的潜力可以开发，再加上科技进步等，所以有些人认为根本不用杞人忧天，今后地球的承载量还有提高的空间。

这牵涉到人类到底想达到怎样的生活水平。过去人们的生活水平是很低的，地球就可以养活很多的人；而要是要求很高的生活水平，地球能养活的人就会很少。同时，这还牵涉到对人类科技进步究竟怎么估计的问题，是到了一个相当高的顶峰以后的进步就比较慢了，还是以后会进步得更快？还有一些人认为，以后还可以用化学的方法来生产

粮食，那就是说，粮食从工厂里出来了，那时土地资源根本就不成为一种约束的资源。甚至还设想以后人可以迁移到外太空去居住，那这个地球上更加可以不考虑人口带来的压力了……但我们的设想不能基于这种对未来还不确定的基础之上，而是要基于我们所能认识到的有把握的基础之上。

目前，我们对很多不可替代的、不可再生的资源消耗相当严重，比如，铝是地球最丰富的资源，按照储备量来说，有一些世界组织估计铝大概还可以用124年；而铜如果按全部的资源来估计只能用26年；煤的储藏量比较丰富，石油的储藏量就很可怜了，假如到2030年，消费的速度仍不断上升的话，那石油可能只能够用几年了，现在估计石油按照目前的消耗情况来看，全世界大概只能再开采40年，更不要说以后消费量更加增长这种趋势。所以这个问题现在在世界上已经形成了共识，主要地区的生育政策，现在绝大部分都是倾向于要控制人口的数量，不能让它继续无限制地增加。

中国的生育率现在已经降低到了每个妇女平均生育1.8个孩子或者略低一点儿的水平，这个生育率水平按低生育率的顺序排下来的话，大概在全球排到七八十位。我们曾经从各个角度对中国的资源可以支持的人口数量进行分析，分析的结果大体上是：有比较多的人认为，中国资源能够支持的人口数量最多是16亿人，如果超过了16亿，到17、18亿以后可能会对中国的经济发展产生严重的负面影响。但是另一方面，16亿人并不就是最好的人口数。从经济角度讲，假如要想很好地利用资源的话，我们专业内还有一个叫经济适度人口的说法，就是我们有多少劳动力，怎么合理利用我们的资源。经研究，很多人认为7亿到10亿人口之间最合适，这对中国的发展是最有利的。当然对这个问题还有一些争论，而且随着我们对生活水平的期望、随着科技水平的发展，在未来这个数字可能还会有所改变。

中国的人口现状

应该讲，中国的计划生育取得了巨大的成绩，现在中国的生育率已经降得比较低；另一方面，也正是在20世纪50年代、60年代出生的一些人口还没有到达老龄的时期，所以现在中国劳动力非常富余。我们预测未来的50年，中国的劳动力人口将占全国人口的60%以上，这对中国来说是发展的最好时机，有的人把它叫做人口红利期，国际上最近也把它叫做人口仓库，所以说这是中国劳动力多、负担轻的发展良机，是中国重要的战略机遇期。

但是在人口发展过程中中国还是有很多问题。

第一，中国的人口增长还排在世界的第二位，而且中国的人口增长数量占世界人口增长的14%，印度占世界人口增长的20.6%，而排在第三位的国家就只占到5.2%。可以看出，中国的人口增长尽管已经得到了很好的控制，但是数量大仍然是一个问题。

第二，各省市自治区的人口增长不平衡，现在各个省市自治区的死亡率已经都很接近了，大体上都是在5‰到7‰之间，有个别的达到7.3‰。但是出生率差别还是相当大，西南的有些省份还是达到18.8‰，而出生率最低的上海只有4.6‰，差不多有4倍的差距，上海已经是人口负增长了。所以，有一些地区人口增长还是过快，这是个很大的问题。

第三，提高人口素质的要求非常迫切。中国人口素质这些年来有了很大的提高，但是中国从事研究和开发的科技人员，每千人当中从事研究和开发的比例还是很低的。而经济发达的国家从事研究和开发的科技人员都要占到很高的比例。另外，中国目前在人口的劳动技能和道德素质方面也需要稳步提高，要加大投入。一方面，要普及义务教育；另一方面，也要加强职业教育方面的投入。现在大学毕业生很多，但是有专门职业技能的人员还是非常不足，政府要在人口素质、德智体各个方面加大投入。

第四，劳动就业的压力很大，由于中国的人口迅速增加，现在每年中国大约要新增1000万劳动就业人口。一方面中国的经济稳步发展，平稳快速；另外一方面中国不这样发展也不行，至少从就业来说，中国必须保持较快地发展速度，这样才能安排新增就业的人口，解决农村大量的富余劳动力。所以就业对中国来说也是一个很大的压力。

第五，老龄化加速。老龄化是世界发展的必然现象，因为平均寿命在不断增加，中国的平均寿命建国以前只有35岁，现在已经是71.4岁，女性寿命最高的是上海，已经超过了80岁，这已经是世界上最高的纪录之一了。由于我们在20世纪50年代和60年代有两个生育高峰期。当这两个时期出生的人口到达成年的时候，就造成劳动就业的高峰，在到达老年的时候就形成一个老年的高峰，所以中国的特点是老龄化速度很快，时间比较集中。预计在2030年到2050年之间中国的老年人口可能会达到3亿以上，这需要中国政府作好准备。

其他还有很多的问题，像迁移问题、城镇化问题、出生性别比问题、社会保障问题、医疗体制问题、文化教育问题等，这些工作都与人口有密切的关系。从这些情况我们可以得出结论：第一，要稳定低生育水平；第二，要加大教育的投入，提高人口素质。总的来说，我们希望把中国从一个人口数量的大国转变成为人力资源的强国，这样才能够把国家建设好,才能够把经济效益提上去,才能把科技水平提上去。

结 语

13亿是一个很大的数目,如果我们用乘法来计算的话,一个小问题乘以13亿都会成一个大问题;如果我们用除法来计算,那么一个很小的或者说一个很大的总量除以13亿也会变成一个更小的数目。

（根据蒋正华2005年11月25日在中央电视台国际频道《中国经济大讲堂》的讲话稿整理改编）

思考与回答

1. 请介绍一下世界人口的历史和现状。

   极其　　必然　　按照　　种族　　控制

2. 请说说世界现有资源与人口的关系。

   养活　　杞人忧天　　约束　　储备　　储藏

3. 请介绍一下中国的人口现状。

   预测　　良机　　机遇　　素质　　稳步

4. 你怎么理解本文"结语"部分的含义?

   数目　　计算　　总量

背景链接

蒋正华,全国人大常委会副委员长、农工民主党中央主席。中国西安交通大学、北京师范大学、中国科学院、中国社会科学院教授、博士生导师。1991年任国家计划生育委员会副主任。1998年至今,他关注并组织有关城镇职工基本医疗保险制度改革、可持续发展等研究项目。2004年,受国务院委托,他主持"中国人口发展战略"重大课题项目研究,担任项目研究总负责人。

词语

1.	降生	jiàngshēng	（动）	出生；出世（多指宗教的创始人或其他方面的有名人物）。
2.	承载	chéngzài	（动）	托着物体，承受它的重量。
3.	塑造	sùzào	（动）	用语言文字或其他艺术手段表现人物形象。
4.	计划生育	jìhuà shēngyù		为控制人口增长，采用科学方法，有计划地安排生育。
5.	人类学	rénlèixué	（名）	研究人类起源、进化和人种分类等的学科。
6.	极其	jíqí	（副）	非常；极端。
7.	必然	bìrán	（形）	〈属性词〉事理上确定不移。
8.	按照	ànzhào	（介）	根据；依照。
9.	自来	zìlái	（副）	从来；原来。
10.	种族	zhǒngzú	（名）	人种。
11.	牛痘	niúdòu	（名）	牛的一种急性传染病，病原体和症状与天花极相近。
12.	天花	tiānhuā	（名）	急性传染病，人和某些哺乳动物都能感染，病原体是天花病毒。
13.	抗生素	kàngshēngsù	（名）	某些微生物或动植物所产生的能抑制或杀灭其他微生物的化学物质。
14.	分散	fēnsàn	（形）	散在各处；不集中。
15.	控制	kòngzhì	（动）	掌握住不使任意活动或越出范围；操纵。
16.	养活	yǎnghuo	（动）	供给生活资料或生活费用。
17.	出入	chūrù	（名）	（数目、内容等）不一致、不相符的情况。
18.	耕地	gēngdì	（名）	种植农作物的土地。

19.	公顷	gōngqǐng	(量)	公制地积单位，1公顷等于1万平方米，合15市亩。
20.	潜力	qiánlì	(名)	潜在的力量。
21.	牵涉	qiānshè	(动)	一件事情关联到其他的事情或人。
22.	约束	yuēshù	(动)	限制使其不越出范围。
23.	太空	tàikōng	(名)	极高的天空，特指地球大气层以外的宇宙空间。
24.	基于	jīyú	(介)	根据。
25.	替代	tìdài	(动)	代替。
26.	再生	zàishēng	(动)	对某种废品进行加工，使恢复原有性能，成为新产品。
27.	铜	tóng	(名)	金属元素，符号 Cu（cuprum）。
28.	储藏	chǔcáng	(动)	蕴藏。
29.	石油	shíyóu	(名)	具有不同结构的碳氢化合物的混合物，液体，可以燃烧，一般呈褐色、暗绿色或黑色。
30.	大体	dàtǐ	(副)	就多数情形或主要方面说。
31.	负面	fùmiàn	(形)	〈属性词〉坏的、消极的一面；反面。
32.	适度	shìdù	(形)	程度适当。
33.	劳动力	láodònglì	(名)	人用来生产物质资料的体力和脑力的总和，即人的劳动能力。
34.	预测	yùcè	(动)	预先推测或测定。
35.	红利	hónglì	(名)	指企业分给股东的利润或分给职工的额外报酬；参加集体生产单位的个人所得的额外收益。
36.	良机	liángjī	(名)	好机会。
37.	机遇	jīyù	(名)	时机；机会（多指有利的）。
38.	素质	sùzhì	(名)	素养。

39.	稳步	wěnbù	(副)	步子平稳地（多用于比喻）。
40.	义务教育	yìwù jiàoyù		国家在法律中规定一定年龄的儿童必须受到的一定程度的教育。
41.	平稳	píngwěn	(形)	平安稳定，没有波动或危险。
42.	快速	kuàisù	(形)	速度快的；迅速。
43.	老龄	lǎolíng	(形)	〈属性词〉老年的。
44.	成年	chéngnián	(动)	指人发育到已经成熟的年龄，也指高等动物或树木发育到已经长成的时期。
45.	保障	bǎozhàng	(动)	保护（生命、财产、权力等），使不受侵犯和破坏。
46.	体制	tǐzhì	(名)	国家、国家机关、企业、事业单位等的组织制度。
47.	结论	jiélùn	(名)	对人或事物所下的最后的判断。
48.	稳定	wěndìng	(动)	使稳固安定。
49.	总的来说	zǒng de lái shuō		〈固定格式〉总结归纳用语。
50.	效益	xiàoyì	(名)	效果和利益。
51.	结语	jiéyǔ	(名)	结束语。

四字词语

1.	以人为本	yǐ rén wéi běn	处理问题时将人作为首要考虑的因素，以人为出发点。
2.	杞人忧天	Qǐ rén yōu tiān	杞，周代诸侯国名，在今河南杞县一带。杞国有个人怕天塌下来，吃饭睡觉都感到不安。比喻不必要的或缺乏根据的忧虑和担心。

专有名词

印度　　　India
Yìndù

词语讲解与练习

一　词语例释

1. 极其

副词　表示程度达到最高点。用于书面语。

◎ 世界人口增长的速度大大加快，这对世界的发展产生了极其沉重的压力。

① 淮河流域在我国经济和社会发展中占有极其重要的地位。

② 这种情景与前些年本报报道的情况极其相似。

③ 这套书装帧极其精美。

④ 公司极其重视这个项目。

⑤ 父母极其艰难地维持着一家人的生活。

📖 主要修饰双音节形容词。"极其+形容词"可以作谓语、定语、状语、补语。

2. 出入

◎ 地球上的资源究竟能够养活多少人？这方面估计的出入是非常大的。

① 他说的和我听到的有很大出入，还是核对一下为好。

② 这件事情和我预想的出入太大了，需要好好儿调查之后再下结论。

📖 名词，表示数目、内容不一致。

③ 昨天见到一对陌生的男女在小区门口出入。

④ 这些东西堆在门口，出入很不方便。

⑤ 我们要配合口岸检疫部门做好对出入境人员的检疫工作。

📖 动词，表示出去和进来。

3. 基于

> 介词　表示行为的依据。用于书面语。

◎ 我们的设想不能基于这种对未来还不确定的基础上，而是要基于我们所能认识到的有把握的基础之上。

① 先前发明的天花接种法就是基于这种认识。

② 基于新一代网络技术的彩信、互动游戏等业务将成为强劲的增长点。

③ 这家企业正是基于这项国内独有的技术打开了产品销路。

④ 彬彬有礼的习惯主要基于两方面的素质——自我控制和为他人着想。

4. 大体

> 副词　跟"大致"意思相近。也可以说"大体上"。

◎ 我们曾经从各个角度对中国的资源可以支持的人口数量进行分析，分析的结果大体上是：有比较多的人认为，中国资源能够支持的人口数量最多是16亿人……

① 他们的高科技产业也大体是在这一期间得以迅猛崛起的。

② 我们的发展大体上都经历了一个从无到有、从小到大的过程。

③ 刚才王先生说的三个方面与产品质量法的相关规定大体一致。

📖 表示就主要方面或多数情况说是如此。

④ 陈忠和的内心想必早就对如何夺冠有一个大体的谋划。

⑤ 本次展览从筹备到展出大体需要一年左右的时间。

📖 表示粗略地、概括地，行为所涉及内容不十分精确、详尽。

5. 稳步

副词 步伐平稳地。

◎ 中国目前在人口的劳动技能和道德素质方面也需要稳步提高，要加大投入。

① 香港的经济开始呈现稳步复苏的势头。

② 政府的目标是使全体人民朝着共同富裕的方向稳步前进。

③ 拉动消费者信心指数回升的主要因素是消费者满意指数的稳步上扬。

④ 近年来这个地区的居民生活也稳步提高。

⑤ 国有企业改革方案正在稳步实施。

📖 多用于比喻。

二 词语辨析

1. 牵涉　牵扯

牵涉

◎ 这牵涉到人类到底想达到怎样的生活水平。

① 拆迁地段停电后牵涉到沿线的路灯。

② 不同的施工建设方案直接牵涉到两大公司的利益。

③ 该案具有轰动效应的另外一个原因就是它牵涉了国家政坛的重量级人物。

④ 这主要牵涉到反恐是否应标本兼治、单边认定还是多边商定、贸易安全和能力建设以及有关国家主权和不干涉内政等一系列基本政治立场和切身利益问题。

牵扯

① 利益的牵扯造成市场管理混乱。

② 报社的人对调查进一步深入和牵扯更多的人普遍怀有抵触情绪。

③ 利益被**牵扯**得最多的是 W 公司和 G 公司。

④ 我们就事论事，不要**牵扯**其他问题。

⑤ 他被捕了，莫名其妙地被**牵扯**进两桩命案。

异同归纳		牵涉	牵扯
同	词性	动词	
	词义	表示一件事与别的人或事有牵连	
异	语法功能		有被动用法，如例③
	词语搭配	~到别人	~面广　~进去
	词义侧重	着重于某件事在客观上涉及到其他的人或事	着重于与其他的人或事有联系，也可以是人为地把其他人或事物联系在一起
	语义轻重	轻	重
	使用频度	低	高

2. 约束　束缚

约束

◎ 以后还可以用化学的方法来生产粮食，那就是说，粮食从工厂里出来了，那时土地资源根本就不成为一种**约束**的资源。

① 这个规定的出台对基金管理人会形成更有效的**约束**。

② 劳动合同对雇佣双方都有一定的**约束**作用。

③ 他是个喜欢自由的人，喜欢不被**约束**的生活。

④ 这样做的结果也有利于**约束**一些人的不法行为。

⑤ 遗嘱中对于财产的处分具有法律的**约束**力。

束缚

① 十年来长期影响企业发展的种种**束缚**相继被打破。

② 不要被成功的光环束缚了自己。

③ 他不被任何教条束缚手脚，创作的作品极具震撼力。

④ 这个规定约束却不束缚律师及律师行业管理队伍的发展。

⑤ 市民的消费习惯束缚了网上购物的快速发展。

异同归纳		约束	束缚
同	词性	动词	
	词义	表示限制在一定范围，不让自由活动或发展	
异	搭配对象	多是正当的必要的限制。用于对自己、对他人、对事物	是不正当、不应有的限制。可用于对他人、对事物，很少对自己
	词义侧重	起约束作用的多是纪律、规章、制度、法令、法律、纲领等	起束缚作用的多是封建礼教、传统观念、清规戒律、宗教迷信等
	语义轻重	轻	重
	感情色彩	中性	贬义

3. 替代　替换

替代

◎ 我们有很多不可替代的、不可再生的资源消耗相当严重。

① 乡镇企业在发展农村工业化、产业化、城镇化、农业现代化中有不可替代的特殊作用。

② 国际货币基金组织在促进成员国加强货币合作、维护全球金融稳定中继续发挥着不可替代的作用。

③ 目前，在娱乐场所中那种外向型配套、分散型的会所形式正逐渐替代集中式的配套设施。

④ 以往那种人等车、车找人现象已被快节奏的"公交优先"所替代。

⑤ 越来越多的市民购买香草替代传统蚊香驱赶蚊蝇。

替换

①比赛进行到1分钟时，杜苹就因为受伤被孙继海替换下场。

②本市医疗机构生产的含有关木通的制剂品种将在6月30日前全部替换为木通。

③国家车辆研究与发展机构的专家也正加紧评估替换或改造现有发动机的可行性。

④随着新型手机的推出，将会有越来越多的消费者把自己的传统手机替换为智能手机。

⑤那头叫大黄的耕牛已经被新的农用机械替换下来，正站在地边悠闲地吃草呢。

异同归纳		替代	替换
同	词性	动词	
	词义	表示将原有的人或事物换成另外的人或事物	
异	搭配对象	可用于人、物等具体或抽象的事物	一般用于换下正工作的人、劳动着的牲畜或换下来的衣物等
	词义侧重	着重于以甲换乙，起乙的作用	着重于调换、倒换
	使用频率	低	高
	使用范围	宽	窄
	语体风格	多用于书面语	通用于口语和书面语

4. 预测　预计

预测

◎ 我们预测未来的50年，中国的劳动力人口将占全国人口的60%以上……

①去年下半年国有企业的外贸出口未能实现年初预测的复苏。

②一家调查咨询公司预测全球摄像手机的市场规模从明年开始就会超过数码相机。

③ 他往往被人们描述成一个神秘的、古怪的、不可预测的天才。

④ 他们的行为给他们的家庭、亲朋好友以及未来的社会带来难以预测的伤害和毁灭性的后果。

⑤ 他们之所以这样做，目的在于对军事行动进行全面预测和评估。

预计

◎ 预计到2020年，中国城市化率将达到55%到60%。

① 总工程师已经证实，天然气储量规模预计为430亿立方米。

② 从天坛西门至永定门路段的崇文区南中轴路危改整治工程预计将于明年全部完工。

③ 国家旅游局官员预计"黄金周期间"进出境旅客将达150万人次。

④ 这座本市第一个正规自行车场地训练场预计年底竣工。

异同归纳		预测	预计
同	词性	动词	
	词义	表示预先推测	
	使用频率	高	
	使用范围	比较宽泛	
异	搭配对象	可预测天气现象、事物的发展结果等抽象事物	可预计事物的具体数字、程度等
	词义侧重	着重于事前通过推想或测量来确定，比"预计"的要准确	着重于事前通过推想或数学手段进行估计

三 词语搭配

1. 控制

对……进行～　　　　　　～手段　　　　　　得到有效～

将……～在……范围内　　～一切事物　　　　失去～

严加～　　　　　　　　　～欲望　　　　　　加以～

2. 储藏

～室	冷冻～	把东西～起来
～间	～设施	将食物～好
～量	简单～	～量十分丰富

3. 平稳

～过渡	局势～	战局一直～
～发展	物价～	把桌子放～了
～前进	病情～	将物价～下来

4. 保障

安全的～	社会～体系	～财产安全
幸福的～	经济～制度	～人身安全
绝对有～	金融～体系	～公民权利

四 练习

（一）选择恰当的词语填空

> 牵涉　牵扯　约束　束缚　替代　替换　预测　预计

1. 据气象站_____，未来一周内将有大暴雨，请有关单位做好防灾工作。

2. 如此之多的条条框框_____着科学家的思想，使他们不能充分发挥潜能。

3. 这件事_____的面太广，没有十分的把握还是不要轻易动手。

4. 她已经连续工作三天三夜，需要找人把她_____下来。

5. 领导们_____到可能会出现这样的情况，所以提前采取了防范措施。

6. 他以为这样远离家人，一旦有事情肯定不会受到_____，事实上他想错了。

7. 科学家们正在积极研究和开发石油的_____产品，新能源的出现指日可待。

8. 这套衣服漂亮倒是漂亮，可惜太瘦了！穿着它做运动四肢会受到_____，还是换上运动服吧。

（二）用指定词语完成句子

1. 他在山上住了十天，_____。（极其）

2. 王先生发明的汽油替代品_____。（认定）

3. 中国近十年的经济情况_____。（稳步）

4. 我们相识二十多年了，我们之间_____。（既是）

5. _____，我们已经放弃了这项产品的开发工作。（基于）

6. _____，孩子们是不会做出这样的事情来的。（按照）

7. _____，我们也无法改变。（自来）

8. _____，我们没有隐瞒任何情况。（大体）

（三）用指定词语完成下列对话

1. A：你认为这样的计划和安排怎么样？
   B：_____。（以人为本）

2. A：计划很周密，你还有什么可担心的？
   B：_____。（杞人忧天）

3. A：对这个产品，您有什么看法？
   B：_____。（总的来说）

4. A：搞了这么久，怎么只有这么一点儿东西？
   B：_____。（极其）

5. A：这件事你核实过没有？
   B：_____。（出入）

6. A：_____。（基于）
   B：那么我们就按照您的意思去做了。

7. A：_____。（大体）

   B：你想起什么可以随时与我们联系，这是我们的电话号码。

8. A：_____。（稳步）

   B：这都是大家努力工作的结果。

（四）选择适当的词语填空

> 极其　　按照　　究竟　　大大　　出入　　所以
> 不仅　　但是　　既是　　连……都……

1. 发展_____为了人，同时也需要人来推动。在发展过程中要考虑到人的各方面的需求，反过来发展又塑造了人的面貌，这是21世纪中国人口发展战略中最基本的指导思想。以人为本，全面协调，可持续发展，_____是在经济发展、社会发展中，同时在人口战略的研究、实施中都要以这样一个科学发展观作为指导，指导中国的人口工作。

2. 在19世纪之前，世界的人口增长率是很慢的，很长时期都是在千分之几，有的时候是1‰，有的时候是2‰的增长速度，_____19世纪以来，世界人口增长的速度大大加快，这对世界的发展产生了_____沉重的压力。

3. 意大利的南部是全世界生育率最低的地区，一个妇女平均生育的孩子数只有0.86个，_____1个孩子_____不到。但是也有一些国家生育率是很高的。目前世界生育率最高的国家_____联合国的统计是也门。也门一个妇女平均要生7.6个孩子。_____我们可以看出，生育率的差异在全世界是非常显著的。

4. 地球上的资源_____能够养活多少人？这方面估计的_____是非常大的，其中最少的一个估计，有一些科学家经过研究，认为全世界最好只有24亿人，可是现在已经有60多亿了，已经_____超过了他们所想象的数字。

（五）选择适当的词语改写下列句子

> 守株待兔　　以人为本　　杞人忧天
> 错失良机　　劳务输出　　千载难逢

1. 许多人等待了很久也不能碰到的机遇这次让小刘碰上了。

2. 这个人真是的，这么好的机会就这么白白地让它溜走了，我们又失去了一次发财的机会。

3. 当今世界做任何事情都要首先考虑对人类是否有利，对人类不利的事情坚决不能做。

4. 中国人口多，劳动力过剩，而西方国家极其缺少劳动力，有些国家希望大量引进中国的劳动力，所以中国才会出现大量的劳动力出口到其他国家的现象。

5. 你整天躲在家里，幻想天上掉馅儿饼，怎么可能啊？

6. 你说的这些事情根本就不会发生，不要瞎操心了。

（六）选择恰当的一组词语

1. ① 这个零点出生的男婴被北京市统计局_____为北京 2006 年诞生的第一位小公民。

② 为了把婚礼办得隆重、热闹，他们_____了10万元在酒店宴请宾客。

③ 看到电影中如此感人的场面，许多观众无法_____住自己的泪水。

④ 目前中国耕地总面积仅为18.27亿亩，却要_____1亿多人，农业问题很突出。

A. ① 认定　② 花费　③ 制止　④ 养活
B. ① 认定　② 费用　③ 控制　④ 养活
C. ① 认定　② 花费　③ 控制　④ 养活
D. ① 认为　② 花费　③ 控制　④ 养活

正确选项_____

2. ① 历史是任何谎言都无法_____和篡改的。

② 今年汛期，长江的水情一直很_____。

③ 中国经济在近20年的时间里得到_____增长。

④ 安全是提高生产率的最好_____。

A. ① 替代　② 平稳　③ 快速　④ 保证
B. ① 替代　② 平稳　③ 快速　④ 保障
C. ① 替代　② 平稳　③ 迅速　④ 保障
D. ① 替代　② 平静　③ 快速　④ 保障

正确选项_____

（七）下面每段话都画出了ABCD四个部分，请挑出有错误的部分

1. 地球上有人口众多，由于经济的发展，能源就成为一个非常基本的需求。任何
　　　A　　　　　　　B　　　　　　　　　　C

国家要提高生活水平、发展经济，都少不了能源。　　　　　　　　　　（　　）
　　　　　　　　D

2. 如果要谈可持续发展问题，就要一方面考虑如何在今后更加公平而充足地为全
　　　A　　　　　　　　　　　　　　　B

人类提供必要的能源，特别发展中国家要给创造发展的机会，另一方面也要解
　　　　　　　　　　　　　C

决全球和能源相关的环境问题。
　　　　　　　D
                                                （　）

3. 进入新世纪，人口更加复杂，面临的任务更加艰巨。人口和计划生育工作必须
   　　　　　　　　　　A
考虑把解决农村人口问题与解决"三农"问题，把加强管理服务与完善利益
　　　　　　　　B
导向机制相结合，采取更有效的措施引导和鼓励农民走"少生快富"之路。
　C　　　　　　　　　　　　　　　D
                                                （　）

4. 以后还可以用化学的方法来生产粮食，那就是说，粮食从工厂里出来了，那时
   　　　　　　　　A　　　　　　　　　　　　　B
土地资源根本就不成为一种约束的资源，以后甚至人可以迁移到外太空去居
　C　　　　　　　　　　　　　　　　　　　　　　D
住还设想。
                                                （　）

修辞提示与练习

 **一　篇章主题与段落**

(一) 含义

　　篇章主题大致包括命题内容和语用内容两个方面，这两者都是把分句结合成句子，又把句子组合成更大的单位，这个更大的单位就是"段落"。而篇章主题就是所有有助于文章篇章性的形式和非形式手段的总和。好的文章，主题一定是通过不同的语段逐渐深入地被挖掘和展示出来的。

(二) 分析

　　那么不同的段落又是如何连成一篇文章的呢？我们先分析下面的一个段落：

◎ 2005年1月6日，北京妇产医院又有一个婴儿降生了，这个婴儿被中国的统计机构认定为中国的第13亿个公民，而这一天，也被中国的有关机构定名为"第13亿人口日"。那么未来一段时间，中国的经济增长与人口之间会形成一种什么样的关系？中国的自然资源究竟能够承载多大的人口总量呢？

段落是由不同的句子构成的，句与句之间除了关联词语以外，表达的主题也是相互联系的。如上段中"有一个婴儿降生""第13亿个公民""第13亿人口日""经济增长与人口……关系""承载多大的人口总量"，这些词组都是各句的中心词，我们可以看出这些中心词都是围绕着"人口"这一主题来说的。

又如，本文从开始到结束，通篇都是在分析和说明人口与地球如何协调发展这一大主题。全文分成六个大的段落，其中四个小标题下又由不同的段落相互勾连。每个段落都有自己的子主题。整篇文章通过若干个子主题，带领读者（听众）逐步深入地去寻找人类与地球、地球与资源、资源与社会发展、中国在世界经济发展中扮演何种角色等答案。

（三）练习

1. 判断句A后面的语句如何展开

（1）A．18年前，我从东莞师范学校踏上了深圳这片热土，走上了神圣的讲坛。从此……　　　　　　　　　　　　　　　　　　　　　（　　）

　　B_1．老师成了我生命中最重要的人。

　　B_2．教育成了我生命中的一部分。

（2）A．形象是人的精神风貌和性格特征。　　　　　　　　　　（　　）

　　B_1．不同性别、不同年龄、不同职业的人，都有不同的形象标准。

　　B_2．不同性别、不同年龄、不同职业的人，都有不同的形象要求。

（3）A．扩充知识空间的过程叫学习。从小学到中学再到大学，　　（　　）

　　B_1．我们的生活空间在不断扩大。研究生的生活空间就应该更大一点儿。

　　B_2．我们的知识空间在不断扩大。研究生的知识空间就应该更大一点儿。

（4）A．我们的职业被人们尊称为"白衣天使"，还在我刚刚受到医学的启蒙教育时，我的老师曾说，你选择了这一行，就选择了奉献。（　　）

　　B_1．在医院特有的气味中，我们走过了清纯的少女年代；从血染的伤口

边，我们走过了炙热的青春年华；在白色蒙蒙的氛围中，我们用一颗真诚的心来丈量无数个漫长的夜晚。

B_2. 假如我当时还不太明白这"奉献"二字的深刻含义的话，那么，从我第一次进病房起，白色的燕尾帽一戴，白大褂一穿，我才明白这天使称号的背后有多少人在无私地奉献。

(5) A. 现在社会上有着各种各样的评选：最受尊敬的企业、最受赞赏的企业、财富500强等，也有很多关于基业常青的讨论。有意思的是，没有一个是关于"最卓越的企业"的评选。（ ）

B_1. 尽管"卓越"一词能够如此恰如其分地体现出一个企业的综合实力、行业地位和长期发展潜力，尽管追求卓越是雄心壮志的企业和企业家们始终如一的目标。

B_2. 不管"卓越"一词是否能恰如其分地体现出一个企业的综合实力、行业地位和长期发展潜力，人们还是雄心壮志地争做卓越企业和企业家。

2. 围绕同一个主题，按照句子间的逻辑关系重新安排下列句子的顺序

(1) A. 为了保障经济建设和社会发展的需要，我们不得不占用一些耕地。

B. 新增建设用地是耕地减少的重要原因。

C. 但是，一些地方为了眼前利益，通过未批先建、以租代征等方式违法、违规占用大量耕地甚至基本农田，使耕地保有量处于失控状态。

(2) A. 为了尽快恢复右臂的功能，我每天忍着痛用右手坚持练习爬墙。

B. 这样一来，倒惹得病友们对我羡慕不已，不少病友的丈夫都劝导自己的妻子要向我学习。

C. 由于我不娇气，肯吃苦，能锻炼，所以我比所有的病友都吃得下，睡得香，体力恢复快。

(3) A. 此外，由于山西农垦历史悠久，土地开垦率高，可垦荒地很少，仅在雁北、忻州、晋中盆地，约有400万亩盐碱地，黄河、汾河沿岸约有

100万亩沙荒地可以开垦改良为农田。

B. 全省土壤有机质含量在1%以上的，仅占耕地总面积的1/4。

C. 山西除中南部盆地外，土地的质量一般都很差。

D. 而瘠薄坡耕地、干旱地等低产田占总耕地面积的2/3以上。土地的生产力水平很低，在全国属于中等偏下水平。

（4） A. 今天的剑桥大学，又成立了她第二个科技园，称之谓"创新中心"。

B. 美国第128号公路区域也有一个出色的科技园，那里靠着MIT（麻省理工学院）和哈佛大学。

C. 再看英国，剑桥大学第一个科学园创建于1971年，大约在13年前，我到那里去看过，那时候科学园的规模并不很大，但现在小小的剑桥城，10万人口，有1000个注册科技企业，40亿英镑的年销售额，相当于500亿人民币。

D. 大学科技园促进社区经济和社会发展的例证还可以举很多，甚至，历史很短的中国的大学科技园已经在科技创新方面，在促进科技成果转化方面起到了先锋和模范的作用。

E. 先说闻名于世的硅谷是个大学科技园，她60%以上的企业产品来自斯坦福大学的科研成果。

二　文体与篇章修辞

（一）演讲词

演讲词也叫演讲稿，是指在群众集会上或会议上发表讲话的文稿。演讲词是进行宣传时经常使用的一种文体。演讲的作用是表达个人的主张与见解，介绍一些学习、工作中的情况、经验，以便互相交流思想和感情。

演讲词的主题要鲜明，例证要动人，感情要深厚，各段落之间，结构要清晰、完整，并注意跌宕。语言力求灵活、朴实、形象、幽默、并善于运用警句。各段既有每段的中心话题，各段之间又共同为一个主题服务，我们的课文《中国的人口战略》即是如此。

(二) 阅读下面的演讲词,体会段落与主题的关系

爱 国 主 义

各位老师,各位同学,大家好!

我今天演讲的题目是"大力弘扬爱国主义精神"。

什么是爱国主义?列宁说:"爱国主义是指人们对祖国的忠诚和热爱,是千百年来巩固起来的对自己祖国的一种最深厚的感情。"正是这种崇高的感情使人们为了祖国的繁荣富强奋斗终生,为了捍卫祖国的独立和尊严而奉献出自己最宝贵的生命,历史上这样的仁人志士数不胜数。正因为历史有如此强大的威力,所以某同志说:"在新的历史条件下继承和发扬爱国主义传统,需要广泛深入地进行爱国主义教育。"

中华民族5000年的文明历史得以延续,是和爱国主义的民族传统紧密联系在一起的。古时有晏子"利于国者爱之,害于国者恶之"的大声疾呼,有屈原"身既死兮神以灵,子魂魄兮为鬼雄"的悲壮高歌,有诸葛亮"鞠躬尽瘁,死而后已"的一生实践,有陆游"位卑未敢忘忧国"的千古佳句。

事实上,爱国主义是以对民族和国家的关注和定位为基础的,它虽然可以由热爱国土、历史、文化等感情的形式萌生,但必由民族意识洗礼方能获得成熟化的表现形式。无论在东方、西方,从18世纪开始,国家的主权和民族的命运都成为最鼓舞人心的事件。美国独立战争在今天被看成西方近代民族意识的一次最大规模的爆发;而在法国大革命时期,各地纷纷宣誓,放弃分歧来保卫国家;在东方,外强的入侵惊醒了千年氤氲沉醉的梦境,国破家亡唤起了强烈的爱国情感。可以说悠久文化的历史积淀形成了爱国意识的不竭源泉,曲折艰难的生存状态却提供了一种空前清晰的关于国家命运的自觉意识。于是,在中华大地上,人们内忧政治腐败,外患列强瓜分。为救亡图存,前有康有为变法半途夭折,后有辛亥革命建立民国,众多仁人志士赴汤蹈火义无反顾。轰轰烈烈的"五四"爱国主义运动爆发,为历史掀开了崭新的一页。而中国共产党的建立为传统的爱国主义注入了马列主义的精髓,伴随中国人民战胜各种顽敌,从胜利走向新的胜利。

然而,在50年后的今天,爱国主义提倡的价值观与现实大相径庭。爱国主义提倡对祖国和中华民族的深厚感情,提倡"为国家为社会为民族的整体利益,奋不顾身地工作着,毫无保留地贡献出自己的聪明才智"。但是,在市场经济利益观作用下,人们崇尚金钱,追逐名利。正如马克思所说:"你自己不能办到的一切,你的货币却能办到。"人们讲求"实惠",要求付出与获取成正比,在这样的价值观主导下,个体在情景中的行为选择是以能否获取金钱来衡量,凡是不能获取金钱的行为都是愚蠢的,都是个体所极力回避的行为,所谓"金钱确定人的价值"观念日益盛行。

此刻,闻国歌而兴爱国之思,这不应随时间而渐渐远离,而是应被赋予时代特有的意义。上世纪80年代后,随着冷战的结束,世界呈现出多极化发展趋势,科技的进步和全球性经济发展使爱国主义得到了升华,要求人们突破传统的乡土观、民族观、国家观,以面向全球的思维方式不断发展。试问,如果以个人主义替代国家利益,人类如何推动全球化发展进程?

祖国的孩子们,你的母亲饱经风霜。可忆起北平的紫禁城,湖南的岳阳楼,青海的凄寒,西湖的柔美,长江的浩浩,黄河的滔滔,在不久的将来,这将是我们一展宏图之地;祖国美好的明天——这七个字激起了我们每一个人的热血、热情、热泪,让正义之血为之喷涌,让自由之泪为之洒落,让真理之情为之坚定吧!

表达与写作

● **表达训练**

1. 你如何看待中国的人口政策?
2. 你如何看待资源与人口的关系?
3. 你怎样理解科技发展与资源紧张之间的关系?
4. 为了让地球得到更好的保护,我们应该怎么做?

● 写作训练

结合讨论课发言,写一篇演讲稿。题目自拟。字数在1000字左右。

要求:1. 可模仿本课的写作格式和手法。

2. 尽量参考并尝试使用本课所学的重点词语及表达方式。

扩展空间

名家典藏

蒋正华《中国经济大讲堂》　　CCTV《中国经济大讲堂》节目组编

辽宁人民出版社

金雨编《不朽的声音》　　中国水利水电出版社

媒体资源

蒋正华《21世纪的人口战略》　　CCTV4　www.cctv.com

词语追踪

地球村　　能耗　　循环经济　　节能减排　　数字家庭

词语索引

A

哀求	āiqiú	（动）	5
碍事	àishì	（动）	5
安宁	ānníng	（形）	1
安置	ānzhì	（动）	4
按照	ànzhào	（介）	6

B

跋涉	báshè	（动）	3
版	bǎn	（名）	2
版图	bǎntú	（名）	4
膀子	bǎngzi	（名）	5
保温	bǎowēn	（动）	3
保障	bǎozhàng	（动）	6
背影	bèiyǐng	（名）	5
奔丧	bēnsāng	（动）	5
本钱	běnqián	（名）	2
比画	bǐhua	（动）	2
必然	bìrán	（形）	6
变卖	biànmài	（动）	5
遍布	biànbù	（动）	3
秉承	bǐngchéng	（动）	3
禀赋	bǐngfù	（名）	2
波涛	bōtāo	（名）	4
不甘	bùgān	（动）	2
不懈	búxiè	（形）	1
不已	bùyǐ	（动）	1
不住	bú zhù		2

C

惨淡	cǎndàn	（形）	5
苍老	cānglǎo	（形）	5
侧面	cèmiàn	（名）	2
插嘴	chāzuǐ	（动）	5
茶房	cháfáng	（名）	5
查阅	cháyuè	（动）	4
差使	chāishi	（名）	5
豺狼	cháiláng	（名）	2
掺	chān	（动）	3
常年	chángnián	（名）	4
场所	chǎngsuǒ	（名）	3
唱对台戏	chàng duìtáixì		2
嗔怪	chēnguài	（动）	5
称谓	chēngwèi	（名）	4
成年	chéngnián	（动）	6
承载	chéngzài	（动）	6
城堡	chéngbǎo	（名）	3
程序	chéngxù	（名）	1
迟缓	chíhuǎn	（形）	5
重围	chóngwéi	（名）	4
崇拜	chóngbài	（动）	4
抽搭	chōuda	（动）	5
酬谢	chóuxiè	（动）	5
出落	chūluo	（动）	2
出入	chūrù	（名）	6
除此之外	chú cǐ zhī wài		4
储藏	chǔcáng	（动）	6
穿着	chuānzhuó	（名）	3

创建	chuàngjiàn	（动）	2
淳朴	chúnpǔ	（形）	3
促使	cùshǐ	（动）	1
踌躇	chóuchú	（形）	5
催促	cuīcù	（动）	5
脆	cuì	（形）	2
脆弱	cuìruò	（形）	1
皴	cūn	（动）	2

D

大多	dàduō	（副）	4
大漠	dàmò	（名）	4
大肆	dàsì	（副）	1
大体	dàtǐ	（副）	6
耽搁	dānge	（动）	5
诞辰	dànchén	（名）	3
当红	dānghóng	（形）	2
荡涤	dàngdí	（动）	5
档	dàng	（名）	2
盗猎	dàoliè	（动）	1
典范	diǎnfàn	（名）	3
典质	diǎnzhì	（动）	5
顶撞	dǐngzhuàng	（动）	4
动乱	dòngluàn	（动）	3
动态	dòngtài	（名）	2
动摇	dòngyáo	（动）	1
斗牛	dòuniú	（动）	4
敦厚	dūnhòu	（形）	3

E

婀娜	ēnuó	（形）	2
摁	èn	（动）	5
二奶	èrnǎi	（名）	2

F

发掘	fājué	（动）	4
番	fān	（量）	1
烦恼	fánnǎo	（形）	4
烦躁	fánzào	（形）	5
反响	fǎnxiǎng	（名）	1
防卫	fángwèi	（动）	3
防御	fángyù	（动）	3
费事	fèishì	（形）	5
分散	fēnsàn	（形）	6
风干	fēnggān	（动）	1
风光	fēngguāng	（名）	3
封闭	fēngbì	（动）	3
封锁	fēngsuǒ	（动）	4
奉献	fèngxiàn	（动）	1
俘获	fúhuò	（动）	4
俘虏	fúlǔ	（名）	4
负面	fùmiàn	（形）	6
附属	fùshǔ	（形）	3
赋闲	fùxián	（动）	5
富于	fù yú		3

G

感召	gǎnzhào	（动）	2
格局	géjú	（名）	3
耕地	gēngdì	（名）	6
公顷	gōngqǐng	（量）	6
攻打	gōngdǎ	（动）	4
勾留	gōuliú	（动）	5
骨骼	gǔgé	（名）	4

词语索引

固然	gùrán	（连）	2
雇佣	gùyōng	（动）	4
寡妇	guǎfu	（名）	2
关闭	guānbì	（动）	3
观赏	guānshǎng	（动）	3
贯穿	guànchuān	（动）	3
光景	guāngjǐng	（名）	5
广袤	guǎngmào	（形）	1
规范	guīfàn	（形）	1
国粹	guócuì	（名）	2

H

含混	hánhùn	（形）	2
含蓄	hánxù	（动）	3
夯	hāng	（动）	3
好在	hǎozài	（副）	2
好客	hàokè	（形）	3
和睦	hémù	（形）	3
和谐	héxié	（形）	1
恒久	héngjiǔ	（形）	2
弘扬	hóngyáng	（动）	2
红利	hónglì	（名）	6
后裔	hòuyì	（名）	4
还原	huányuán	（动）	2
换取	huànqǔ	（动）	1
晃悠	huàngyou	（动）	2
恢弘	huīhóng	（形）	3
混淆	hùnxiáo	（动）	2

J

机遇	jīyù	（名）	6
基因	jīyīn	（名）	1
基于	jīyú	（介）	6
吉普车	jípǔchē	（名）	1
极其	jíqí	（副）	6
极致	jízhì	（名）	2
计划生育	jìhuà shēngyù		6
祭奠	jìdiàn	（动）	4
寂静	jìjìng	（形）	3
加重	jiāzhòng	（动）	3
间或	jiànhuò	（副）	3
煎熬	jiān'áo	（动）	5
检察官	jiǎncháguān	（名）	1
见效	jiànxiào	（动）	3
健壮	jiànzhuàng	（形）	4
给养	jǐyǎng	（名）	1
降生	jiàngshēng	（动）	6
焦灼	jiāozhuó	（形）	5
脚夫	jiǎofū	（名）	5
结局	jiéjú	（名）	3
结论	jiélùn	（名）	6
结语	jiéyǔ	（名）	6
戒备	jièbèi	（动）	3
进犯	jìnfàn	（动）	3
经受	jīngshòu	（动）	5
晶莹	jīngyíng	（形）	5
精巧	jīngqiǎo	（形）	3
景气	jǐngqì	（形）	2
警醒	jǐngxǐng	（形）	5
居室	jūshì	（名）	3
绝望	juéwàng	（动）	2

K

开腔	kāiqiāng	（动）	2
堪称	kānchēng	（动）	3

245

抗击	kàngjī	（动）	3
抗生素	kàngshēngsù	（名）	6
恐惧	kǒngjù	（形）	3
抠	kōu	（动）	2
控制	kòngzhì	（动）	6
快速	kuàisù	（形）	6
亏空	kuīkong	（名）	5
困扰	kùnrǎo	（动）	4

L

拉扯	lāche	（动）	2
赖	lài	（动）	5
懒惰	lǎnduò	（形）	5
狼狈	lángbèi	（形）	5
狼藉	lángjí	（形）	5
劳动力	láodònglì	（名）	6
老龄	lǎolíng	（形）	6
老天爷	lǎotiānyé	（名）	2
离休	líxiū	（动）	2
立意	lìyì	（动）	2
脸谱	liǎnpǔ	（名）	2
良机	liángjī	（名）	6
料理	liàolǐ	（动）	5
灵光	língguāng	（名）	2
领悟	lǐngwù	（动）	2

M

摩挲	māsā	（动）	5
蚂蚱	màzha	（名）	2
蛮荒	mánhuāng	（形）	3
满怀	mǎnhuái	（动）	5
忙不迭	mángbùdié	（副）	1

忙活	mánghuo	（动）	1
美德	měidé	（名）	3
迷失	míshī	（动）	1
秘诀	mìjué	（名）	1
缅怀	miǎnhuái	（动）	3
灭绝	mièjué	（动）	1
铭记	míngjì	（动）	3
没落	mòluò	（动）	2
谋	móu	（动）	5
墓葬	mùzàng	（名）	4

N

闹腾	nàoteng	（动）	2
黏土	niántǔ	（名）	4
凝聚	níngjù	（动）	3
凝重	níngzhòng	（形）	3
牛痘	niúdòu	（名）	6
挪	nuó	（动）	1

P

排斥	páichì	（动）	3
蹒跚	pánshān	（形）	5
判断	pànduàn	（动）	4
刨	páo	（动）	1
配置	pèizhì	（动）	3
疲惫	píbèi	（形）	5
偏僻	piānpì	（形）	3
贫瘠	pínjí	（形）	4
平日	píngrì	（名）	5
平稳	píngwěn	（形）	6
破解	pòjiě	（动）	4

词语索引

Q

漆黑	qīhēi	（形）	2
奇特	qítè	（形）	3
千古	qiāngǔ	（名）	4
迁徙	qiānxǐ	（动）	1
牵涉	qiānshè	（动）	6
谦逊	qiānxùn	（形）	3
潜力	qiánlì	（名）	6
嵌	qiàn	（动）	3
跷	qiāo	（动）	2
钦佩	qīnpèi	（动）	1
倾倒	qīngdào	（动）	3
清澈	qīngchè	（形）	3
区分	qūfēn	（动）	2
屈服	qūfú	（动）	4
取证	qǔzhèng	（动）	1
权且	quánqiě	（副）	2

R

冉冉	rǎnrǎn	（副）	3
人类学	rénlèixué	（名）	6
荏苒	rěnrǎn	（动）	4
日渐	rìjiàn	（副）	5
日前	rìqián	（名）	1
融洽	róngqià	（形）	3
柔和	róuhé	（形）	5
入口	rùkǒu	（名）	3

S

腮帮	sāibāng	（名）	2
丧事	sāngshì	（名）	5
丧生	sàngshēng	（动）	1
山坳	shān'ào	（名）	3
山峦	shānluán	（名）	1
伤痕	shānghén	（名）	5
身世	shēnshì	（名）	4
身心	shēnxīn	（名）	2
深切	shēnqiè	（形）	1
神话	shénhuà	（名）	3
甚	shèn	（副）	5
生息	shēngxī	（动）	1
盛开	shèngkāi	（动）	5
十足	shízú	（形）	1
石油	shíyóu	（名）	6
食用	shíyòng	（动）	4
适度	shìdù	（形）	6
适宜	shìyí	（形）	3
受理	shòulǐ	（动）	3
受凉	shòuliáng	（动）	5
衰退	shuāituì	（动）	2
爽朗	shuǎnglǎng	（形）	2
说到底	shuō dào dǐ		2
俗	sú		4
素质	sùzhì	（名）	6
塑造	sùzào	（动）	6
酸楚	suānchǔ	（形）	5

T

他乡	tāxiāng	（名）	4
太空	tàikōng	（名）	6
泰斗	tàidǒu	（名）	3
倘若	tǎngruò	（连）	2
逃窜	táocuàn	（动）	4
体制	tǐzhì	（名）	6

247

替代	tìdài	（动）	6	线索	xiànsuǒ	（名）	4
天花	tiānhuā	（名）	6	陷入	xiànrù	（动）	4
铁道	tiědào	（名）	5	相貌	xiàngmào	（名）	4
通风	tōngfēng	（动）	3	小蜜	xiǎomì	（名）	2
同居	tóngjū	（动）	3	笑柄	xiàobǐng	（名）	2
铜板	tóngbǎn	（名）	5	效益	xiàoyì	（名）	6
铜	tóng	（名）	6	携手	xiéshǒu	（动）	2
投掷	tóuzhì	（动）	3	心灵	xīnlíng	（名）	5
土坯	tǔpī	（名）	4	心头	xīntóu	（名）	5
土壤	tǔrǎng	（名）	1	信仰	xìnyǎng	（动）	3
推测	tuīcè	（动）	4	幸好	xìnghǎo	（副）	5
颓唐	tuítáng	（形）	5	汹涌	xiōngyǒng	（动）	4
妥帖	tuǒtiē	（形）	5	须眉	xūméi	（名）	2
				虚无	xūwú	（形）	2
				玄乎	xuánhu	（形）	2
				血腥	xuèxīng	（形）	4
W				巡	xún	（动）	1
忘却	wàngquè	（动）	5				
围攻	wéigōng	（动）	3				
唯	wéi	（副）	5	**Y**			
为何	wèihé	（副）	4				
文献	wénxiàn	（名）	3	殃及	yāngjí	（动）	3
稳步	wěnbù	（副）	6	洋车	yángchē	（名）	5
稳定	wěndìng	（动）	6	养活	yǎnghuo	（动）	6
捂	wǔ	（动）	2	一股脑儿	yìgǔnǎor	（副）	5
				一律	yílǜ	（副）	4
				依次	yīcì	（副）	3
X				遗弃	yíqì	（动）	1
戏称	xìchēng	（动）	2	遗书	yíshū	（名）	1
细节	xìjié	（名）	3	遗址	yízhǐ	（名）	3
细究	xìjiū	（动）	2	义务教育	yìwù jiàoyù		6
遐迩	xiá'ěr	（名）	4	异彩	yìcǎi	（名）	1
鲜红	xiānhóng	（形）	2	异国	yìguó	（名）	4
险恶	xiǎn'è	（形）	1	意味	yìwèi	（名）	2
现状	xiànzhuàng	（名）	1	意蕴	yìyùn	（名）	2

隐藏	yǐncáng	（动）	4
营盘	yíngpán	（名）	1
硬是	yìngshì	（副）	1
预测	yùcè	（动）	6
远方	yuǎnfāng	（名）	5
约束	yuēshù	（动）	6

Z

杂糅	záróu	（动）	2
再生	zàishēng	（动）	6
早熟	zǎoshú	（形）	2
枣	zǎo	（名）	4
掌控	zhǎngkòng	（动）	4
帐篷	zhàngpeng	（名）	1
折服	zhéfú	（动）	3
珍视	zhēnshì	（动）	1
珍稀	zhēnxī	（形）	1
震	zhèn	（动）	1
争执	zhēngzhí	（动）	5

植被	zhíbèi	（名）	1
至亲	zhìqīn	（名）	5
质疑	zhìyí	（动）	1
终究	zhōngjiū	（副）	2
种族	zhǒngzú	（名）	6
朱红	zhūhóng	（形）	5
诸多	zhūduō	（形）	5
嘱托	zhǔtuō	（动）	5
驻扎	zhùzhā	（动）	4
箸	zhù	（名）	5
拽	zhuài	（动）	2
撰	zhuàn	（动）	3
自来	zìlái	（副）	6
总的来说	zǒng de lái shuō		6
走访	zǒufǎng	（动）	4
足以	zúyǐ	（副）	4
组合	zǔhé	（动）	3
祖籍	zǔjí	（名）	4
嘬	zuō	（动）	1
做戏	zuòxì	（动）	2

四字词语

A

| 安然无恙 | ān rán wú yàng | 3 |

B

包罗万象	bāo luó wàn xiàng	3
壁垒森严	bìlěi sēnyán	3
博大精深	bódà jīngshēn	2
不辞劳苦	bùcí láokǔ	4
不胜枚举	bú shèng méi jǔ	1

C

成千上万	chéng qiān shàng wàn	2
崇山峻岭	chóng shān jùn lǐng	3
愁肠百结	chóu cháng bǎi jié	2
触目伤怀	chù mù shāng huái	5
从天而降	cóng tiān ér jiàng	3
错落有致	cuòluò yǒu zhì	3

D

大红大紫	dà hóng dà zǐ	2
大惑不解	dà huò bù jiě	4
东奔西走	dōng bēn xī zǒu	5
独具匠心	dú jù jiàngxīn	3
独一无二	dú yī wú èr	3
断壁残垣	duàn bì cán yuán	3

F

纷至沓来	fēn zhì tà lái	4
风月无边	fēngyuè wúbiān	2
风云变幻	fēngyún biànhuàn	4
风姿绰约	fēngzī chuòyuē	2

G

| 各种各样 | gè zhǒng gè yàng | 1 |
| 固若金汤 | gù ruò jīn tāng | 3 |

H

| 合情合理 | hé qíng hé lǐ | 4 |
| 祸不单行 | huò bù dān xíng | 5 |

J

| 接踵而至 | jiēzhǒng ér zhì | 4 |
| 绝无仅有 | jué wú jǐn yǒu | 4 |

K

| 空前绝后 | kōng qián jué hòu | 3 |
| 岿然不动 | kuīrán bú dòng | 3 |

L

| 力所能及 | lì suǒ néng jí | 1 |

| 淋漓尽致 | línlí jìn zhì | 3 |
| 另辟蹊径 | lìng pì xījìng | 4 |

M
| 绵延起伏 | miányán qǐfú | 1 |
| 默默无闻 | mòmò wú wén | 1 |

P
| 扑朔迷离 | pūshuò mílí | 4 |

Q
杞人忧天	Qǐ rén yōu tiān	6
千疮百孔	qiān chuāng bǎi kǒng	1
千辛万苦	qiān xīn wàn kǔ	3
潜移默化	qián yí mò huà	3
趋之若鹜	qū zhī ruò wù	1

S
守株待兔	shǒu zhū dài tù	5
死气沉沉	sǐ qì chénchén	1
四通八达	sì tōng bā dá	3

T
叹为观止	tàn wéi guān zhǐ	3
突如其来	tū rú qí lái	1
土生土长	tǔ shēng tǔ zhǎng	1

W
为数不多	wéishù bù duō	4
无声无息	wú shēng wú xī	3
无与伦比	wú yǔ lún bǐ	3
物是人非	wù shì rén fēi	5

X
| 星罗棋布 | xīng luó qí bù | 1 |

Y
一应俱全	yìyīng jùquán	3
依山傍水	yī shān bàng shuǐ	3
依依不舍	yī yī bù shě	2
以人为本	yǐ rén wéi běn	6
意味深长	yìwèi shēncháng	3
与众不同	yǔ zhòng bù tóng	4

Z
众所周知	zhòng suǒ zhōu zhī	4
蛛丝马迹	zhū sī mǎ jì	4
纵横交错	zònghéng jiāocuò	1

专有名词

B

白宫	Báigōng	3
不冻泉	Búdòngquán	1
布喀达板峰	Bùkādábǎn Fēng	1

C

才嘎	Cáigǎ	1
长江	Cháng Jiāng	1
嫦娥	Cháng'é	2
陈汤	Chén Tāng	4
成化	Chénghuà	3
楚玛尔河	Chǔmǎ'ěr Hé	1

D

| 地中海 | Dìzhōng Hǎi | 4 |
| 敦煌 | Dūnhuáng | 4 |

E

| 二郎神 | Èrlángshén | 2 |

F

| 番禾县 | Fānhé Xiàn | 4 |
| 福建 | Fújiàn | 3 |

G

尕玛图旦	Gǎmǎtúdàn	1
甘肃	Gānsù	4
格尔木	Gé'ěrmù	1

H

| 华夏 | Huáxià | 3 |
| 环极楼 | Huánjí Lóu | 3 |

J

| 夹门鱼鳞阵 | Jiā Mén Yúlín Zhèn | 4 |

K

可可西里	Kěkěxīlǐ	1
客家	Kèjiā	3
昆仑山	Kūnlún Shān	1

L

兰州大学	Lánzhōu Dàxué	4
骊靬	Líqián	4
联合国教科文组织	Liánhéguó Jiàokēwén Zǔzhī	3
凉州府	Liángzhōu Fǔ	4

罗马	Luómǎ	4

M

梅兰芳	Méi Lánfāng	2
美国中央情报局	Měiguó Zhōngyāng Qíngbào Jú	3
面瓜	Miànguā	2
莫高窟	Mògāo Kū	4

P

帕提亚	Pàtíyà	4
浦口	Pǔkǒu	5

Q

祁连山	Qílián Shān	4
青藏高原	Qīngzàng Gāoyuán	1
青海	Qīnghǎi	1

S

世界屋脊	Shìjiè Wūjǐ	1
宋妈	Sòng Mā	5

T

沱沱河	Tuótuó Hé	1

W

五道梁	Wǔdàoliáng	1

X

徐州	Xúzhōu	5

Y

印度	Yìndù	6
永昌县	Yǒngchāng Xiàn	4
永定	Yǒngdìng	3

Z

藏族	Zàngzú	1
照面山	Zhàomiàn Shān	4
者来寨	Zhělái Zhài	4
振成楼	Zhènchéng Lóu	3
郅支城	Zhìzhī Chéng	4
卓乃湖	Zhuónǎi Hú	1

术　语

C

| 唱腔 | chàngqiāng | 2 |
| 丑 | chǒu | 2 |

D

| 旦 | dàn | 2 |
| 道白 | dàobái | 2 |

H

行当	hángdang	2
核反应堆	héfǎnyìngduī	3
花衫	huāshān	2

J

| 京腔 | jīngqiāng | 2 |
| 净 | jìng | 2 |

L

| 瞭望台 | liàowàngtái | 3 |

M

| 末 | mò | 2 |

P

| 谱牒 | pǔdié | 3 |

Q

| 青衣 | qīngyī | 2 |

S

身段	shēnduàn	2
生	shēng	2
水袖	shuǐxiù	2
四大名旦	sì dà míngdàn	2

T

| 台步 | táibù | 2 |

X

| 行头 | xíngtou | 2 |

Y

| 韵白 | yùnbái | 2 |

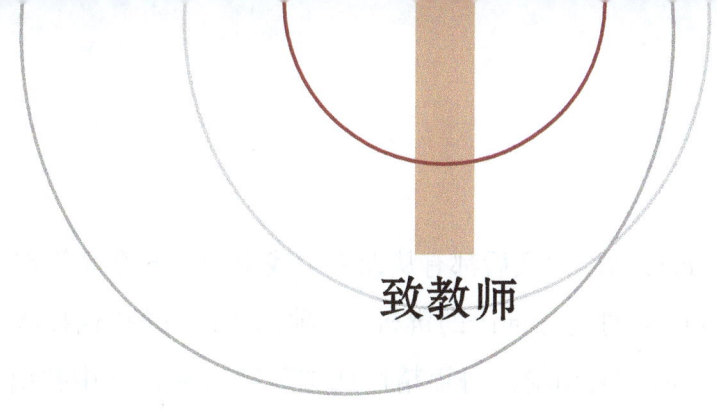

致教师

　　《成功之路·冲刺篇》和《成功之路·成功篇》系进阶式对外汉语系列教材高级阶段综合课用书，每篇两册，每册六课，共计 24 课。教材以高级汉语语言学习为主，将中国文化与语言学习融为一体。学习者使用本书前应已掌握了汉语中级语法及表达法，词汇量在 5000 左右。

　　《冲刺篇》和《成功篇》所选课文体裁包括了小说、散文、游记、随笔、报告文学、通讯报道、政论文、演讲词、访谈、学术性文章等，话题涉及现当代中国文学、中国文化、人民生活的多个侧面。教材中的文章、短文、段落，甚至练习用的句子，都选自真实的语料。考虑到学习者迫切希望了解当代中国的文化、习俗、国情，希望学习当下汉语中最鲜活的语言，在选篇上，我们重点选择当代文章，48 篇文章中只有 3 篇是写于 20 世纪二三十年代的。

　　《冲刺篇》和《成功篇》每课包含七大板块：背景阅读与练习、课文、词语讲解与练习、语法讲解与练习、修辞提示与练习、表达与写作、扩展空间。

　　在这"两篇"教材中，每课都先从"背景阅读"入手。在 3~7 段长短不等的语段或短文中，除明确要求阅读速度外，还针对限时阅读和泛读设计了不同形式的练习题。练习部分可由教师根据学习者情况决定完成数量及完成方式。对于学习者遇到的问题和难题，教师应给予必要的讲解，并公布相关练习的参考答案。

　　每篇精读课文前我们都设计了"课文导读"和"思考题"，精读课文后则有"思考与回答"，这些设计在针对课文内容进行"说"的训练上做到前后呼应。教师尽可能按要求让学习者完成这些练习，使其在口头表达上有实实在在的提高和收获。

　　每篇精读课文中变色的词语为本课的生词，方便教师随时对应查找，生词表中变色的词语为《高等学校外国留学生汉语教学大纲（长期进修）》中的高等级词，提示教师指导学生重点学习。

《冲刺篇》每篇精读课文后都有从课文中找出的4~5个高等重点词语的释义及例句、4对高等词语的辨析、1项高等语法的归纳讲解、1项修辞的说明。而《成功篇》每篇精读课文后除有从课文中找出的5个高等重点词语的释义和例句、4对高等词语的辨析外，语法和修辞的着重点放在篇章与修辞、篇章的组织手段、语体风格与篇章的关系等方面的讲解上。针对词语、语法和修辞的练习都分别安排在各项讲解之后，其好处是学习者在完成练习时能做到环节清晰、紧凑。

这"两篇"教材每课都安排了"表达与写作"的专门训练，"口头表达"与"书面表达"是在进行了背景阅读、视听扩展的基础上，尤其是对本课重点词语、语法、修辞、篇章结构、语体风格等进行分析和大量强化练习后，学习者要对这一课的词汇、句式、表达方式进行全面的分析和梳理，形成课堂上的口头报告，课下再将口头发言整理成书面文章，达到由说到写的训练目的。

每课的最后是"扩展空间"部分，包括"名家典藏""媒体资源"和"词语追踪"三个小板块，提供了与本课课文同一话题的阅读文章、视听素材和相关话题，内容都是对背景阅读和精读课文内容的延伸和拓展。这部分内容既可由教师指定必读篇目和必看影片，也可在课下由学习者根据自己的喜好、时间和条件，从阅读和视听的角度对该主题进行深入的、生动的、详细的了解和掌握。

作为高级阶段的综合课教材，我们强调教材的每一课都要进行听、说、读、写四项技能的综合训练。课堂上教师只作必要的讲解，要把更多的时间和精力放在学习者语言交际能力——听、说的技能训练上，课下着重强化学习者的读和写的训练；而对课文中涉及的文化背景、文化知识等则通过阅读方式作简要介绍，与课文相关的多媒体素材以媒体链接的方式提供给学习者，由学习者课下找时间去了解。如此安排主要是充分考虑到学习者进入高级汉语的学习阶段，已经具有了中级以上的汉语阅读理解、视听理解能力，他们的学习目的、兴趣，以至学习策略都带有鲜明的个性化、多样化要求。因此，本教材在编排上尽可能满足学习者的这些要求。

我们的教学建议是：

1. 课前教师制订好详细的"授课计划表"

"授课计划表"分"课上内容"和"课下内容"两大部分。分别对每天课堂讲授内容、课堂讲授重点、学习者在课堂上要完成哪些口头表达和每天的课前预习内容、课下复习内容、思考问题、当天笔头作业及交作业的时间等都作出详细、明确的规定，使学习者和教师都对教学过程做到心中有数。

2. 贯彻"精讲多练"的原则，课堂上突出学习者的口头表达

从"背景阅读"的练习到视听素材的使用，教师应尽可能地将大量"读"和"看"的内容安排学习者在课下进行，而课上更多进行的是教师与学习者间的互动，即学习者对泛读、限时阅读、视听素材中遇到的问题提问，由其他学习者或教师解答，对有争议的答案由大家进行讨论，得出最终的结论。教师就各项练习提供参考答案。

就每一课的话题，建议教师课前安排 1~2 名学习者准备，并作"专题发言"。学习者在准备过程中，要阅读大量的文字资料、查找相关的信息和图片，然后在课上当众演示、介绍。这一做法会使学习者得到极好的读和说的锻炼。

课堂教学强调口头表达训练，无论是重点词语，还是语法、修辞，都强调在学中练、在练中说。至于说什么、怎么说，学习者可通过读课文，完成词语、语法与修辞的练习，以及对课文前的"课文导读·思考题"和课文后思考题的回答来了解和掌握。教师要根据当天的话题和学习者回答的情况，针对学习者出现的问题进行词语、语法的讲解和提示。

每课最后都有"表达与写作"训练环节，这一环节是检查学习者综合掌握和使用本课重点词语、语法的情况。在对同一主题进行了背景阅读、视听观摩、精读课文的讲解和大量强化训练后，学生要对这一课所学的词汇、语法、修辞手段、表达方式进行全面的分析和梳理，并在课堂上进行成段陈述性表达。之后学习者要按照教师的要求，在课堂口头报告的基础上，整理出书面文章。

对学习者来说，由语段到语篇不仅仅是量的增加，更是质的提升。每课一次的成段陈述性表达练习，既拓宽了学生的眼界，使其学会得体、恰当地口头表达，又培养了他们"出口成章"的能力，还能让学习者体会和感受口语体和书面语体在表达上的差异。

高级汉语综合课教学，应将听、说、读、写的技能训练有机地融合在一起。《成功之路·冲刺篇》和《成功之路·成功篇》每一课的学习过程，学习者都是首先由阅读、视听引入正题，然后由课堂的精讲多练加强与提高，最后由口头成段表达和书面文章巩固与加深。每一课学习者都是在这样的"三部曲"里循环，而在每一次的循环中，学习者始终作为活动的主体，使自己的汉语交际能力不断地得到提升，并达到加深对中国历史、文化和现状的了解之目的。

3. 充分利用多媒体技术和多媒体资源辅助课堂教学

课堂讲授前，教师除认真编写教案以外，还要制作课堂用教学课件，将每课的重点内容、多媒体素材、词语例句的展示、语法句式的课堂练习以及学习者作业的参考答案等按照教学进度编排好。制作与利用课件辅助课堂教学，会大大提高课堂教学效率，使课堂教学更顺畅、更紧凑。

建议《冲刺篇》每课教学时间 8~10 课时，《成功篇》每课教学时间 10~12 课时。

"两篇"教材的课文均有随书附赠的配套录音。

执行主编
2008 年 6 月

版权声明

《成功之路》是一套对外汉语教材,其中《提高篇》、《跨越篇》、《冲刺篇》、《成功篇》的课文是在真实文本的基础上改写而成的。由于时间、地域等多方面的原因,我们在无法与权利人取得联系的情况下使用了有关作者的作品,同时因教学需要,对作品进行了一些改动。尽管我们力求忠实于原作品,但仍可能使作品失去一些原有的光彩。对此,我们深表歉意并衷心希望得到权利人的理解和支持。另外,有些作品由于无法了解作者的信息,未署作者的姓名,请权利人谅解。

为尊重作者的著作权,现特别委托北京版权代理有限责任公司向权利人转付本套书中部分文字的稿酬。请相关著作权人直接与北京版权代理有限责任公司取得联系并领取稿酬。领取稿酬时请提供相关资料:本人身份证明;作者身份证明。

联系方式如下:

北京版权代理有限责任公司

联系人:吴文波、方芳

地　址:北京海淀区知春路 23 号量子银座 1403 室

邮　编:100083

电　话:(010)82357056(57/58)-230/229

传　真:(010)82357055

编者

2008 年 8 月